공감하는 마음을 만드는

거울뉴런
이야기

공감하는 마음을 만드는

거울뉴런 이야기

The
Emphatic
Brain

크리스티안
케이서스 지음

고은미
김잔디 옮김

바다출판사

차 례

연결된 사람들

내 인생 최고의 날은 낭패라고 말할 수 있는 사건으로 시작되었다. 그 순간의 아주 세세한 부분까지 머릿속에 영원히 남아 있을 것이다. 2004년 1월 어느 토요일, 이탈리아 돌로미티케 산맥의 험준한 봉우리는 최근에 내린 눈으로 덮여 있었다. 발레리아와 나는 인근에 위치한 소도시 카스텔로토의 조그만 교회에서 가톨릭 성직자 두 분 앞에 앉아 있었다. 그중 한 분이 말했다. "이제 결혼서약을 하겠습니다." 나의 심장은 강하게 요동치기 시작했다.

나는 준비했던—머릿속에서 거듭해서 연습했던—단어들을 말하려고 했다. 그러나 친한 친구와 가족들 앞에서 발레리아가 내 눈을 바라보자, 갑자기 목이 메어오면서 눈가에 눈물이 맺히기 시작했다. 내 목소리는 단어들을 내기 시작했지만—단어라기보다는 분절 같았고—이내 중단되었다. 모든 사람이 나의 말을 기다렸고, 나를 둘러싼 침묵은 점점 커져갔다. 나는 마치 제3자처럼 외부에서 자신의 목소리에 귀 기울이기 시작했다.

그때 뭔가가 일어났다. 여전히 단어와 씨름하고 있던 와중에 주변 사람들을 힐끗 쳐다보았다. 나의 모습에 사람들의 인내심이 바닥났을 것이라는 예상과 달리, 맨 앞에 앉은 나의 다정한 친구가 주머니에서 손수건을 꺼내는 것이 보였다. 아버지의 얼굴은 눈물로 범벅돼 있었다. 사진사조차 더 이상 사진을 찍지 못하고 있었다. 주변 사람들은 최소한 부분적으로나마 내가 느꼈던 것을 느끼고 있는 것 같았다. 이것을 깨닫자 말을 이어나갈 힘을 얻었다. 여전히 떨렸고, 문장을 말할 수 있도록 목소리를 가다듬는 데 여전히 꽤 시간이 걸렸지만, 결국 나는 준비했던 말들을 했고 그녀는 '예'라고 대답했다.

이 이야기를 하는 것은 그 교회 안에서 나에게 일어났던 일 때문이 아니라 다른 사람들에게 일어났던 일 때문이다. 당신도 이와 같은 순간을 경험한 적이 있을 것이다. 자신에게 일어났던 일 때문이 아니라 다른 누군가에게 일어났던 일 때문에 스스로 감동받았던 순간 말이다.

다른 사람이 느낀 정서가 우리의 정서가 될 수 있다. 마치 다른 사람에게 일어나는 일이 우리에게 전염되듯이. 이러한 경험은 노력이 필요하지 않다. 자동적으로, 직관적으로 그리고 대부분 무의식적으로 그냥 일어난다. 즉 우리의 뇌가 그 일을 해낸다. 사실, 우리의 뇌가 다른 사람의 뇌와 정서적으로 연결되는 이 놀라운 재주 덕분에 대채로 우리는 인간다울 수 있다. 뇌는 어떻게 그런 일을 해낼까? 왜 다른 사람의 정서가 그토록 우리에게 많은 영향을 미칠까? 이것이 바로 이 책에서 말하고자 하는 바다.

물론 우리가 다른 사람의 행복한 순간들만 공유하는 것은 아니다. 앞으로 살펴보겠지만, 다른 정서들도 그런 식으로 작동한다. 때때로 초대를 받아 내 연구를 소개하곤 한다. 가끔은 먼 곳에서 초대를 해 줘서 문화 배경이 나와는 완전히 다른 청중 앞에서 강연을 해야 할 때도 있다. 그런데 모두들 내가 강연을 시작할 때 보여주는 영상자료를 직관적으로 이해하는 듯하다.

그 영상은 내가 어렸을 때 매우 좋아했던 영화 중 하나로, 숀 코너리가 제임스 본드 역을 맡은 〈007 살인번호〉에서 가져온 것이다. 본드는 하얀 이불을 덮은 채 침대에 누워 자고 있다. 갑자기 이불 아래서 손바닥만 한 타란툴라 독거미가 나와 그의 얼굴을 향해 천천히 기어 올라가기 시작한다. 거미가 한 걸음 한 걸음 내딛을 때마다 거미의 날카로운 다리가 본드 피부에 작은 발자국을 남길 것만 같다. 간지러움 때문에 깨어난 본드는 긴장한다. 심장이 요동치는 소리가 귓속을 가득 채운다. 작은 땀방울이 그의 얼굴에 맺히기 시작한다. 본드는 거미를 떨쳐버리는 데 쓸 수 있는 물건을 찾기 위해 침대 주변을 훑어본다.

나는 이 장면을 최소한 100번 이상 봤기 때문에 영상을 보지 않고 대신에 그 영상을 보는 청중을 관찰한다. 관찰하기 쉬운 몇 사람을 골라서 그들의 얼굴과 몸을 본다. 그들의 마음속에서 무슨 일이 일어나고 있는지는 물어볼 필요가 없다. 나는 그들의 마음속에서 일어나는 일을 볼 수 있고, 그들의 불편함을 느낄 수 있다. 사실 그들에게는 불편함과 즐거움이 뒤섞여 있는데, 거미를 보면서 제임스 본드가 느낄 긴장을 함께 느끼지만 자신은 완전히 안전하다는 것을 알고 있기 때문이다. 그러나 그 장면을 보기만 해도 그들의 심장박동은 빨라지고, 땀이 조금씩 흐르기 시작하고, 몸이 긴장되고, 마치 거미 다리가 자신의 피부를 스치고 지나간 것처럼 팔에 간지러움을 느끼기도 한다. 우리는 제임스 본드와 연결되고 그가 느끼는 것을 느끼기 시작한다. 그러나 왜일까? 우리는 영화를 보면서 왜 그렇게 느낄까? 거실 소파에 편안히 앉아서 영화를 보면서도, 마치 우리 자신이 위험에 처했을 때나 나타낼 법한 생리적 반응을 보이는 것은 왜일까?

물론 매일이 결혼식 날은 아니며, 다행스럽게도 거대 거미에게 공격받는 일은 흔하지 않다. 그러나 오해하지 마시라. 매일 판에 박힌 일상에서도 다른 사람들과 연결되고 그들이 어떻게 느끼는지 이해하는 것은 확실히 잃고 싶지 않은 능력이다. 그 능력이 없다면 우리의 사회적 삶은 쉽게 무너질 것이다.

아침에 잠자리에서 눈을 뜨면 나의 뇌는 아내 발레리아를 보면서, 결혼생활을 위해 필요한 수많은 복잡하고 매우 중요한 질문들에 대한 답을 즉각 찾아야 한다. 이를테면 그녀의 졸린 얼굴 뒤에 감춰진 것은 무엇일까? 악몽에서 방금 깨어났기 때문에 안아주기를 원하는 것일까? 아니면 아침식사를 차려달라는 무언의 호소일까? 직장에서는 이 책을 쓰기 위해 필요한 안식년을 학장에게 요청하기 위해 그의 기분이 좋은지 나쁜지를 판단해야 한다. 귀가한 후에는 소파에 쓰러지고 싶지만, 저녁을 준비하겠다는 발레리아의 말이 진심인지 아니면 대신해주기를 원하는지 파악해야 한다. 매순간 우리의 인간관계나 일에서의 성공은 타인의 정서와 기분상태를 읽는 능력에 좌우

된다. 우리는 빈번히 타인의 내적 상태를, 그들이 숨기려고 하더라도 감지하려 애쓴다. 거짓 미소 뒤에 숨은 슬픔을 느끼고, 관대한 것처럼 보이는 행동 뒤에 감춰진 악의를 느낀다. 우리는 어떻게 그런 일을 할 수 있을까? 어떻게 우리는 감춰진 것을 느낄 수 있을까?

19세기 후반에 시작된 현대 뇌과학은 뇌에서 언어를 담당하는 부위가 어디인지, 어떻게 기억을 하는지, 뇌가 신체를 어떻게 움직이는지에 대한 기초적인 질문들을 던졌다. 그 후 100년 이상이 지난 1980년대와 90년대에는 정서에 대한 연구가 더 인기를 끌었다. 그러나 연구들 대부분은 고립된 개인에 관한 것이었다. 타인의 마음을 우리가 어떻게 읽는가 그리고 그들의 정서가 어떻게 우리의 마음을 움직이는가라는 질문은 대부분 다뤄지지 않은 채 남았다.

그럴 만한 충분한 이유가 있었다. 사회적 상호작용과 관련 있는 뇌 활동을 연구하는 일은 매우 어렵기 때문이다. 복잡한 인간의 상호작용을 실험하는 것은 동물을 관찰하거나 뇌 스캔장치에 사람을 가만히 눕혀놓고 관찰하는 것으로는 곤란하다.

오랫동안 연구가 진행되지 않았던 또 다른 이유는 그 질문 자체가 시시해 보였기 때문이다. 대부분의 아이들도 일곱 살쯤 되면 다른 사람의 정서를 읽는 전문가가 된다. 우리가 다른 사람의 정서를 공유하는 것은 의식적으로 하는 일이 아니라 그냥 자연스럽게 일어나는 일이다. 당신은 본드의 몸에 거미가 기어오를 때 그가 느끼는 것을 이해하려고 생각할 필요가 없다. 왜냐하면 직관적으로 그를 이해하기 때문이다. 16세 이전에는 거의 어느 누구도 불가능한 계산 같은 '힘든' 작업과는 반대로, 그 작업은 너무 쉽고 사소해 보여서 우리는 그

능력을 당연시한다. 역설적이게도, 컴퓨터는 1950년대 이래로 계산은 할 수 있지만, 옆 사람이 행복한지 두려워하는지를 파악하는 것은 매우 어려워한다는 것이 밝혀졌다. 21세기의 최신 컴퓨터나 로봇도 할 수 없다. 다른 사람을 이해하는 것이 왜 컴퓨터에게는 그처럼 어렵고, 우리에게는 계산하는 것보다 더 쉬운 것일까?

생각해보면 타인을 이해하는 것은 정말 매우 어려운 일이다. 인간의 뇌는 틀림없이 이제까지 알려진 것 중 가장 복잡한 기관이다. 그러나 일곱 살짜리 어린아이조차 별 노력 없이도 주변 사람들의 마음에서—따라서 뇌에서—일어나는 일을 알아챌 수 있다. 만일 내가 주사위를 던지며 당신에게 결과를 맞혀보라고 한다면 당신은 이렇게 말할 것이다. "어떤 수가 나올지 추측할 수는 있지만 정확히 맞힐 수는 없어요." 하지만 젊은 남녀가 파티에서 손을 맞잡은 채 침실로 달려가 킬킬대며 문을 닫는 모습을 본다면, 당신은 그들의 내적 상태에 대해 거의 확신할 수 있고 그 다음 어떤 일이 벌어질지 예측할 수 있다. 어쨌든 자연은 역설적이게도 간단한 주사위 던지기의 결과를 예측하는 일보다 복잡한 인간의 두뇌를 예측하는 일을 더 쉽도록 만들었다.

오랫동안 우리는 두뇌가 어떻게 이러한 일을 해내는지 그리고 어떻게 타인에게 일어나는 일을 그토록 능숙하게 추측하는지에 대해 작은 실마리조차 잡지 못했다. 그러나 사태가 변하기 시작했다. 1990년대 초 이탈리아 파르마 대학의 내 동료들은 '거울뉴런mirror neuron'이라 이름붙인 특별한 뇌세포를 발견했고, 이것은 두뇌를 관찰하는 방법뿐 아니라 사회적 상호작용을 이해하는 방식도 극적으로 변화시켰다.

거울뉴런은 우리 주변 사람들의 행동과 정서를 '거울처럼 반영하여' 그것이 우리의 일부가 되도록 한다. 그러한 세포의 존재에 대한 지식은 인간 행동의 많은 수수께끼를 설명할 수 있다. 예를 들어, 다이어트를 위해 금식을 하는 동안 주변 사람들이 음식을 먹는 모습을 보는 것이 왜 다이어트의 성공을 어렵게 만드는지에 대해 거울뉴런은 답을 제공한다. 당신이 초콜릿 한 조각을 먹을 때, 뇌세포들의 특정 연결망―'초콜릿 먹기 연결망'이라고 하자―이 활성화된다. 이 세포들의 일부는 특별하다. 그것은 당신이 초콜릿을 먹을 때뿐 아니라 다른 사람이 초콜릿을 먹는 것을 볼 때에도 활성화된다. 이러한 세포들이 바로 거울뉴런이다. 앞으로 살펴보겠지만, 거울뉴런은 우리가 타인의 경험을 공유할 수 있도록 해준다. 다른 사람이 초콜릿을 먹는 것을 보는 것만으로도 우리가 초콜릿을 먹을 때의 느낌이 촉발된다. 거울뉴런은 우리가 다른 사람이 하는 행동을 이해하는 데 도움을 주기도 하지만, 같은 행동을 하려는 경향 또한 촉발시킨다. 거울뉴런은 좋건 나쁘건 우리를 근본적으로 사회적 존재로 만든다.

1990년대 초에 거울뉴런이 발견된 이후, 우리는 사회적 본성에 대한 더 많은 통찰을 얻었다. 거울뉴런은 타인을 이해하는 것을 도울 뿐 아니라, 진화가 어떻게 인간 언어의 발달을 이끌었는지, 우리의 몸이 사고방식과 어떻게 연관되어 있는지와 같은 아주 오래된 질문들에도 새롭고 놀라운 답을 제공한다.

거울뉴런을 연구하는 것은 인간본성에 대한 우리의 관점 변화 외에도, 당신이 좋아하는 야구선수가 중요한 투구에 배트를 휘두르는 모습을 보는 순간 당신의 팔도 같이 움찔거리는 이유, 피아니스트가 피아노곡을 듣는 동안 손가락을 가만두기 힘든 이유, 다른 사람이 하는 것을 보는 것만으로 우리가 그 기술을 배우는 방법 같은 일상의 소소한 측면들에 대해서도 통찰을 준다.

거울뉴런은 우리와 타인의 연결을 돕는다. 따라서 거울뉴런이 제대로 기능하지 않으면 타인과 '정서단절'을 일으킬 수 있다. 자폐증이 있는 사람은 다른 사람들과 정서적으로 단절되어 있다. 거울뉴런은 이러한 단절의 원인을 탐색하도록 돕고 새로운 치료법의 영감을 제공한다.

또한 테드 번디 같은 사이코패스는 사람을 죽이는 것을 전혀 개의치 않는데, 거울뉴런은 그 이유를 이해하는 데 도움을 준다.

이 책에서 나는 이러한 것들과 그 밖의 다른 수수께끼에 새로운 통찰을 제공하려 한다. 공감은 우리 두뇌구조에 깊숙이 새겨져 있다. 타인에게 일어난 일은 우리 두뇌의 거의 모든 영역에 영향을 미친다. 우리는 공감하도록, 타인과 연결되도록 설계되었다. 공감을 가능하게 하는 우리 두뇌의 원리를 밝히고, 그 우아한 단순성을 발견함으로써, 우리를 진정한 인간으로 만드는 것을 발견하는 데서 오는 경외와 경탄을 함께 나누고 싶다.

1

거울뉴런의 발견

비토리오는 도저히 믿을 수 없다는 듯 수염이 덥수룩한 머리를 흔든다. "레오, 이건 말도 안 되는 일이야." 그는 원숭이 앞에 놓인 쟁반에서 건포도를 집어든다. 스피커에서 기관총 소리 같은 것이 울린다. 물론 기관총 소리는 아니다. 신경세포 하나가 '발화할 때' 나는 소리다. 원숭이의 뇌에 머리카락 한 올만큼 가느다란 전극을 심었는데, 신경세포가 활성화되는 즉시 전극을 통해 측정되는 약한 전류가 스피커에서 소리로 증폭·변환되고 이것이 다시 오실로스코프 화면상에 녹색선으로 나타난다. "잡음 유입 때문인가? 아니면 동일한 세포인가?" 오실로스코프를 보면서 비토리오는 혼란스러워한다. 검정 배경 위로 녹색선이 밝게 빛나고, 모든 것은 완벽히 정상으로 보인다. 원숭이가 쟁반에서 건포도를 집자, 비토리오가 건포도를 집어들었을 때와 똑같은 반응소리가 스피커에서 울리고 오실로스코프 화면에도 보인다. "이건 놀라운 일이야"라고 레오는 말한다.

비토리오가 그날의 사건을 나에게 들려주었을 때, 나는 놀랍고 황홀했다. 그러나 1990년 어느 무더운 8월 저녁, 파르마 대학의 레오나르도 포가시Leonardo Fogassi, 비토리오 갈레세Vittorio Gallese, 자코모 리촐라티Giacomo Rizzolatti 그리고 나머지 팀원들은 자신들이 방금 발견한 것이 무엇인지 바로 깨닫지는 못했다. 몇 년 후 유명한 신경과학자 빌라야누르 라마찬드란Vilayanur Ramachandran은 이 이탈리아 과학자들이 다소 우연히 행한 혁명적 발견을 왓슨과 클릭의 이중나선 발견과 비교했다. "생물학에서 DNA가 했던 역할을 심리학에서는 거울뉴런이 하게 될 것이다"라고 그는 예측했다.

그 팀은 매우 특별한 두뇌세포인 '거울뉴런'을 최초로 발견했다. 이 세포들은 원숭이가 건포도 하나를 집어드는 것과 같이 특정한 행동을 할 때만이 아니라, 다른 누군가가 유사한 행동을 하는 것을 원숭이가 볼 때에도 활성화된다는 점에서 독특하다. 거울뉴런은 두뇌의 작동방식에 대한 이해에 근본적인 변화를 가져왔다.

거울뉴런을 발견하기 전, 여러 뇌영역의 기본 기능에 대한 축적된 지식을 바탕으로 각 영역의 엄격한 노동분업에 입각한 뇌의 시각화 작업이 이루어졌다(이 책 전반에 걸쳐 소개되는 가장 중요한 뇌영역들은 책 뒤에 있는 '공감 뇌 지도'에 도해되어 있다). 일차시각피질primary visual cortex이라 불리는 뇌의 맨 뒤쪽 피질은 이미지상의 특정한 부위의 모서리와 각에 초점을 맞추면서, 망막을 통해 들어온 상을 상세히 분해한다고 알려져 있다. 이렇게 세세히 분해된 내용들은 측두시각피질temporal visual cortex 영역에서 조합된다. 이 영역에 특정 뉴런들은 건포도를 특징짓는 고유한 조합 그리고 당신의 할머니를 특징짓는 고유한 조합에 반응한다. 뇌의 좀 더 앞쪽에 위치하고 있는 전운동영역(그림에서 전운동피질PM:premotor cortex과 하전두회IFG:inferior frontal gyrus)과 보조운동영역SMA:supplementary motor area이라고 불리는 뇌영역은 특정한 행동을 수행하기 전에 작동한다고 밝혀졌다. 이 영역들은 우리가 앞으로 하게 될 일을 계획하는 것으로 보인다. 한편 일차운동피질M1은 우리가 실제로 몸을 움직일 때 활성화되고 근육을 직접적으로 통제한다. 이러한 모든 지식은 명확한 뇌영역에 대한 시각화로 통합되었다. 즉 뇌는 두 부분으로 나뉜다. 세상을 지각하는 것 즉 건포도를 보는 것은 뇌 뒷부분에서 하고, 행동하는 것 즉 건포도를 집는 것은 뇌의 앞부분M1, PM, IFG, SMA에서 한다.

거울뉴런의 발견은 이러한 뇌의 분업이라는 관점을 변화시켰다. 거울뉴런에는 세상을 지각하고 행동하려는 두 가지 목적이 있다. 파르마 연구팀이 발견한 신경세포는 전운동피질(일차운동피질 바로 앞 부위)에 위치해 있었는데, 그곳의 뉴런들은 원숭이가 자발적 행동을 했을 때만 활성화된다고 생각되었다. 그러나 연구팀이 발견한 뉴런은 원숭이 스스로 건포도를 집어들 때뿐 아니라, 다른 누군가가 동일한 행동을 하는 것을 원숭이가 보았을 때에도 활성화되었다. 전자는 전운동뉴런의 당연한 반응이지만, 후자는 정말 놀라웠다. 왜냐하면 다른 사람의 행동에 대한 반응은 전운동피질과 완전히 다른 영역인 측두시각피질에서 일어난다고 여겨왔기 때문이다. 그것은 마치 원숭이의 뇌가 자신이 관찰하던 행동을 직접 하는 척하는 것 같았다.

행동하는 모습을 보는 것만으로도 전운동뉴런이 반응한다는 발견은, 단지 이미지만 보여준다고 여겼던 텔레비전이 그동안 당신이 한 모든 행동을 녹화하는 비디오카메라도 겸했다는 사실을 알았을 때만큼이나 놀랍다. 입력 대 출력 기능이라는 단순 이분법은 갑자기 불합리해졌고, 어떤 뇌영역에서는 하는 것과 보는 것이 실제로 동일할 수 있다는 사실에 과학자들은 처음으로 눈을 떴다.

처음에 파르마 팀은 자신들이 발견한 것을 믿을 수 없었다. 그들은 최초의 거울뉴런을 기록한 후, 자신들이 건포도를 집는 것을 원숭이가 보는 동안 움직였을 것이라고 의심했다. 그러나 원숭이를 세심히 관찰하고 근육활동 기록을 검토한 결과, 원숭이가 가만히 있는 경우에도 건포도를 집는 모습에 거울뉴런이 반응한다는 사실이 밝혀졌다. 정말로 일부 전운동뉴런—거울뉴런—이 원숭이의 외현행동 overt behavior과는 분리된/별개의 기능을 가질 가능성에 파르마 팀은 서서히 흥분했다.

하지만 타인의 행동을 관찰하는 동안 전운동뉴런이 활성화된다는 것은 무슨 의미일까? 뉴런의 활동을 기록하기 위해 보통 이용하는 전극을 통해 소량의 전류를 흘려보내서 전운동뉴런을 인위적으로 자극하면, 원숭이는 행동을 멈추고 갑자기 뭔가를 붙잡으려고 손을 뻗는다1. 이러한 현상은 전운동뉴런이 실제로 원숭이의 행동에 필수적인 부분임을 확인해준다. 하지만 이런 일이 일어날 때 원숭이가 무엇을 '느끼는가'에 대한 궁금증이 남는다. 우리 동작의 일부는 불수의적으로 느껴진다. 예를 들어 탁자 끝에 앉은 상태에서 슬관절 아랫부분을 작은 망치로 두드리면 다리가 저절로 튀어오른다. 하지만 이 동작은 의지와는 무관하게 느껴진다. 만일 의도적으로 다리를 뻗으면 같은 동작이지만 매우 다르게 느껴진다(당신은 다리를 뻗기를 원했고, 다리는 당신의 의지에 '복종했다'). 그렇다면 실험자가 원숭이의 전운동뉴런을 활성화시킬 때 원숭이는 무엇을 느낄까? 손으로 잡는 동작은 우리의 무릎반사처럼 불수의적으로 느껴질까? 아니면 자신이 잡기를 원했던 것처럼 느낄까?

우리는 이 질문에 대한 답을 찾을 수 있는데, 외과수술 과정에서 인간의 특정 뇌영역에 대한 전기자극이 때때로 이뤄지기 때문이다. 예를 들어, 간질환자들 일부는 간질발작이 하루에도 너무 많이 일어나서 더 이상 정상적인 생활을 할 수 없다. 약물로 간질발작의 빈도를 줄이는 데 실패할 경우, 환자들은 외과수술을 찾게 된다. 간질 삽화는 뇌의 특정한 국지적 영역에서 시작하여 천천히 다른 영역으로 퍼져가는데, 만약 간질삽화가 발생한 영역을 확인할 수 있다면 외과수술을 통해 그 부위를 제거하여 발작의 빈도를 극적으로 줄이거나 간질을 완전히 치료할 수 있다. 문제는 제거되는 조직이 뇌의 일부 기능과 연결되어 있어서, 제거할 경우 그 기능이 손상될 수 있다는 점이다. 중요한 뇌 기능의 손상을 피하기 위해, 신경외과의는 뇌의 기능을 추론하고자 때때로 뇌의 다양한 영역을 자극한다. 그런 다음 외과의는 환자가 간질을 줄이기 위해서 기꺼이 그 기능을 희생할지 여부에 따라, 그 부분을 제거할지 말지를 환자와 함께 결정한다. 예를 들어, 언어영역이나 기본 운동체계를 제거하는 것은 심신을 매우 쇠약하게 만들 수 있으므로 대부분의 환자는 차라리 간질을 유지하는 쪽을 선택한다.

신경외과의가 거울뉴런이 발견된 곳 바로 뒤쪽의 일차운동피질을 자극하면, 환자의 몸이 움직이기 시작한다. 뇌 자체는 고통 감지기능이 없기 때문에 환자가 깨어 있을 때에도 자극을 줄 수 있다. 그때 환자에게 어떤 느낌이냐고 물어보면 "내 손이 움찔했다"라고 보고한다. 마치 무릎반사처럼 그 동작의 원인이 자신들의 통제 밖에 있다는 듯이. 외과의가 일차운동피질의 앞부분(즉 전운동영역이나 보조운동영역)을 자극하면, 환자들은 팔을 굽히거나 무언가를 집는 것과 같은 좀 더 복잡한 행동을 한다. 움직이는 동안 무슨 생각을 했느냐고 물어보면, 환자들은 "그렇게 해야 한다는 충동을 느꼈다"라고 대답한다2. 환자들은 때로 팔이 전혀 물리적으로 움직이지 않았는데도 팔이 움직인다고 주관적으로 느낀다. 이러한 연구 결과들을 비추어볼 때, 인간의 행동을 관찰하는 동안 원숭이의 전운동피질 내에서 일어나는 거울뉴런의 작용은 간질환자가 동일한 뇌영역에 전기자극을 받은 후 보고했던 충동과 유사할 것이며, 다른 사람의 행동과 관련된 내적 느낌 그리고 행동하고 싶은 마음의 공유로 가장 잘 이해될 수 있을 것이다. 우리의 예로 돌아오면, 다른 사람이 초콜릿을 먹는 것을 보는 것은 우리에게 초콜릿을 먹을 계획을 세우도록 만드는 전운동 거울뉴런을 촉발시키고, 우리는 같은 일을 하려는 충동을 느낀다.

지각은 샌드위치와 같은가?

비토리오와 그의 동료들이 1990년대 후반에 자신들의 발견을 발표했을 때, 여전히 나는 석사학위를 마치고 있는 중이었다. 몇 년 후

중세 스코틀랜드 도시인 세인트앤드루스에서 박사학위를 위한 연구를 하고 있을 무렵, 비토리오가 자신의 발견에 대해 설명하는 강의에 참석하게 되었다. 나는 그의 강의에 금세 매료되었다. "대부분의 사람들은 다른 사람을 지각하고 반응하는 방식을 마치 샌드위치처럼 생각합니다. 위층인 시각체계는 우리가 다른 사람을 볼 수 있게 해주고, 아래층인 운동체계는 적절한 운동반응을 실행하게 해준다고 말이죠. 다른 사람의 마음을 읽는 방법의 측면에서 볼 때 시각체계와 운동체계는 반드시 필요하지만, 샌드위치의 빵처럼 그다지 흥미롭지는 않습니다"라고 말하며 비토리오는 웃었다. "대부분의 사람들은 우리가 다른 사람들을 이해하는 방법이 시각 및 운동 체계를 통해서 이뤄지는 것이 아니라, 다른 사람들이 하는 것을 보는 것과 그것에 반응하는 것 사이에서 일어나는 특별한 과정을 통해서 이루어진다고 믿습니다. 그러한 특별한 과정이 어디에서 일어나는지는 아무도 모르지만, 바로 그것이 샌드위치의 속처럼 이 문제의 가장 흥미로운 부분이라고 여깁니다."

비토리오가 옳았다. 신경과학은 1990년대에 이르러서야 뇌가 자신이 본 것에 대한 표상을 구축할 수 있게 해주는 시각처리기제를 이해하기 시작했다. 문제는 세계를 보는 것과 세계를 이해하는 것이 동일하지 않다는 점이다. 예를 들어, 당신이 초콜릿 한 조각을 들어 입으로 가져간 후 미소 짓는 것을 본다면, 나는 당신이 초콜릿을 먹었다는 것뿐 아니라 당신이 만족했음을 이해한다. 나는 당신이 하는 것을 단순히 보는 것에 더하여 당신이 무엇을 느끼고 있는지를 직관적으로 이해한다. 1990년대에 우리가 알았던 것은 누군가가 입에 어떤 것을 가져가는 모습을 보는 것에 반응하는 시각피질 내 뉴런이 있다는 것이었다. 그 뉴런은 누군가가 입에 어떤 것을 가져갈 때에 만 발화한다. 그러나 시각체계 자체는 초콜릿을 먹는 것이 진정 무엇을 의미하는지 아무것도 알지 못한다. 입안에서 느껴지는 달콤쌉쌀한 맛, 크림의 농밀함, 초콜릿에 의해 촉발되는 욕구, 만족스러운 뒷맛…….

한편 운동체계는 행동에 대한 정교한 계획을 다룬다고 생각되었다. 만일 어떤 사람이 초콜릿을 먹는 것을 본 다음 당신도 같은 행동을 한다면, 우선 다른 사람이 초콜릿을 먹는 것을 보고, 그 사람이 한 행동을 분석하고 인식하고 난 후에, 당신 자신도 하나 먹어보고 싶다는 결정을 내리고 나서야, 비로소 초콜릿을 먹는 동일한 행동을 하는데 운동체계가 관련된다고 여겼다. 운동체계는 뇌의 다른 어디에선가 일어나는 인지과정을 순전히 실행에 옮길 뿐이었다. 확실히 다른 사람을 이해할 때 가장 흥미로운 지점은 당신이 다른 사람의 행동을 본 후, 적절한 행동을 하기 전에 일어나는 과정이다. 1990년대에 가장 일반적인 믿음은 시각체계에 입력된 정보를 바탕으로 다른 사람의 내적 삶을 '정신화하는' 즉 헤아리는 뇌의 특정 영역이 있다는 것이었다. 그 체계가 적절한 반응을 제안하면, 운동/전운동 피질이 인계를 받아 그러한 행동을 수행한다고 여겼다. 많은 과학자들이 이러한 '정신화 모듈mentalizing module'을 찾고 있었다.

자폐증에 관한 연구가 이러한 정신화 과정을 이해하는 데 핵심이라고 생각되었다. 자폐증이 있는 사람들은 정상 시각체계(주위 세계가 어떻게 보이는지 설명하는 데 전혀 어려움을 보이지 않는다)와 정상 운동체계(자폐증이 없는 비교집단과 마찬가지로 대부분의 운동을 수행할 수 있다)를 가지고 있는 듯 보인다. 그러나 그들의 정신화 과정은 일반인과 다르다. 만약 내가 당신에게 M&M 봉지를 보여주고 안에 무엇이 들어 있을지 물어보면, 당신은 "M&M"이라고 말할 것이다. 내가 봉지를 열어 실제로는 동전이 들어 있음을 보여주면, 당신은 놀랄 것이다. 그때 당신의 친구가 방에 들어오고, 내가 당신에게 "저 친구에게 이 봉지 안에 무엇이 들어 있을지 물어본다면 그는 뭐라고 대답할까?"라고 물어보면, 당신은 아마 "M&M"이라고 대답할 것이다.

프랑스에 있는 친구이자 동료인 브루노 위커Bruno Wicker를 방문했을 때, 그는 제롬이라는 청년을 포함해서 자폐증 환자들에게 이와 유사한 실험을 하고 있었다. 우리가 제롬을 기다리는 동안 브루노는 말했다. "제롬은 이제 막 이론물리학 박사과정을 끝낸 아주 똑똑한 친구야."

브루노가 나를 소개했을 때, 제롬은 방 안을 둘러보았지만 내 눈은 한 번도 쳐다보지 않았다. 인사를 할 때 그의 목소리 톤은 단조롭고 거의 기계적이었다. 브루노는 자신의 책상에서 버터쿠키 상자를 꺼내면서 "당신에게 물어볼 게 있어요"라고 말했다. "이 상자 안에 무엇이 들어 있다고 생각하세요?"라고 그가 묻자, "쿠키"라고 제롬은 대답했다. 브루노는 상자를 열어서 예상했던 쿠키가 아니라 색연필 세트가 있음을 보여주었다. "아"라고 제롬은 말했다. 연구조교가 방 안에 들어오자 브루노는 상자를 닫았다. 브루노가 제롬에게 물었다. "그녀는 상자 안에 무엇이 들어 있다고 생각할 것 같나요?" 그 질문은 너무 시시해서 그에게 모욕적일 것 같았다. "제발, 제롬은 이론

물리학을 연구하고 있다고"라고 말해주고 싶었다. 그러나 제롬은 모욕당한 것처럼 보이지 않았다. 그는 "색연필"이라고 대답했다. 나는 깜짝 놀랐다. 비록 복잡한 수학공식들이 그에게는 아주 명료해 보이지만, 다른 사람들이 무엇을 알거나 모르는지를 이해하는 능력은 손상되어 있었다. 1990년대 후반에는 이러한 관찰에 매료되어 점점 더 많은 연구자들이 타인의 마음을 이해하는 것을 처리하는 뇌의 특정 영역—비토리오가 말했던 샌드위치의 맛있는 속—을 찾아나서기 시작했다.

보는 것에서 행동하는 것으로

비토리오는 자신의 강의에서 다음과 같이 말했다. "거울뉴런이 우리에게 말해주는 것은 이러한 정신화 과정이 흥미로운 유일한 부분이 아니라는 것입니다. 타인의 행동에 반응하는 바로 그 운동과정—샌드위치의 맛없는 빵 부분—이 모든 과정 중에서 가장 흥미로운 과정이 일어나는 곳입니다. 당신의 행동이 나의 행동이 됩니다. 당신이 하는 것을 나는 느낍니다. 타인의 행동을 이해하는 데 늘 정신화가 필요하지는 않습니다. 매우 실용적인 영역인 전운동피질 내 거울뉴런은 우리에게 타인의 행동에 대한 직관적인 이해를 주는 듯합니다."

그날 점심을 먹으러 갔을 때 왠지 샌드위치 맛이 매우 다르게 느껴졌다. 나는 비토리오와 그의 팀이 사회적 상호작용에서 가장 커다란 수수께끼, 즉 '인간은 왜 다른 사람의 마음에서 일어나는 일을 이해하는 것이 그토록 쉬울까?'라는 물음을 풀 열쇠를 발견했음을 깨달았다. 이런 철학적으로 보이는 질문은 매우 오래전부터 있었지만, 명시적이고 논리적인 해결책에 초점을 맞췄던 수백 년 동안의 연구는 만족할 만한 답을 제공하는 데 실패했다. 이제 신경과학은 그 논쟁에 새로운 빛을 비춰준 현상을 발견한 것이다. 시각체계를 우리 자신의 행동과 연결하면, 시각체계가 감지한 것에 의미가 추가된다. 누군가가 초콜릿을 집어들어 입에 가져가는 장면을 그렇게 할 수 있는 자신의 능력과 연결하자마자, 내가 보는 것은 더 이상 의미 없는 추상적 인상이 아니게 된다. 초콜릿을 먹는 방법에 대한 지식이 그 행동의 이미지와 연결되면, 시각체계가 감지한 것에 매우 실용적인 의미가 덧붙는다. 만약 내가 당신에게 새로운 밧줄매듭을 시연한 후 "이해했나요?"라고 물어본다면, 당신이 내 앞에서 밧줄매듭을 직접 지어보이는 것이 나의 시연을 이해했다는 가장 확실한 증거가 될 것이다. 거울뉴런은 어떤 행동을 보는 것을 동일한 행동의 실행과 관련된 운동프로그램과 연결한다. 즉, 보는 것seeing을 행동하는 것doing으로 변환시켜 보는 것seeing을 정확하게 따라 한다.

이러한 발견에 매우 매료된 나는 파르마 연구팀과 함께 작업하기 위해 연구원 지원신청을 했다. 그로부터 1년 뒤, 박사학위 논문의 마지막 버전을 제출하고 2주가 지난 2000년 가을, 자동차엔 박스를 가득 싣고 머릿속엔 아이디어가 가득한 채 그곳에 도착했다.

낡은 폭스바겐 골프에 트레일러를 달고서 스코틀랜드에서 잉글랜드까지 몰고 가서, 페리를 타고 건너서는 벨기에, 독일, 스위스까지 또 장시간 운전을 한 끝에 마침내 파르마 중심에서 약간 외곽에 있는, 그 도시에서 제일 큰 병원 옆의 신축건물에 도착했다. 10년 전 최초의 거울뉴런이 발견되었던 오래된 건물은 최근 3층짜리 현대식 건물로 바뀌어 있었다. 비토리오가 연구소를 둘러보도록 안내해주었고, 연구소 사회생활의 중심인 작은 에스프레소 기계에서 커피를 내려주었으며, 우리는 10분 뒤 함께 연구실에 있었다.

내가 처음 들은 것은 기관총 사격소리였다. 그리고 알레산드라 우밀타Alessandra Umilta와 이블린 콜러Evelyne Kohler라는 두 연구원이 원숭이 앞에서 종이를 찢는 것을 보았다. 나의 첫 거울뉴런 실험을 해보아야겠다는 유혹을 참을 수 없었다. 원숭이가 땅콩을 줍는 것을 보았고, 소리증폭기를 통해 뉴런이 활성화되는 소리가 들렸다. 내가 땅콩을 움켜쥐자 원숭이의 뉴런이 다시 발화했다. 아주 놀라웠다. 알레산드라가 내게 미소지으며 "거울뉴런을 직접 경험해보는 것이 논문으로 읽는 것보다 훨씬 더 설득력 있지 않아요?"라고 말했다. 나는 다시 땅콩을 집으려다가, 이번에는 다른 손으로 매우 다른 각도로 땅콩을 집었다. 이번에도 뉴런은 다시 발화했다. 마치 나에게 이렇게 말하는 듯했다. "당신이 땅콩을 어떻게 집든 상관없다. 나는 어리석지 않다. 나는 당신이 집는 것을 본다. 고로 나는 발화한다!"

뉴런 간의 연결에 기초한 뇌 기능

거울뉴런을 이해하기 위해서는 뉴런이 일반적으로 작동하는 방식과 뇌가 어떤 능력을 달성하는 데 복수의 뉴런을 이용하는 방식을 이해하는 것이 중요하다. 뇌의 뉴런은 연쇄과정에서 작동하는 소규모의 처리단위다. 뉴런은 선행하는 뉴런으로부터 입력을 받고 뒤에 오는 뉴런에게 출력을 보낸다. 이러한 입력과 출력은 화학적 성질이다. 하나의 뉴런은 소량의 신경전달물질을 방출하는데, 뉴런 간에 메시지를 전달하는 이 화학물질은 시냅스synapse라 불리는 신경세포 종말에서 나온다. 이 화학물질은 연쇄적으로 다음 뉴런에 전달된다. 만약 신경전달물질이 다음 뉴런에 단 한 번 방출된다면 별일은 일어나지 않는다. 하지만 만일 방출뉴런이 매우 활성화되어 있다면 많은 양의 신경전달물질을 내보낼 것이고, 다른 뉴런이 참여해서 자신의 신경전달물질을 방출한다면 그 입력량은 더욱 커진다. 이러한 용량의 합이 하류에 있는 뉴런이 처리할 수 있는 역치를 넘어서면, 그 뉴런은 '활동전위action potential'라고 불리는 전기적 활성화의 단기 자극을 촉발한다. 활동전위에는 두 가지 효과가 있다. 첫째, 활동전위는 뉴런의 시냅스에서 신경전달물질이 방출되도록 이끌고, 이때 이 뉴런은 방출뉴런이 된다. 둘째, 활동전위는 매우 강한 전기적 사건이어서 아주 작은 전극을 그 뉴런 근처의 뇌에 삽입하더라도 감지할 수 있다. 이것이 증폭되어 스피커로 전송되면, 우리가 연구실에서 들었던 '팡' 하는 소리가 난다. 세포가 입력을 더 많이 받을수록 더 자주 역치를 초과하게 되고 '팡' 소리도 더 잦아져, 뉴런이 매우 활성화되었음을 나타내는 빠른 총격소리 같은 특징적 소리를 만들어낸다. 증폭된 소리를 들음으로써 우리는 뉴런이 얼마나 활성화되었는지 알 수 있고 연쇄과정에서 특정 단계의 활동을 감지할 수 있다.

세포의 활동을 증가시키는 흥분시냅스excitatory synapses 외에도, 수

신신경세포receiving nerve cell의 활동을 감소시키는 억제시냅스inhibitory synapses가 있다.

뇌는 10^{15}개의 시냅스로 연결된 약 1000억 개의 뉴런을 가지고 있으며, 신경계의 기능을 결정하는 것은 이러한 연결들의 패턴이다(그림1.1 참고). 만약 어떤 뉴런이 수직 막대에 반응하는 뉴런에서 흥분성 입력을 받고, 수평 막대에 반응하는 뉴런에서 또 다른 흥분성 입력을 받으면, 플러스 신호를 볼 때마다 발화할 것이다. 만약 비슷한 뉴런이 수평 막대에 반응하는 뉴런에서는 흥분성 입력을 받지만, 수직 막대에 반응하는 뉴런에서는 억제성 입력을 받는다면, 더 이상 플러스 신호에 반응하지 않고 마이너스 신호에 반응할 것이다. 중요한 요인은 플러스를 감지하는 세포와 마이너스를 감지하는 세포가 달라서가 아니라, 다른 뉴런들과의 연결 패턴이 달라서라는 것이다.

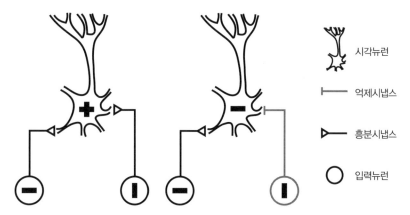

시각뉴런

억제시냅스

흥분시냅스

입력뉴런

그림1.1 수평과 수직 막대 모두에 반응하는 시각뉴런이 수평막대에 반응하는 뉴런과 수직막대에 반응하는 뉴런으로부터 각각 흥분성 입력을 받을 경우에는 '+'를 감지하고, 수평막대에는 흥분성 입력을, 수직막대에는 억제성 입력을 받을 경우에는 '−'를 감지하는 것을 보여주는 배선도.

데이비드 허블David Hubel과 토르스텐 비젤Torsten Wiesel은 원숭이 두뇌에 단일 뉴런을 기록할 수 있는 전선을 처음으로 삽입한 생리학자였다. 그들은 머리 뒤쪽에 위치한 후두피질에서 위에 설명한 감지 기제를 정확히 발견했다. 하지만 그들이 전극을 심었을 당시에는, 그 뉴런이 어떤 종류의 연결을 가지고 있는지 그리고 해당 뉴런의 작용을 증가시키기 위해서 어떤 자극을 사용해야 하는지 전혀 몰랐다. 특정 세포에 시도해볼 수 있는 자극의 수가 엄청났기 때문에, 약간의 탐색작업이 필요했다. 어떤 세포는 보고, 듣고, 만지고, 냄새 맡고, 맛 보고, 움직이거나 혹은 이들의 어떤 조합에도 대부분 강하게 반응할 수 있다. 특정 뉴런이 설탕 맛에 반응할 수 있지만, 단맛이 그 뉴런에 가장 효과적인 자극이라는 발견에는 조금도 다가가지 못한 채, 엄한 수직 막대와 수평 막대를 비교하느라 하루 종일 시간을 허비할 수도 있다.

모든 가능한 자극을 검사하는 것은 불가능했기 때문에 거울뉴런을 발견하는 데 그토록 오랜 시간이 걸린 것이다. 거울뉴런은 전운동 피질에 위치한다. 이곳은 원숭이가 건포도를 집는 것과 같은 특정한 행동을 수행하는 동안 그곳에 있는 거의 모든 뉴런이 반응하는 곳이다. 그 뉴런이 다른 누군가가 건포도를 집는 장면 같은 전혀 다른 종류의 자극에도 반응하는지 살펴보기 위해, 원숭이 앞에 서 있을 생각을 한 사람은 아무도 없었다. 당신이 마트에서 통로를 눈으로 훑으며 와인을 찾고 있는데, 모든 선반에 병맥주만 진열돼 있다고 상상해보라. 아마 당신은 와인이 감춰져 있는지 확인하려고 맥주병 뒤를 살펴보려 하지는 않을 것이다.

파르마 팀은 원숭이가 작은 물건을 잡을 때에도 특정 뉴런이 반응하는지 검사하기 위해 건포도를 집어 원숭이에게 건네주었다. 그런데 실험자가 건포도를 집어들 때에도 해당 뉴런이 발화하는 것을 우연히 발견했다. 이 추가 활성화는 두뇌영역의 기능에 대한 기존의 상과 맞지 않았다. 따라서 맥주가 진열된 통로에서 와인병을 지나치듯이, 이 발견은 처음에는 무시되었다. 더욱이 이 영역의 세포들 중 90%는 실제로 다른 사람의 행동을 보는 것에 반응하지 않는다. 그러나 이러한 활성화가 반복해서 발생하자, 파르마 팀은 그제야 자신들의 관찰을 진지하게 받아들이기 시작했다. 거울뉴런의 발견은 어느 정도 순전히 운이었다. 하지만 거울뉴런의 중요성을 깨달은 것은 파르마 팀의 통찰 덕분이었다.

행동과 관련된 뇌의 어휘

전운동피질 내의 거의 모든 뉴런은 특정한 행동을 수행한다. 하지만 뉴런들의 선택성은 다양하다. 뉴런의 '선택성'이란 뉴런이 각각의 가능한 자극에 얼마나 반응하는지를 의미한다. 비유를 들자면, 나는 당신에게 팝, 록, 재즈, 클래식 등 다양한 음악을 들려줌으로써 당신의 선택성을 측정할 수 있다. 만일 당신이 클래식에는 적극적으로 반응하지만 그 외의 다른 음악에는 반응하지 않는다면, 나는 당신이 매우 선택적이며, 클래식 음악에 대해 선택적이라고 말할 것이다. 어떤 사람은 재즈에 대해서만 적극적으로 반응하고 클래식을 포함한 다른 종류의 음악에는 반응하지 않을 수 있다. 그 사람 역시 선택적이지만 재즈에 대해서 선택적이라고 할 수 있다. 하지만 또 어떤 사람은 내가 들려준 음악 모두에 대해서 어느 정도 반응할 것이다. 그럴 경우 그는 상대적으로 덜 선택적인 사람이라 할 수 있다.

이것은 신경세포에도 적용된다. 어떤 신경세포는 원숭이가 물건을 엄지와 검지로 집을 때에만 강하게 반응하고, 다른 행동에는 전혀 반응하지 않는다. 다른 신경세포는 원숭이가 손가락 전부를 이용해서 물건을 감쌀 때에만 반응하고 그 밖의 다른 행동에는 반응하지 않으며, 또 다른 신경세포는 두 가지 모두에 반응을 하고 또한 입술로 물건을 집을 때에도 반응한다.

뉴런은 차별화된 선택성을 통해서 더 큰 행동단위로 묶일 수 있는 행동의 '어휘'를 표현한다. 예를 들어 '땅콩 먹기' 행동의 순서는 서로 다른 뉴런들의 조합을 통해서 만들어질 수 있다. 즉 첫 번째 뉴런은 껍질을 깨는 동안 선택적으로 활성화되고, 그 다음 뉴런은 땅콩을 껍질에서 꺼낼 때 활성화되고, 그 뒤의 뉴런은 입으로 가져갈 때 활성화되는 식이다. 이렇게 서로 다른 선택성을 지닌 세포들의 활성화 순서가 복잡한 행동을 만든다. 뉴런을 단어라고 한다면, 뉴런의 활성화 순서는 구절이라고 할 수 있다. 일련의 특정한 전운동뉴런이 서로 다른 행동의 순서를 구성하는 데 활용될 수 있다. 예를 들어 땅콩을 먹는 행동과 관련된 대부분의 뉴런은 건포도를 먹는 행동에도 쓰일 수 있다. 비록 땅콩껍질을 깨는 것과 관련된 뉴런은 활동을 하지 않겠지만 말이다. 어떤 의미에서, 전운동뉴런의 활동은 행동의 언어를 반영한다. 이러한 언어적 비유에서, 다소 선택적인 뉴런은 서로 다른 특성을 지닌 단어에 해당한다고 할 수 있다. 가장 선택적인 세포는 '손가락 끝으로 집는다'처럼 매우 구체적인 동사에 해당하고, 덜 선택적인 세포는 '집어들다'처럼 방법이 구체적이지 않은 동사와 유사할 것이다.

보는 것을 운동의 세계로 가져오기

전운동뉴런의 약 10%만이 원숭이가 가만히 앉아서 다른 누군가의 행동을 관찰할 때 반응하는 거울뉴런이다. 원숭이가 자발적으로 어떤 행동을 할 경우에는 어떤 신경이 거울뉴런인지 일반 뉴런인지 알 수 있는 방법이 전혀 없다. 현재로서는 거울뉴런이 다른 뉴런과 다른 모습일 것이라고 믿을 이유가 전혀 없다. 거울뉴런과 다른 뉴런을 구분할 수 있는 것은 오로지 그들의 연결 때문이다.

거울뉴런은 다른 사람의 행동을 보는 것에 반응하는 뇌의 시각영역으로부터 흥분성 신호를 받는다. 이 연결을 통해서 시각언어를 원숭이 자신의 행동에 관한 운동언어로 '번역'한다.

우리가 그것에 관해 생각해본다면 이러한 번역은 대단한 기적이다. 양의 사진과 우리 귀에 들리는 단어 '양'이라는 소리를 떠올려보자. 이 두 가지는 근본적으로 다르지만, 우리 두뇌는 그 둘을 매우 강력하게 연합한다. 둘 사이에 아무런 공통점도 없음을 깨닫기 위해서는 깊이 생각해야 한다. 예를 들어, 프랑스어를 사용하는 사람의 경우에는 그것이 한 부류에 속한다는 것을 인식하지 못한다. 어쨌든 우리의 두뇌는 단어의 소리를 그 동물의 이미지로 번역하며, 그 반대도 마찬가지다.

행동의 경우에도 같은 원리가 적용된다. 어떤 행동을 할 때 뇌는 우리의 근육을 움직이게 한다. 한편, 다른 사람의 행동을 볼 때 빛이 우리 눈에 부딪힌다. 이것들 역시 서로 근본적으로 다른 것들이다. 그러나 우리 뇌는 그 둘을 매우 강력하게 연결하기 때문에, 우리 몸의 근육이 움직이는 것과 망막에 빛이 부딪히는 것 사이에 신체적으로는 아무런 공통점이 없다는 것을 깨닫기가 사실상 거의 어렵다. 만일 거울뉴런이 원숭이가 특정 행동을 할 때와 다른 누군가가 동일한 행동을 하는 것을 원숭이가 지각할 때라는 두 경우 모두에 반응한다면, 시각피질과 거울뉴런 사이의 신경 연결 패턴이 다른 사람을 보는 시각언어를 행동을 하는 운동언어로 틀림없이 번역했을 것이다.

뇌는 목표를 어떻게 코드화하는가

거울뉴런은 관찰행동을 실행행동으로 번역할 때 정확성에서 차이를 보인다. '광범위하게 일치하는broadly congruent 거울뉴런'은 다른 사람의 행동을 매우 일반적인 용어로 번역한다. 그것은 종종 다소 폭넓은 운동 선택성을 갖는다. 예를 들어, 원숭이가 땅콩을 손으로 집든 입으로 집든 간에 반응한다. 마찬가지로 그것은 다양한 집는 모습에 반응하며, 그 모습을 '집어들다taking' 혹은 '잡다grasping'와 같은 매우 일반적인 용어로 번역한다. 이러한 변형은 아주 놀라운 일이다.

왜냐하면 누군가가 손이나 입으로 잡는 것은 매우 다르게 보이는데, 이런 시각적 차이를 전운동뉴런의 운동언어인 '집어들다'라는 단 하나의 단어로 번역하기 때문이다. 광범위하게 일치하는 일부 거울뉴런은 원숭이 자신이 행동을 취할 때에는 매우 구체적이다. 예를 들면 원숭이가 오른손 엄지와 검지로 물건을 집을 때에만 반응한다. 그러나 원숭이가 다른 누군가가 잡는 것을 볼 때에는 손으로 잡건 입으로 잡건 상관없이 반응할 것이다.

이러한 거울뉴런에서 관찰행동과 실행행동 간의 대응은 '집어들다' 혹은 '일반적으로 잡다'라는 개념적 수준으로 다소 광범위하다. 하지만 다른 거울뉴런은 훨씬 더 엄격하다. 일부는 원숭이가 오른손으로 잡을 때에만 활성화되고, 또한 다른 누가 오른손으로 잡는 것을 볼 때에만 반응한다. 다른 거울뉴런은 오로지 입으로 잡을 때에만 반응한다. 좀 더 선택적인 뉴런은 원숭이가 손 전체를 이용해서 잡는 것이 아니라 정밀하게 잡을grip 때에만 반응하고, 또한 정밀하게 잡는 것을 관찰할 때에만 반응한다. 이러한 더 선택적인 뉴런을 '정확하게 일치하는strictly congruent 거울뉴런'이라고 부른다.

이러한 다층적 설계는 중복적이고 불필요해 보일 수 있다. 만약 상세한 내용이 정확하게 일치하는 거울뉴런을 통해서 올바르게 번역된다면, '집어들다'와 같은 불특정한 뉴런은 왜 필요한 것일까?

답은 간단하다. 당신이 탱고를 배우러 가서, 강사가 시연하는 간초gancho 동작(다리를 순간적으로 접어 상대를 감싸는 동작)을 보며 어떻게 할지를 파악해야 한다고 상상해보라. 이전에 간초를 해본 적이 전혀 없기 때문에 당신은 간초에 대한 정확한 운동프로그램이 없는 상태고, 따라서 이 기술에 정확하게 일치하는 거울뉴런도 없다. 하지만 당신이 걸을 때 다리를 들어 올리는 동작과 관련된 광범위하게 일치하는 거울뉴런이 간초를 관찰하는 동안 활성화되어, 적어도 발을 들어올려 뒤쪽으로 당기는 게 필요하다는 폭넓은 감각을 제공할 것이다. 광범위하게 일치하는 거울뉴런은 이전에는 전혀 해본 적이 없는 새로운 행동을 배우는 데 특히 중요하다. 훈련을 통해서 당신은 다리를 들어올리는 것에서부터 시작하여 자신만의 간초를 개선해나갈 수 있다. 당신이 점점 숙련된 탱고 무용수가 되어감에 따라, 간초를 지도하는 강사는 당신이 특정한 간초 동작들을 매우 구체적인 순서에 따라 수행하기를 원할 것이다. 일단 당신이 다양한 유형의 간초 동작들에 대한 운동프로그램을 습득하고 나면, 당신은 이러한 간초의 하위 유형 각각에 정확하게 일치하는 서로 다른 거울뉴런을 갖게 될 것이다. 그것은 특정 간초에 대한 관찰과 실행에 대해서만 선택적으로 반응할 것이며, 그럼으로써 당신은 그러한 구체적인 순서를 모방할 수 있을 것이다.

광범위하게 그리고 정확하게 일치하는 거울뉴런의 조합을 통해서 다층적인 번역이 동시에 실행되는 경우, 원숭이는 매우 융통성 있는 번역능력을 갖추게 될 것이다. 그것은 카메라의 줌렌즈와 같아서, 다른 사람의 행동에 대한 상세한 내용이 원숭이의 운동어휘에 존재한다면 줌인을 할 수도 있고, 그렇지 않다면 그 장면에 대한 더 일반적인 감을 얻기 위해 줌아웃을 할 수도 있다.

우리가 어떤 행동을 들을 때 무슨 일이 일어나는가?

지금까지는 다른 사람의 행동을 보는 경우에 관해서 기술했다. 그러나 종종 우리는 단순히 다른 사람의 행동을 듣는 것만으로도 그것을 이해할 수 있다. 1980년대에 코카콜라의 유명한 라디오 광고가 있다. 쉿 하고 김이 빠져나가면서 병 따는 소리로 시작하여, 금속 병뚜껑이 탁자에 부딪히면서 떨리는 소리, 유리잔에 음료수를 따르는 소리, 게걸스럽게 꿀꺽꿀꺽 마시는 소리 그리고 마지막에 음료수를 마신 사람이 기분이 상쾌해져서 내는 만족스러운 "아!" 소리로 끝났다. 20년이 지났는데도 무더운 날 이 소리를 들으면 입안에 침이 고인다. 다른 사람이 행동하는 소리가 우리 몸에 그토록 저항할 수 없는 강력한 영향을 미치는 이유는 무엇일까?

파르마에 도착한 지 얼마 안 되어 그 답을 발견했다. 비토리오와 알레산드라와 이블린은 원숭이가 어떤 행동을 보거나 할 때뿐 아니라, 이러한 행동의 소리를 들을 때에도 반응하는 듯 보이는 거울뉴런을 기록해왔다. 우리는 이 뉴런들이 서로 다른 행동을 얼마나 잘 구분할 수 있는지 그리고 시각 및 청각 반응에 얼마나 잘 상응하는지 알고 싶었다. 이 뉴런들이 다른 사람의 행동을 이해하는 데 도움을 주기 위해서는, 당신이 종이를 찢는 것을 내가 찢는 것으로, 당신이 소다수를 마시는 것을 내가 마시는 것으로 번역할 수 있어야 한다. 우리가 원하지 않는 결과는, 당신이 종이를 찢는 것을 내가 소다수를 마시는 것으로, 당신이 소다수를 마시는 것을 내가 종이를 찢는 것으로 번역하는 것이다. 그렇지 않다면, 내가 마시는지 찢는지 당신이 어떻게 느낄 수 있겠는가?

우선 우리는 원숭이가 종이를 찢을 때 반응하는 뉴런을 기록했다. 그런 다음 나는 찢을 때 소리가 나지 않도록 하기 위해 종이를 물에 적시고, 원숭이의 눈을 가렸다. 그리고 적신 종이를 원숭이에게 주자 원숭이는 재빨리 찢었다. 비록 원숭이가 보지도 듣지도 못했음에도 동일한 세포가 발화했다. 이것은 그 뉴런이 종이를 찢는 행위에 대한 진정한 운동뉴런임을 의미한다. 그 뉴런은 원숭이가 땅콩껍질을 깰 때에는 발화하지 않았다. 따라서 그 뉴런은 선택적임을 보여주었다. 다음으로 그 뉴런이 원숭이가 소리만 들은 행동에도 반응하는지 검사하기 위해, 원숭이 뒤에 서서 마른 종이를 큰소리를 내며 찢었다. 그 뉴런은 마치 원숭이 자신이 종이를 찢는 것처럼 발화했다. 하지만 원숭이 뒤에서 땅콩껍질을 깼을 때에는 아무 일도 일어나지 않았다. 이것은 듣는 것과 관련된 세포가 땅콩을 깨는 것에 비해 종이를 찢는 것에 대해서 유사한 선택성을 보임을 시사한다. 마지막 검사를 위해서 우리는 종이 몇 장을 더 적신 다음, 원숭이 앞에 서서 젖은 종이를 조용히 찢었다. 이 경우에도 그 뉴런은 발화했다. 하지만 아무 소리가 나지 않게 미리 깨놓은 땅콩껍질을 깨뜨렸을 때, 그 뉴런은 여전히 비활성화되었다.

이러한 연구 결과가 의미하는 것은 거울뉴런이 행동의 관찰, 소리, 실행을 조합하는 듯 보인다는 것이다. 거울뉴런은 세 개의 언어를 사용한다. 그러나 가장 중요한 발견은 거울뉴런이 세 가지 방식에서 선택적이라는 것이다. 이와 같은 뉴런을 더 많이 발견하면서, 나는 코카콜라와 같은 라디오 광고가 우리로 하여금 제품을 갈망하게 만드는 이유가 바로 청각거울뉴런이 그러한 제품을 소비하고 즐기는 것과 관련된 운동프로그램을 선택적으로 활성화하기 때문임을 확실히 알게 되었다.

2

직관의 힘

역설적이게도 인간의 마음을 이해하는 데 주된 장애물은 그것을 연구하는 과학자들이 마음의 합리성에 집착한다는 사실이다. 그 다음 장애물은 컴퓨터다. 이 둘이 합쳐져, 일반적인 컴퓨터의 작동방식처럼 모든 정보를 의식적이고 논리적이고 추상적인 방법으로 처리하는 뇌 개념을 만들어냈다. 거울뉴런의 발견은 이러한 생각을 바꿔 놓았다.

나의 할머니께 내가 사랑에 빠졌다는 걸 어떻게 아셨는지 여쭤본다면, 그녀는 아마 '그냥 그렇게 느껴졌단다'라고 말씀하셨을 것이다. 할머니는 우리가 타인을 이해하는 과정이 논리적이지 않고 직관적임을 아셨다. 만일 1980년대의 과학자들에게 물어본다면, 그들 대부분은 직관은 무관한 양, 관찰 가능한 사실(예를 들어 백일몽, 미소 등)과 '사랑'이란 무엇인가에 관한 이론(가령, 사랑은 백일몽과 행복을 포함한다)

을 조합해서 대답했을 것이다.

할머니와 과학자의 상이한 대답은 어떤 체계적 문제가 있음을 보여준다. 두뇌에 대한 이해를 넓히는 과학자들은 합리적이고 경험적인 사고를 즐기기 때문에 뛰어난 과학자가 된다. 그렇기 때문에 그들은 직관보다는 합리적인 사고가 더 가치 있는 과정이라고 믿는 경향이 있다. 따라서 거울뉴런을 발견하기 전까지, 뇌의 일반적인 기능과 특수한 사회적 이해에 대한 우리의 관점은, 뇌는 과학자가 하듯 증거를 수집하고 이러한 경험적 증거에 기초해 세계에 관한 이론을 합리적으로 도출함으로써 세계를 이해한다는 생각이 지배적이었다.

과학자들의 추상적이고 합리적인 시각은 '두뇌-컴퓨터 오류'라는 함정을 통해서 사람들의 마음속에 더욱 굳어져갔다. 대부분의 생물학적 기관처럼, 뇌는 우리가 만들지 않았기 때문에 이해하기가 어렵다. 반면에 컴퓨터는 최소한 그것을 만든 엔지니어에게는 이해하기가 쉽다. 1970년대와 80년대에 컴퓨터가 널리 보급되기 시작하면서, 많은 컴퓨터 엔지니어는 어떻게 훌륭한 컴퓨터를 만들지에 대한 아이디어를 찾기 위해 뇌과학을 들여다보았다. 여기까지는 좋았다. 하지만 뇌과학자들 역시 인간의 마음이 작동하는 방식에 대한 힌트를 얻기 위해 컴퓨터를 들여다보았다. 두뇌가 작동하듯이 컴퓨터가 작동한다면, 컴퓨터를 '지능적'으로 만드는 것은 무엇이든지 우리를 지능적으로 만드는 데 단서를 제공하리라는 발상이었다.

두뇌와 컴퓨터를 비교하는 것은 당연히 잘못된 생각이다. 표범과 페라리는 둘 다 빠르지만, 그렇다고 해서 표범 몸 어딘가에 연소기관이 있을 것이라고 가정해야 되는가? 하지만 불행하게도, 많은 인지

과학자가 이와 비슷한 생각의 오류에 어느 정도 의식적으로 빠져들었다.

예를 들어, 미국의 유명한 인공지능 개척자 더그 레넛Doug Lenat은 인간의 사고와 유사한 컴퓨터 프로그램을 설계했다. 그의 팀은 그 프로그램에 수백만 건의 백과사전적 지식을 집어넣었는데(그래서 줄여서 '사이크Cyc'라고 불렀다), 대부분의 내용은 비사회적 세계(예를 들어, '모든 차는 기계다' '모든 기계는 결국에는 작동을 멈춘다')와 인간세계('모든 인간은 동물이다' '모든 동물은 결국에는 지친다')에 관한 유사한 구조를 지닌 지식들이었다. 만일 '사이크'에게 당신의 자동차가 영원히 달릴 수 있을지 묻는다면, 당신의 차는 기계이고 모든 기계는 결국에는 작동을 멈추기 때문에 당신의 차도 그럴 것이라고 추론되므로 "아니오"라고 답할 것이다. 만일 당신이 영원히 달릴 수 있을지 묻는다면, 동일한 논리를 사용해서 결국 당신은 지쳐서 달리는 것을 멈출 것이라고 결론내릴 것이다.

'사이크'는 컴퓨터로서는 대단히 성공적이다. 저장된 지식으로 인터넷 검색을 돕고 많은 질문에 의미 있는 답을 제공한다. 하지만 불행하게도 이러한 전문가 프로그램의 성공은, '사이크'가 사용하는 합리적이고 추상적인 사고가 뇌의 작동방식에 대한 타당한 설명이라는 증거로 간주되었다.

그러나 앞으로 살펴보겠지만, 거울뉴런은 추상적인 사고가 다른 유기체의 행동을 관찰할 때 우리가 이용하는 유일한 처리과정이 아님을 보여준다. 역설적이게도, 우리 할머니의 "그렇게 느꼈으니까"라는 직관적인 대답이, 마음을 논리적이고 육체와 분리된 정보처리

컴퓨터로 보는 많은 합리적인 과학자의 생각보다 우리 본성을 더 잘 포착한다.

우리는 자신이 어떻게 행동할지를 근거로
타인의 행동을 예측한다

원숭이는 다른 원숭이나 인간의 행동을 어떻게 예측할까? 추상적인 규칙을 이용할까? 대답은 '아니다'일 것이다. 앞에서 보았듯이, 원숭이가 다른 개체의 행동을 목격할 때, 자신이 똑같은 행동을 하는 동안 활성화되는 일부 전운동뉴런이 활성화된다.

원숭이가 스스로 행동할 때, 땅콩에 손을 뻗는 동작은 대개 움켜잡는 동작으로 이어진다. 전운동뉴런의 배선구조에서, 활성화는 손을 뻗는 뉴런에서 움켜잡는 뉴런으로 규칙적으로 이어진다. 손을 뻗는 동작의 관찰도 거울뉴런에 의해서 전운동뉴런의 활성화로 변환되어 동일한 연결구조를 가질 것이고, 움켜잡는 뉴런으로 이어질 것이다. 이러한 과정은 땅콩을 움켜잡는 것을 보기 전에 활성화되며, 원숭이 자신의 행동을 지배하는 규칙에 근거하여 다른 개체의 행동을 예측할 수 있게 한다.

이러한 유형의 예측이 거울뉴런 체계에서 일어나는지를 검사하기 위해서, 우리는 원숭이가 오렌지를 쥐었을 때 반응하는 거울뉴런을 기록했다. 팀원 한 명이 원숭이 앞에서 오렌지를 잡자, 그 모습을 본 순간 동일한 거울뉴런이 발화했다. 이것은 물론 거울뉴런이 하는 일이다. 오렌지를 치우고 실험자가 오렌지가 있던 자리에 손을 뻗을 경우에 뉴런은 일반적으로 발화하지 않았는데, 그것은 뉴런이 물건을 실제로 잡는 것을 코드화한 것이지 단지 손을 쥐었다 폈다 하는 것을 코드화한 것이 아님을 시사한다. 행동 예측에 대한 중요한 실험이 이어졌다. 오렌지 앞에 반투명 가리개를 놓아 원숭이에게는 실험자의 손이 그것을 향해 뻗어가고 가리개 뒤로 사라지는 것만 보이게 했다. 거울뉴런의 반 정도가 손이 가려진 경우에도 발화했다. 마치 거울뉴런이 손을 뻗는 움직임을 보는 것에서 손이 곧 오렌지를 잡으리라고 추론하는 것 같았는데, 왜냐하면 일반적으로 원숭이 자신도 그렇게 하기 때문이다[3].

당연히 이러한 예측은 매우 유용할 수 있다. 만일 원숭이가 표범이 자신에게 달려오다가 덤불 뒤로 사라지는 것을 보았다면, 다음에 일어날 표범이 입으로 움켜잡는 행동을 예측하는 능력은 원숭이에게 나무 위로 뛰어오를 시간을 벌어줄 것이다. 이보다 덜 극적인 예로, 원숭이가 맛있는 과일을 찾은 경우도 있을 것이다. 동료원숭이가 그것에 손을 뻗는 것을 보는 것은 곧 그 맛좋은 한 끼를 빼앗긴다는 의미일 수 있다. 원숭이가 그러한 행동을 예측하고 과일을 가지고 달아나지 않는다면 말이다. 원숭이가 살고 있는 복잡한 환경에서 다른 원숭이의 행동을 더 잘 예측할 수 있다는 것은 앞으로 일어날 예견된 상황에 대응할 시간을 더 많이 가질 수 있다는 뜻이다.

원숭이가 사용하는 방법은 컴퓨터가 행동을 예측하는 방법과 근본적으로 다르다. 컴퓨터는 과일을 따거나 먹지 않는다. 따라서 컴퓨터는 동물의 행동을 예측하는 데 자신의 행동을 활용할 수 없다. 반면 원숭이는 일상적으로 다른 원숭이들이 할 만한 거의 모든 행동을 한다. 그들은 동료원숭이의 행동을 자기 자신의 신체와 행동으로 연관지을 수 있다. 예측은 다른 개체의 행동을 예상하기 위해 특별히 획득한 일련의 명제규칙에 더 이상 기초하지 않는다. 대신에 관찰자 자신이 다음에 하려는 동작을 시뮬레이션하기 위해서, 관찰자 자신의 행동과 신체를 지배하는 기제를 활용한다. 그리고 그렇게 예측된 행동은 관찰당한 개체 덕분이다. 이 과정에서 자아와 타자 그리고 육체와 정신의 고전적인 구분은 흐려지고 서로 스며든다. 타자의 행동을 예측하는 정신기능은 이제 관찰자 자신의 신체와 행동의 신경표상neural representation이 되고 '체화embodied' 즉 신체 속에 기초와 근거를 두게 된다[1]. 그리하여 관찰자인 원숭이의 자아를 전문적으로 처리한다고 생각되던 뇌영역에서 다른 개체가 표상된다.

타자에 대한 시뮬레이션을 위해 자신을 활용하는 것은 매우 경제적이고 우아한 계산방식이다. 왜냐하면 타자에 대한 일련의 명시적 규칙을 요구하는 대신에, 자기 자신의 행동에 특화된 기제를 타자의 행동을 예측하는 데에도 활용하기 때문이다. 두뇌가 실제로 이런 방식의 체화된 시뮬레이션을 이용한다는 발견은 두뇌에 대한 견해를 변화시킨다. 이제야 사회인지는 더 이상 단지 두뇌의 오래된 계산방식이 아니라 사람 사이의 유사함에 의존하는 매우 구체적인 방식이 된다. 파티에서 낄낄거리며 침실을 향해 살금살금 걸어가는 커플의 행동을 예측하는 것이 주사위 숫자를 예측하는 것보다 왜 더 쉬운 일인지 이제 이해가 된다. 왜냐하면 우리는 주사위가 아니라 사람이기 때문이다.

타인 이해하기:
같은 것을 하면 어떤 느낌이 들까

앞에서 보았듯이, 인간에게 전운동뉴런의 자극은 단지 신체를 기계적으로 움직이는 것만이 아니라, 팔이 움직이지 않을 때에도 팔이 움직이는 것 같은 느낌 혹은 무언가를 하고 싶은 느낌("나는 손으로 무언가를 하고자 하는 충동을 느낀다"2)처럼, 행동과 연합된 정신상태도 만들어낸다. 원숭이가 다른 개체의 행동을 관찰하는 동안 측정된 전운동뉴런의 활성화는 자신이 관찰한 행동에 대한 의식적인 '느낌'을 발생시킨다. 이러한 느낌은 뇌가 자극되어 유발되는 그러한 행동을 하고자 하는 욕구와 비슷한 내적 감각이다. 행동이 실행되는 정확한 방식(즉 왼손이나 오른손으로 잡기, 혹은 입으로 잡기)과는 종종 별개로, 특정 행동에 대한 전운동피질 내 뉴런의 선택성을 고려한다면, 우리는 어떤 행동의 양상이 전운동피질의 활성화로 표상되는지도 이해할 수 있다. 그것은 단순히 어떤 근육을 움직였느냐가 아니라 그 행동의 목표가 무엇인지를 드러낸다.

예를 들어, 만일 원숭이가 당신이 왼손으로 오렌지를 집어드는 것을 본다면, 전운동피질의 활성화는 당신이 오렌지를 집어드는 느낌을 원숭이에게 주로 전달할 것이다. 하지만 당신이 오렌지를 집어들 때 일어나는 근육의 연속적인 움직임, 즉 삼두근이 수축하고, 손가락이 신전되었다가 굴곡되고, 이두근이 수축하는 등등의 상세한 움직임을 제공하지는 않는다. 따라서 전운동피질 내 거울뉴런은 앞으로 하게 될 행동에 대한 상세한 예언자일 뿐 아니라, 그 목표나 의도에 대한 느낌을 전달하고, 그럼으로써 이른바 "타인의 의도를 이해하는"것에 더 가까워진다.

여기서 의도라는 단어는 매우 실제적인 의미에서 행위자가 달성하고자 하는 것을 뜻한다. 원숭이에게 그러한 의도가 있는지 여부는 알기 어렵지만, 그들의 행동은 그들에게 그러한 의도가 있다는 생각과 일치한다. 내 연구실 원숭이 중 하나인 플로렌스에게 마시멜로를 주었을 때가 기억난다. 플로렌스는 마시멜로를 매우 좋아해서 재빠르게 손을 뻗었다. 내가 장난삼아 마시멜로를 뒤로 빼면, 플로렌스는 분노의 표현으로 자신의 머리를 홱 앞으로 치받았다. 인간에게 그러한 분노는 누군가가 자신의 의도에 대해 장난을 친다는 느낌과 함께 발생한다. 이 경험으로 나는—마음속 시뮬레이션을 통해서—원숭이에게도 나와 비슷한 의도의 감각이 있다는 것을 믿게 되었다.

'이해'라는 단어 역시 매우 실용적인 면에서 유사한 의미를 갖는다. 원숭이는 관찰한 행동(예를 들어, 손을 뻗어 가리개 뒤에 있는 오렌지를 잡는 것)을, 고차운동영역에 전기자극을 받은 환자들이 자신의 팔이 저절로 움직인다고 느끼는 것과 매우 비슷하게 '느낄' 수 있다. 이것은 원숭이가 우리 의도의 깊은 의미(우리가 오렌지를 잡으려는 이유)를 이해한다는 뜻은 아니다. 그러나 목표를 이해하고 행동을 예측하는 것은 밀접하게 연결된 현상이고, 거울뉴런이 관찰한 행동의 즉각적인 목표(예를 들어, 오렌지를 잡는 것)에 대한 감각을 줄 수 있다는 것을 보여준다.

이러한 실용적인 형태로 의도를 이해하는 것조차 그 자체로 작은 기적이다. 오렌지를 잡겠다는 나의 소망은 머릿속에 감춰져 있으나,

나의 행동을 관찰함으로써 원숭이는 나의 숨겨진 내적 의도를 감지한다. 거울뉴런을 통해, 원숭이가 사실상 '텔레파시'를 쓰는 것이나 다름없다. 다시금, 행동으로부터 의도를 추론할 수 있게 해주는 풍부한 일련의 명제규칙을 가정하는 대신, 원숭이의 두뇌는 다른 개체의 행동을 자기 자신의 행동과 연관시키고, 그리하여 추상적인 사고보다는 운동제어 기제에 더 의존하는 체화된 시뮬레이션을 통해 자신이 관찰한 행동에 대한 감각을 활성화시킨다.

위의 패러다임이 제공하는 새로운 관점은 우리의 삶의 경험에 훨씬 더 가깝게 다가온다. 그래서 우리는 제임스 본드 영화를 보는 내내 생각할 필요 없이 본드가 긴장할 때 우리의 신체도 긴장하고, 본드가 느끼는 것을 우리도 느낄 수 있다. 물론, 추상적 사고는 (개인적 경험이 부족한) 비밀요원에 대한 지식을 우리의 생각에 반영함으로써 이러한 체화된 시뮬레이션에 중요한 내용을 보탤 수 있다. 하지만 그러한 사고가 우리가 타인에 대한 통찰을 얻는 유일한 방법은 아니다. 거울뉴런이 수행하는 전의식적preconscious으로 체화된 시뮬레이션이 우리의 사회적 직관에 근본적인 것일지 모른다.

거울뉴런은 어떻게 모방을 촉진하는가

비토리오가 거울뉴런에 대해 얘기하는 것을 처음 들으면서, 나는 거울뉴런이 누군가를 관찰함으로써 행하는 방법을 배우는 우리 능력의 기초일 것이라고 생각했다. 당시 내가 박사과정을 밟고 있었던 세인트앤드루스 대학의 심리학부에는 앤디 화이튼Andy Whiten과 딕 변Dick Byrne이라는 영장류의 인지 및 사회적 능력에 관한 연구로 세계적으로 유명한 두 전문가가 있었다. 그들과 이야기하면서, 나는 원숭이와 유인원이 서로를 관찰하면서 기술을 배우는 사례들에 대해 알게 되었다.

유명한 예로 감자 씻기가 있다. 어린 원숭이가 흙속에서 감자를 발견하고 먹을 경우, 모래가 씹혀 불쾌한 느낌을 갖게 된다. 일본에서는 원숭이들이 감자에 묻은 흙을 없애는 간단한 절차로 바닷물에 감자를 씻는 것이 관찰되었는데, 알다시피 감자에 소금이 추가되면 맛이 더 좋아진다. 흥미롭게도 이들 일본원숭이가 감자를 씻는다고 알려진 유일한 집단이며, 아기원숭이는 성인원숭이에게 감자 씻는 방법을 배워야 한다. 감자 씻기는 일종의 지역 전통이 되었고, 문화의 한 사례 즉 한 사회 내 지식 전수의 사례로 받아들여졌다. 인간에게 문화가 갖는 중요성을 감안할 때, 어떻게 학생원숭이들이 교사원숭이들로부터 중요한 것을 배우는지에 대한 궁금증과 더불어 원숭이의 문화 전수에 많은 관심이 쏠렸다.

거울뉴런에 대해 들어본 사람은 이렇게 생각할지 모른다. "그건 쉬운 일이야. 다른 원숭이가 감자 씻는 것을 보는 것이 '세척거울뉴런'을 활성화시키고, 학생원숭이는 모방을 통해서 자신의 감자를 씻기 시작하는 거지." 나도 그렇게 생각했다. 그러나 많은 영장류동물학자가 내게 말하기를, 원숭이에게 거울뉴런이 있을 수 있으며 관찰을 통해서 학습을 하지만, 엄밀한 의미에서 모방을 하지는 않는다고 했다. 나는 놀랐다. 그들은 나에게 엄밀한 의미의 모방은 관찰을 통해서 학습하는 것이 아니라, 시연자가 그러한 행동을 하는 데 사용했던 정확한 움직임을 복제할 수 있는 능력이라고 말했다. 원숭이는 자신이 관찰한 목표를 달성하기 위해 학습하지만, 그것을 달성하는 자기만의 방식을 개발하려는 경향이 있다. 엄격한 의미의 모방과 목표를 달성하기 위한 학습 사이의 구분은 여러 해 동안 나를 곤혹스럽게 만들었다. 나는 인간을 대상으로 한 다수의 연구를 진행한 한참 후에야 그것을 이해하게 되었다.

3

인간의 미러링

발레리아와 나는 파르마의 어느 암벽등반 과정에서 만났다. 그녀는 생물학 연구를 마치고 있었고, 나는 원숭이의 거울뉴런을 연구하고 있었다. 첫 만남 후 우리의 관계는 느리게 진전되었다. 단체모임에서 가끔 만나긴 했지만, 미래를 함께 하는 사이가 될 거라는 확신이든 것은 샌프란시스코에서 열린 학회에 참석하기 위해 단 둘이 여행을 떠났을 때였다. 샌프란시스코 여행을 마치고 이탈리아로 돌아온후 곧 우리는 동거를 시작했다. 2년 후 우리는 결혼했고, 2004년 네덜란드 그로닝겐으로 이사했다. 그곳에 새로 설립된 신경영상센터에우리만의 신경과학연구실을 개설하여 인간의 거울뉴런 체계를 연구한다는 새로운 모험으로 무척 설렜다. 결혼계획, 새로운 삶의 출발 그리고 연구실 설립으로 정신없이 바빴지만, 그런 와중에도 거울뉴런에 대한 연구는 순조롭게 진행되어 우리 연구의 토대를 제공했다.

행동의 관찰은 신체를 활성화시킨다

파르마 팀이 원숭이에서 거울뉴런을 처음 발견한 지 얼마 지나지 않아, 사회적 마음에 관심이 있는 전 세계의 신경과학자들은 유사한 체계가 인간에게도 있는지에 대해 논쟁하기 시작했다. 안타깝게도 인간의 거울뉴런은 직접 측정할 수 없기 때문에 그 존재 여부를 조사하는 것은 더 어려운 일이다. 현재로서는 원숭이에게 한 것처럼 두뇌 안에 가는 전선을 심는 것이 단일 뉴런의 활동을 측정하는 유일한 방법이다. 인간의 두뇌에 가는 전선을 심는 것은 당연히 위험한 일이다. 그 방법은 뇌 조직을 손상시킬 수 있다. 인슐린을 주사하기 위해 사용하는 가느다란 피하주사침이 피부를 통과할 때 상처를 남기는 것과 마찬가지다. 피부와 달리, 뇌는 스스로 복원하는 기능이 매우 약하다. 피부는 찔리더라도 빨리 회복되지만, 뇌의 경우에는 우리가 잘 알고 있듯이 종종 영구적인 손상을 입힌다. 또한 뇌에 심은 전선이 감염의 경로가 될 수 있으며, 뇌의 감염은 특히 대처하기가 어렵다. 따라서 단지 거울뉴런을 조사하려고 인간의 뇌에 전선을 심는 것은 명백히 연구윤리에 어긋난다.

그래서 우리는 인간의 거울뉴런 체계를 이해하기 위해 원숭이의 거울뉴런에 대해 파악한 지식과 비침습적인 방법의 결합에 주로 중점을 두었다. 두뇌 스캐닝이 인간의 거울뉴런에 대한 증거를 찾는 데 자주 사용된다. 인간의 거울체계에 대해 우리가 갖고 있는 모든 증거의 광범위한 목록을 작성하기보다는, 청각거울체계가 인간의 경우에 어떻게 연구될 수 있는지를 두 가지 예를 통해 보여주겠다[ii].

거울체계의 자기화磁氣化

때는 2002년, 장소는 로스앤젤레스에 위치한 UCLA의 아먼슨-러블레이스 뇌 지도 연구소. 리사 아지즈-자데Lisa Aziz-Zadeh가 나중에 나에게 설명한 바에 따르면, 그녀는 피터 옆에 서 있고, 피터는 머리 받침대가 달린 의자에 편안히 앉아 있다. 그의 손에서 시작된 전선은 옆방의 컴퓨터에 연결되어 있다. 엄지와 검지 사이 근육에 부착된 작은 원형 전극이 이 근육의 활동을 측정한다. "긴장을 푸세요"라고 리사는 그에게 말한다. 하지만 낯선 나비 모양의 장치를 그녀가 그의 머리 위에 들고 있는 상황에서 긴장을 풀기란 쉬운 일이 아님을 그녀도 잘 아는 듯 미소 짓는다.

그 '나비' 장치는 하나의 코일이다. 코일을 통해 갑작스런 전류를 보내면 순간적으로 집중된 자장이 형성되어 두뇌를 자극한다. '탁' 하고 코일에서 작은 기계음이 들리는데, 그것은 자장이 방금 형성되었음을 의미한다. 아무 일도 일어나지 않는다. 피디의 근육 활동을 측정하는 컴퓨터 화면은 직선을 보여준다. 리사가 코일을 뒤쪽으로 옮긴다. 다시 '탁' 소리가 나고, 이번에는 피터의 손가락 하나가 움칠거린다. 컴퓨터 화면상의 선이 약간 높아진다. 리사는 코일을 고정장치에 부착한다. "이제 주의 깊게 소리를 들어보세요"라고 말한 후 그녀가 방을 나오고 문이 닫힌다.

실험이 시작된다. 발걸음 소리가 스피커에서 들리고, 그 다음에는 구식 타자기 소리, 뇌우 소리, 다시 타자기 소리 등이 들린다. 각각의 소리는 자기펄스를 전송하는 경두개자기자극transcranial magnetic stimulation(TMS) 기계의 특징적인 '탁' 소리를 수반한다.

실험참가자가 집으로 돌아간 다음, 리사는 컴퓨터 기록을 분석한다. 참가자가 발소리나 뇌우 소리를 들었을 때 화면에 표시된 선은 천둥소리를 들을 때 그렸던 작은 정점과 동일한 정점을 그렸다. 그러나 참가자가 타자기 소리를 들었을 때는 더 큰 정점을 그렸고 손가락도 더 많이 움직였다. 흥미로운 것은, 참가자 머리의 오른쪽이 아니라 왼쪽 즉 전운동피질의 손가락영역이 위치한 곳에 코일이 놓였을 때만 작동했다는 것이다8.

만일 인간도 원숭이처럼 소리에 대한 거울뉴런을 가지고 있다면, 손동작 소리를 듣게 될 경우 일차운동손동작영역과 연결된 손동작에 대해서 전운동뉴런을 활성화시킬 것이라고 기대할 수 있다. TMS 기계 없이는, 손동작 소리를 듣는 것만으로 손을 움직이게 할 수 없다. TMS 펄스만으로는 손가락이 조금 꿈틀거릴 뿐이다. 하지만 소리와 펄스가 함께 전달되면 손가락의 꿈틀거림이 괄목할 만큼 커졌다. 이 실험은 손동작 소리가 우리가 동일한 행동을 하는 데 사용하는 근육을 움직일 수 있음을 보여준다. 물론 이러한 효과를 측정하기 위해서는 TMS 펄스 같은 기계의 도움이 조금 필요하다.

파르마 연구소의 루치아노 파디가Luciano Fadiga는 시각체계를 연구하며 몇 년 전에 이와 유사한 실험을 했다. 그는 손가락의 움직임으로 이어지는 일차운동피질영역을 자극하기 위해 TMS를 사용했다. 실험참가자는 손동작에 관한 영상과, 사물의 이미지 같은 통제 자극들을 보았다. 결과는 참가자가 손동작을 보았을 때, TMS 펄스가 손가락에 더 강한 꿈틀거림을 일으킨다는 것을 보여주었다.

이러한 TMS 실험들은 마치 거울뉴런이 예측을 하는 것처럼, 다른 사람의 행동을 보고 듣는 것이 관찰자 자신의 운동프로그램으로 수렴한다는 것을 보여준다. 그렇다면 뇌의 어느 부위에서 수렴하는 것일까?

파르마에서 네덜란드로: 새 연구실에서의 하루

때는 2004년 봄, 장소는 네덜란드 그로닝겐. 결혼한 지 몇 달 되지 않아 아내 발레리아와 나는 새로운 나라로, 우리의 새 연구실로 이사했다. 자명종이 울린다. 아침 6시경. 잠이 덜 깬 채로 아침식사를 한 후, 방수재킷과 바지를 입고 자전거를 꺼낸다. 오늘도 변함없이 우리의 일터인 '신경영상센터'를 향해 바람에 날리는 비를 정면으로 맞으며 페달을 밟는다. 영상기술자인 아니타는 지각에 대해서는 유머가 안 통하지만, 가장 빨리 스캐닝을 할 수 있는 자리를 마련해주며 가학적인 쾌감을 느낀다.

몇 분 후, 파자마 같은 파란 겉옷을 입은 조이스라는 젊은 프랑스 여인이 큰 터널장치 앞의 흰 침대에 눕는다. 귀에는 헤드폰을 끼우고, 머리를 끈으로 고정하고, 머리 주위에 마치 새장 같은 커다란 코일을 씌운다. 아니타가 버튼을 누르자 조이스는 터널 속으로 천천히 들어간다. 조이스는 지금 막 기능적자기공명영상fMRI 검사를 받을 예정이다. 이 실험은 이전의 TMS 연구와는 아주 다른 정보를 보여주고, 행동을 보고 듣는 것에 대한 거울체계가 인간에게도 있다는 추가 증거를 제공하리라 기대된다.

fMRI가 있는 방은 자석의 온도를 초전도상태의 적정범위인 영하 화씨 300도 이하로 유지하기 위해 액화질소를 펌프질하는 소음으로 시끄럽다.

fMRI는 뇌가 특정한 부위를 사용하면 그 부위에 더 많은 산소가 요구된다는 사실에 근거해서 두뇌의 활동을 측정하는 확실한 방법이다. 산소 요구를 충족하기 위해서, 신체는 더 많은 혈액을 그 특정한 뇌 부위에 공급한다. 사람을 강한 자기장 안에 둠으로써, 이러한 혈류의 증가 위치를 알아내어 측정할 수 있고, 이를 통해 간접적으로 뇌의 활동을 측정할 수 있다.

아니타와 발레리아와 내가 통제실로 이동하자 두꺼운 문이 닫힌다. 발레리아가 마이크를 집어든다. "기억하세요, 조이스. 들리는 소리를 주의 깊게 듣고 만약 엉뚱한 범주에 속하는 소리를 들으면 버튼을 누르세요."

아니타는 컴퓨터에 조이스의 체중과 연구참여자 번호를 기록한다. 몇 번의 마우스 클릭 후, 스캐닝실에서 윙윙거리는 소리가 나고 컴퓨터 화면에 조이스의 뇌 모습이 나타난다. 발레리아가 자극컴퓨터를 조작하기 시작하고, 아니타는 스캐너를 시작한다. 이전의 윙윙거리는 소음 대신에, 스캐너는 1.5초간 삐 소리를 내고 4초 동안 조용히 있다가 다시 삐 소리를 내기를 반복한다. 삐 소리 사이사이에 조이스는 헤드폰으로 코카콜라 캔을 따서 컵에 따르는 소리, 지퍼를 여는 소리, 종이를 찢는 소리 같은 다양한 소리를 듣는다. 약 20분 후 스캐너가 멈춘다. 컴퓨터 화면은 조이스 뇌의 단면을 하나씩 보여준다.

몇 분 후, 조이스는 평상복으로 갈아입고 설문지를 작성한다(부록 참고). "다음 주에 만나요"라고 발레리아가 그녀에게 말한다. 조이스는 고개를 끄덕인다. 그녀는 이전에도 두 번이나 우리를 위해 스캐너 속에 들어간 적이 있다. 첫 번째에는 그녀에게 사물과 손의 이미지를 보여주었다. 두 번째에는 행동과 관련된 영상을 보여주었다. 인간의 손이 와인잔을 잡는 것, 사탕상자를 닫는 것 그리고 로봇 손이 같은 동작을 하는 내용이었다. 다음이자 마지막 실험에서는 그녀에게 물건을 쥐어보고, 입으로 탐색해보고, 발가락으로 꼼지락거려보도록 할 것이다.

우리는 행동의 소리를 자신의 행동을 통해서 이해한다

몇 주 후, 우리는 숨죽이고 컴퓨터 화면을 응시하며 네덜란드에 와서 한 첫 연구 결과를 기다리고 있었다. 화면 한쪽에는 조이스를 포함한 참가자들이 손과 입으로 수행할 때의 결과가 보였고, 다른 쪽에는 참가자들이 그런 행동을 하는 소리를 들었을 때의 결과가 보였다. 화면에 나타난 결과가 너무 좋아서 믿기지 않았다. 행동하는 소리를 들었을 때, 유사한 행동을 수행할 때보다 다소 약하긴 했지만 동일한 두뇌영역이 활성화되었다(그림3.1). 이러한 결과는 바로 인간의 두뇌에 청각거울뉴런이 존재하는지에 대해 우리가 기대했던 것과 정확하게 일치했다.

이제, 거울체계가 유용하기 위해서는 선택적이어야 할 것이다. 특정 행동의 소리는 동일한 행동을 실행하는 것과 관련된 뇌영역을 활성화해야 한다. 우리는 원숭이에서 특정한 행동에 대해 서로 다른 선호를 가진 뉴런들이 종종 매우 가까이 위치하는 것을 발견했다. 부수는 것에 선택적인 뉴런은 찢는 것에 선택적인 뉴런과 1밀리미터 남짓밖에 떨어져 있지 않았다. 불행하게도, 이런 수준의 상세한 내용은 fMRI를 통해서 볼 수 없다. 왜냐하면 제한된 공간해상도는 뇌를 복셀voxel이라는 3차원 픽셀로 나누는데, 1.6세제곱센티미터 안에 수백만 개의 뉴런이 들어 있기 때문이다. 이와 같은 복셀 내에서는 모든 뉴런의 신호가 뒤섞여서, 비록 미러링이 발생하는 것처럼 보인다 할

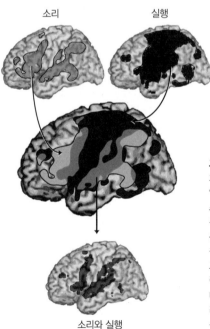

소리   실행

소리와 실행

그림3.1 행동의 소리에 의해 유발된 활성화가 뇌 측면도(왼쪽 위)에 옅은 갈색으로 보인다. 그 옆의 그림(오른쪽 위)은 참가자가 스캐너 속에서 직접 행동을 하는 동안 측정된 활성화를 보여준다. 이들 두 활성화 패턴은 전운동영역, 두정엽, 측두엽 부위에서 중첩된다(맨 아래 그림). 직접적인 비교(가운데 그림)는 행동-소리와 행동-실행이 '거울뉴런'이 있는 뇌영역을 공유하고 있음을 보여준다(중간 회색). 반면 다른 영역들은 행동-소리(밝은 회색)와 행동-실행(검정색)으로 특성화된다.

지라도 개별 뉴런의 선택성을 판단하기가 어렵다.

우리가 원숭이에서 발견한 것은, 거울뉴런이 발견된 전운동피질의 중간부분은 손과 입의 동작에 반응하지만, 상단부분에는 주로 손 동작에 반응하는 뉴런이 있고, 하단부분에는 입 동작에 반응하는 뉴런이 주로 있다는 것이다. 이런 상단과 하단 구역에서 우리는 fMRI의 제한된 공간해상도에도 불구하고, 상단부분은 사람들이 자신의 손으로 행동을 수행하거나 다른 사람이 손으로 하는 행동을 들을 때 더 강하게 반응하고, 입으로 하는 행동을 자신이 수행하거나 들었을 때에는 덜 강하게 반응하리라 기대할 수 있다. 하단부분은 그 반대가 될 것이다.

우리의 데이터를 좀 더 주의 깊게 살펴보니, 위의 내용과 우리가 발견한 것이 정확히 일치했다9. 사람들이 손과 입으로 동작을 할 때에는 전운동피질의 광범위한 부위가 활성화되었지만, 상단부분은 손의 동작에 그리고 하단부분은 입의 동작에 더 활성화되었다. 동일한 패턴이 듣는 동안에도 나타났다.

우리는 이 발견에 무척 흥분했다. 원숭이에서 청각거울체계의 존재를 확인한 지 두 해 만에, 우리는 fMRI를 통해서 인간에게도 그와 유사한 선택적 체계가 존재하는 듯 보인다는 것을 확인할 수 있었다.

fMRI 연구는 공간해상도의 한계 때문에 인간의 청각거울뉴런의 존재를 그것만으로 입증할 수는 없다. 행동을 지각하고 수행하는 동안 fMRI 영상에서 동일한 위치가 활성화된다는 사실은 거울뉴런이 두 경우에 모두 활성화된다는 사실 때문일 수 있다. 하지만 이론상으로는, 거울의 특성이 없는 두 가지 별개의 뉴런 집합이 관여해서,

한 집합은 타인의 행동을 지각하는 동안에만 반응하고, 이웃해 있지만 다른 집합은 동일한 행동을 실행하는 동안에만 반응하는 것일 수도 있다. 뉴런의 크기는 100분의 1밀리미터도 안 되고 fMRI는 약 2밀리미터의 해상도를 가지고 있다는 사실을 감안할 때, 이 방법만을 써서 이들 두 가지 대안적 해석을 구분할 수는 없다. 비유를 들어보자. 어렸을 때 나는 우리 집 TV의 각 픽셀이 시각 스펙트럼의 모든 가능한 색상을 보여줄 수 있다고 믿었다. 더 자세히 보려고 확대경을 들이대자 각 픽셀이 실제로는 서로 다른 구성요소로 이루어져 있으며, 그 하나하나가 단일 색상만을 표현할 수 있음을 알게 되었다. 우리의 fMRI 복셀에도 이와 유사한 것이 참일까?

우리의 fMRI 실험 결과가 정말로 거울뉴런 때문이라고 믿을 두 가지 이유가 있다. 첫째, 행동의 실행과 행동의 소리 둘 모두에 반응하는 전운동피질은, 우리가 원숭이에서 청각거울뉴런을 발견한 영역과 일치했다. 이것은 그 영역이 또한 인간의 거울뉴런을 포함하고 있음을 시사한다. 둘째, TMS 연구는 인간의 두뇌 어딘가에서 운동뉴런이 행동의 소리에 반응함을 증명했는데, 왜냐하면 참가자 손의 운동반응이 소리와 TMS 펄스를 결합하기 위해서는, 어쨌든 청각신호가 손의 운동신호에 수렴해야 했기 때문이다. fMRI 실험은 그러한 수렴이 일어날 가능성이 가장 높은 곳이 전운동피질 내 거울뉴런임을 보여주었다. 요약하자면, fMRI 연구는 그것들이 수렴하는 영역을 보여주었고, TMS 연구는 수렴한다는 사실 자체를 보여주었다. 우리가 만약 원숭이의 청각거울뉴런의 존재를 입증하지 못했더라면, 사람들은 그 발견을 지금까지도 의심했을 것이다. 그러나 모든 것을 종합해보면,

그 발견은 인간에게 이런 뉴런이 존재한다는 것을 거의 확실하게 만들었다.

이후 엄청나게 많은 연구들이 이 결과를 추가적으로 입증했다. 이러한 연구들 중 가장 괄목할 만한 것은 2010년 UCLA의 나의 동료 로이 무카멜Roy Mukamel과 마르코 야코보니Marco Iacoboni가 UCLA의 신경외과의 이자크 프라이드Itzhak Fried와 함께 발표한 논문이다. 이자크 프라이드는 약물에 거부반응이 있는 간질 환자를 돕는 신경외과의사다. 그는 특정한 뇌영역이 간질의 유발 부위로 의심되면, 거기에 작은 전극을 심어 며칠 동안 확인한다. 이 전극에서 자발적 간질활동이 실제로 측정되면, 간질을 치료하기 위해 해당 부위를 외과수술로 제거할 수 있다. 며칠이 걸릴 수도 있는 기록기간 동안 환자들은 침대에 누워 자발적인 발작이 일어나기를 기다린다. 그동안 임상적인 필요로 심어진 전극은 환자들에게는 어떠한 위험도 증가시키지 않으면서 신경과학자들에게는 단일 뉴런의 활동을 직접적으로 측정할 수 있는 특별한 기회를 준다. 간질 같은 신경학적 문제로 고통을 겪는 많은 환자는 뇌를 더 잘 이해할 수 있도록 돕기를 원하므로 과학실험에 자발적으로 참여한다. 그리하여 로이 무카멜과 마르코 야코보니는 이러한 전극으로 인간의 거울뉴런 활동을 직접 기록할 수 있는지 조사해보기로 마음먹었다. 많은 환자에게 보조운동영역SMA에 전극을 심는 의학적 처치를 했다. 이 운동영역은 원숭이의 거울뉴런이 처음 기록되었던 전운동피질과 크게 다르지 않다. 흥미롭게도, 로이와 마르코는 이 운동영역에서 환자들이 작은 물건을 스스로 쥘 때뿐 아니라 다른 사람이 유사한 물건을 쥐는 영상을 볼 때에도 활성화되는 몇 개의 뉴런을 발견했다. 다른 몇몇 뉴런은 환자에게 특정 얼굴표정을 지으라고 했을 때나 다른 사람의 표정을 볼 때 모두 반응했다[10]. 전체적으로 이런 실험들은 인간 역시 거울뉴런을 가지고 있다는 반박할 수 없는 증거를 제공한다[11].

거울체계는 뇌의 몇 가지 영역을 아우른다

fMRI와 양전자방출단층촬영positron emission tomography(PET) 스캔을 이용하는 연구는 행동을 실행할 때와 보거나 들을 때 뇌의 어느 영역이 활성화되는지를 정확하게 보여준다. 전운동피질과 후두정엽이 관련되어 있는데, 이 둘은 바로 원숭이의 거울뉴런이 발견된 곳과 같은 영역이다.

공통적으로 활성화되는 세 번째 영역은 측두엽의 시각피질이다. 스코틀랜드에서 박사과정 중일 때 나는 데이비드 페렛David Perrett과 함께 이 영역의 뉴런 특성을 연구했다. 원숭이의 시각피질에 있는 뉴런들은 얼굴과 표정 그리고 인간의 신체 동작, 행동의 소리에 반응한다. 그러나 전운동영역과 두정엽에 있는 거울뉴런과 달리, 시각영역에 있는 뉴런들은 원숭이가 스스로 행동하는 동안에는 반응하지 않는다. 하이에타넨Hietanen과 페렛은 손이 위로 움직이는 장면에 반응하는 뉴런을 연구했고, 원숭이가 자신의 손을 들어올릴 경우에는 이 뉴런들의 절반만이 그 장면에 강하게 반응한다는 것을 발견했다[12]. 만일 그 뉴런이 단지 시각적이라면, 양쪽 모두를 보고 똑같이 반응했어야 한다. 어떤 면에서는 똑같이 반응하지 않는 것이 합리적이다. 만약 내가 손을 움직인다면, 나는 손이 움직이는 모습을 알아차릴 필요가 없다. 왜냐하면 이미 내가 그런 행동을 한다는 것을 알기 때문이다. 나 자신의 동작에 대한 이러한 하향조절을 위해서는, 뇌는 손을 움직이라는 하나의 운동신호를 측두엽에 보내고 시각적 특성에 상응하는 그러한 뉴런들을 선택적으로 억제할 필요가 있다. 이러한 과정에는 에너지가 요구되며, 이것이 fMRI 연구에서 참가자들이 행동을 수행하는 동안 시각피질 내 혈류량을 증가시키는 것일지 모른다.

간지럼은 우리 자신의 움직임에서 감각신호처리를 감소시키는 경험을 포착한다. 간지럼을 광범위하게 연구하는 사라 제인 블랙모어 Sarah-Jayne Blakemore는 간지럼 기계를 만들었다[13]. 참가자들은 조이스틱으로 소형 로봇을 조종하여 스스로를 간질인다. 로봇이 조이스틱과 동조되어 움직이면, 참가자는 간지러움을 전혀 느끼지 않았다. 사라 제인이 조이스틱과 로봇의 움직임 사이에 시차를 두자, 참가자들은 갑자기 간지럼을 느꼈다. 이것은 우리 자신의 움직임의 취소 cancellation가 우리의 감각입력으로부터 우리 행동의 정확한 결과를 삭제하는 매우 선택적인 과정임을 시사한다. 결과가 시간적으로 지연되면 선택적 제어gating에서 벗어나게 되고, 우리는 스스로를 간질일 수 있게 된다.

이러한 취소의 한 가지 흥미로운 특성은 거울뉴런에서 사용되는 과정의 역과정을 필요로 한다는 점이다. 거울뉴런은 감각자극(내가 본 행동)을 운동어휘(내가 할 수 있는 행동)로 번역한다. 그러나 자신의 움직임의 결과를 취소하려면, 뇌는 시각적 설명에서 그것을 없애기 위해, 내가 하고자 하는 운동행동을 내가 보게 될 것에 대한 감각어휘로 변환해야 한다. 따라서 뇌는 감각 및 운동 어휘 사이를 오가며 번역한다. 이것 또한 장점이 있다. 우리의 움직임이 기대했던 것과 다르면, 그 과정은 우리가 기대했던 것을 무효화시키겠지만, 우리가 예측하지 못했던 것을 취소하지 않고 뚜렷하게 그대로 둠으로써 중요한 '오류' 메시지를 제공한다. 어느 날 아침 잠에서 깼을 때 나란히 누워 있던 발레리아와 내 다리가 서로 뒤엉켜 있던 게 기억난다. 나는 우리의 발을 내려다보고 그중 하나가 내 발이라고 확신했다. 하지만 그것을 꼼지락거리려고 했을 때 다른 발이 움직였다! 이 광경은 매우 이상하고 놀라웠다. 나의 운동프로그램은 어떻게든 잘못된 발의 움직임은 지워버렸고, 다른 발이 움직이는 광경은 기묘할 정도로 뚜렷하게 남겨두었다.

전반적으로 거울회로는 거울뉴런을 포함하고 있는 전운동 및 두정 부위라는 핵심 회로와, 이 두 영역과 밀접하게 연결된 측두엽의 세 번째 영역으로 이루어져 있다. 측두엽에 있는 이 영역은 핵심적인 거울영역에 시각적 입력을 제공하고, 그 대가로 운동 의도에 관한 정보를 받아 기대했던 시각적 결과를 취소시키는 데 이용한다. 이 상황은 원숭이의 상황과 매우 유사하다(그림3.2). 이것은 마카크원숭이와 인간의 거울체계가 공통의 선조로부터 갈라져 나온 것일 수 있음을 시사한다. 앞에서 보았듯이 뉴런의 기능이 그 연결에 의해 결정된다는 점을 감안한다면, 거울체계를 이해하기 위해서는 어떤 연결들이 이러한 체계 내의 뉴런들로 하여금 거울 특성을 갖도록 만드는지를 이해할 필요가 있다.

거울뉴런이 어떻게 입력을 받아들이는가 하는 문제는 매우 중요하다. 원숭이의 경우에는, 뉴런의 신경 연결을 매우 정확한 방법을 이용해서 연구할 수 있다. 한 가지 기법은 고추냉이를 이용하는데, 고추냉이에는 고추냉이페록시다제horseradish peroxidase(HRP)라는 효소가 있다. 이 효소는 뉴런에 흡수되는 특별한 속성이 있는데, 정상적인 정보 흐름과 반대방향으로 뉴런에 의해 운반된다. 뉴런은 세포체로 들어온 입력의 총합이 특정 역치를 초과하면 축색으로 활동전위를 보내고, 이 출력은 다음 뉴런으로 정보 전달이 이루어지는 시냅스에서 종결된다. 반면에 HRP는 반대방향인 시냅스종말에서 축색을 거슬러 올라가서 세포체로 전달된다. HRP를 원숭이의 전운동피질에 주사하면 뒤로 두정엽에 전달된다. 흥미롭게도, 두정엽에 주사하면 전운동피질 쪽으로 다시 전달되어 이 둘이 서로 연결되어 있음을 보여주며, 또한 일부는 시각피질 쪽으로도 전달된다. 시각피질에

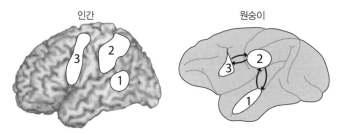

그림3.2 인간(왼쪽)과 원숭이(오른쪽) 모두에서, 거울뉴런 체계는 측두엽(1), 두정 부위(2) 그리고 전운동피질(3)에 걸친 고차원적 시각영역을 아우른다. 원숭이의 경우에는 1과 2, 2와 3 사이에 신경 연결이 존재하지만 1과 3 사이에는 존재하지 않는다.

주사할 경우에는 다시 두정엽으로 전달되어, 또 다른 상호 연결을 보여준다.

종합하면 이러한 연구들은 우리가 다른 사람의 행동을 볼 때, 시각신호가 눈에서 출발하여 측두엽에 있는 시각뉴런(이 뉴런들이 신체운동과 얼굴표정을 보고 반응한다)을 활성화시키는 일련의 시각처리 단계를 거쳐 이동함을 시사한다. 그 신호는 거기에서 두정엽으로 그리고 다시 전운동피질로 이동한다. 두정엽과 전운동영역 모두에서 운동을 실행하는 동안 역시 활성화되는 거울뉴런들이 발견되듯이, 이 통로를 따라 시각정보가 점점 더 운동정보로 번역된다. 운동을 실행하는 동안에는 이러한 정보의 흐름이 반대로 발생하는 것처럼 보인다. 전운동과 두정 영역의 운동 활성화는 자신의 행동에 기대되었던 결과를 취소하기 위해 시각피질로 되돌려 보내진다.

거울뉴런은 이 체계를 이용해서 다른 뉴런들과 조율된 과제의 수행을 촉진한다. 예를 들어, 내가 당신에게 이미 차려놓은 저녁식탁을 옮기는 걸 도와달라고 할 때, 저녁식탁을 일정한 높이로 유지해야 할 것이다. 내가 식탁을 들어올리기 시작하면, 나의 운동영역에서 시각피질로 정보의 흐름이 만들어진다. 동시에 나는 당신이 식탁을 들어올리기 시작하는 것을 본다. 그것은 당신의 전운동피질에서 당신의 몸으로 정보의 흐름을 만들 뿐 아니라, 거기에서 나의 눈, 나의 시각피질 그리고 나의 전운동 거울뉴런에 이르는 정보 흐름도 생성한다. 당신이 탁자를 들어올리는 모습은 나의 '들어올림 거울뉴런'을 활성화하고, 탁자의 높이를 유지하기 위해 탁자를 더 들어올리는 나의 정확한 반응의 실행을 촉진한다. 그것은 다시 나의 전운동피질에서 시각피질로 흐르는 정보를 낳고, 또한 당신이 나의 동작을 관찰함에 따라 나의 전운동피질에서 당신의 시각피질로 흐르는 정보를 낳고, 이런 식으로 계속된다. 이러한 전체 행위는 순차적인 정보교환이 아니라 두 개의 뇌가 하나의 상호 연결된 조절과정이 되는 것이다. 우리의 뇌를 연결하는 것은 자신의 행동과 다른 사람의 행동에 대한 지각을 연결해주는 거울뉴런이다. 뇌의 관점에서 보면, 우리의 신체와 탁자로 구성된 외부세계가 우리 뇌 사이의 인터페이스가 된다. 그리고 이러한 복잡한 정보 흐름은 매우 정교하게 조율되어 우리는 저녁 식탁 위의 와인잔에서 한 방울의 와인도 흘리지 않을 수 있다.

수백만 년의 진화를 거쳐 이런 정교한 체계가 만들어졌다. 이것을 통해 혼자서는 절대 할 수 없었을 일을 함께 해내는 위대한 진화적 도약이 가능해졌다. 초기에 이와 같은 상호작용은 무거운 물건을 나르는 것, 큰 동물을 사냥하는 것, 자신들을 지키기 위해 협력하는 것과 관련 있었을 것이다. 이제는 수천 명이 팀을 이뤄 우주왕복선을 만들고, 함께 일하고 서로 배우면서 우리의 기술문화를 발전시키는 일을 포함한다.

공감적인 개인은 더 많은 것을 미러링한다

거울체계에 내재된 생각은, 공감을 잘하는 사람일수록 더 강한 거울체계를 갖고 있으리라는 것이다. 공감은 사람마다 차이가 있다. 어떤 사람은 앞에서 말한 007 영화에서 본드의 가슴 위로 거미가 기어가는 장면을 아무런 불편함 없이 본다. 다른 사람은 눈을 돌리거나 감아버린다. 당신은 얼마나 공감적인가? 이 책의 맨 뒤 부록에 오스틴에 위치한 텍사스 대학의 마크 데이비스Mark Davis가 개발한 질문지가 있으니 작성해보라14,15. 이 검사를 통해 당신이 얼마나 공감적인지 알 수 있을 것이다.

만약 당신이 높은 공감점수를 받는다면 당신의 뇌가 다른 사람의 행동에 매우 강하게 반응한다고 볼 수 있다. 낮은 점수를 받는다면 그 반대가 될 것이다. 이것은 정확하게 우리가 발견한 결과와 일치한다9. 우리의 fMRI 실험에 참가한 조이스를 포함한 참가자들에게 동일한 질문지를 작성하도록 했다. 그런 다음 '조망 수용 척도Perspective Taking Scale'에서 가장 높은 점수를 받은 6명과 가장 낮은 점수를 받은 6명을 선정하여, 다른 사람이 행동하는 소리를 듣는 동안 이들의 행동 활성화 정도를 측정했다. 결과는 놀라웠다. 높은 점수를 받은 6명의 참가자들은 손동작의 수행과 관련된 영역에서 거울뉴런이 강하게 활성화된 반면, 낮은 점수를 받은 6명은 거울뉴런의 어떠한 유의한 활성화도 보이지 않았다(그림3.3)9. 이것은 행동거울체계의 개인차가 타인에게 얼마나 잘 공감하는지와 밀접한 관련이 있다는 최초의 입증이었다.

흥미롭게도, 공감의 4개 하위척도 모두가 누군가가 거울체계에 강한 활성화를 보일지 여부를 예측해주지는 않았다. 조망 수용 척도와 달리, 공감의 정서적인 측면을 반영하는 '공감적 관심Empathic Concern'과 '개인적 고통Personal Distress' 척도는 어떤 사람이 더 강하게 혹은 더 약하게 거울뉴런이 활성화될지 예측하지 못했다. 따라서 행동에 대한 거울체계의 활성화는 다른 사람의 고통과 곤경을 공유하는 것보다는, 조망 수용 척도에서 측정된 대로 타인의 목표와 동기를 이해하는 것과 더 관련 있는 것으로 보인다.

조망 수용 척도 점수가 낮다고 해서 거울체계가 결핍되었다는 의미는 아니다. 만일 당신이 방금 들은 행동을 직접 했을 때 어떤 느낌일지 느껴보려고 진정으로 노력한다면, 당신의 거울체계도 활성화될 것이다. 하지만 만약 당신이 그렇게 느끼려고 시도하지 않는다면, 더 공감적인 개인들이 그들의 행동을 더 강하게 할 것이다.

여전히 우리가 이해하지 못하는 것은 조망 수용 척도 점수가 거울체계의 활성화와 어떻게 연결되는가다. 거울뉴런은 뇌의 시각, 청각, 운동관련 영역들 간의 특정한 연결 패턴의 결과다. 그 연결이 강할수록 우리는 더 자동적으로 타인의 행위를 공유하고 그들의 관점에서 사물을 보게 될 것이다. 이러한 관점에 따르면, 영화 속 폭력적인 장면을 외면하는 사람은 그러한 연결이 더 강하기 때문이다.

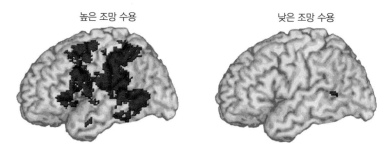

높은 조망 수용   낮은 조망 수용

그림3.3 높은 조망 수용 점수를 받은 사람은 다른 사람이 행동하는 소리를 듣는 동안 거울체계가 강렬하게 활성화되는 반면(왼쪽), 낮은 조망 수용 점수를 받은 사람은 훨씬 적게 활성화된다(오른쪽).

다른 한편, 이러한 기본적 연결이 핵심문제가 아닐 수도 있다. 대신에, 선택적 주의selective attention를 포함한 뇌의 다른 기제가 행동의 공유를 조정할지 모른다. 만일 당신이 정신적 주의를 외부세계나 자기 몸의 특정한 면 혹은 부위에 집중한다면, 초점이 된 대상에 대한 신경반응이 다른 면들에 대한 신경표상을 무시하면서 증가할 것이다. 원숭이 실험은 실제로 선택적 주의의 효과가 얼마나 강력한지 보여준다. 만약 원숭이에게 수평선은 무시한 채 수직선이 깜박일 때만 버튼을 누르게 하면, 주의가 미치지 않는 수평선에 대한 뇌의 시각영역 반응은 거의 완전히 사라진다. 마치 선택적 주의가 해당 이미지에서 수평선을 지워버린 듯이16. 반면에 수직선에 대한 반응은 증가한다. 조망 수용 척도에서 높은 점수를 받은 참가자들은 단순히 타인의 행동에 더 많은 주의를 기울임으로써, 시각 및 청각 피질에서 이러한 행동에 대한 처리과정을 증가시킨 것일지 모른다. 거울체계의 연결을 통해서 이러한 더 강한 활성화가 전송되고, 더 강한 연결 없이도 더 강한 거울뉴런의 활성화로 이어진다.

　이러한 두 가지 가능성은 우리가 거울체계의 반응 강도를 얼마나 조작할 수 있느냐는 면에서 매우 다른 함의를 가지므로 추가 연구가 필요하다. 연결은 수정하기 어렵지만, 주의는 더 유연하게 방향을 바꿀 수 있고 인지행동 절차로 더 쉽게 접근할 수 있다.

4

사회화되도록 태어나다

거울뉴런의 발견은 대부분의 과학자에게 진정 놀라운 일이었다. 거울뉴런은 두뇌가 타인을 이해하기 위해 사용하는 비법을 살짝 일러준다. 물리학과 공학에 관한 기초지식이 비행기 조종사를 더 안전하고 유능하게 만들어준다는 데 우리 대부분이 동의하는 것처럼, 거울뉴런의 기본 작용에 대한 이해는 사회생활에서 우리를 좀 더 영리하게 만들어준다.

행동 수행방법의 학습은 우리의 지각을 변화시킨다

뇌에 대한 고전적인 관점에서 볼 때 타인을 이해하는 과정은 뇌의 어떤 특화된 체계, 자신의 행동과 관련된 것과 구분되는 체계에 의존한다. 이러한 관점은 당신의 운동기술이 타인의 행동에 대한 당신의 지각에 제한적이고 간접적인 영향만 미친다고 암시한다. 거울뉴런을 고려하면 상황은 완전히 달라진다. 만일 우리가 타인의 행동을 우리 자신의 운동프로그램을 통해서 해석한다면, 우리의 운동프로그램은 타인에 대한 우리의 지각에 매우 강력한 영향을 미칠 것이다. 나의 아내 발레리아는 피아노를 10년 넘게 쳐왔다. 그러한 사실이 그녀를, 나처럼 피아노를 한 번도 쳐본 적이 없는 사람에 비해 피아노 연주를 감상할 때 다르게 느끼게 할까? 확실히 그렇다! 그녀는 피아노 소리를 연주하는 운동프로그램으로 변형할 수 있지만, 나는 그럴 수 없다.

독일 하노버 대학의 마크 방거트Marc Bangert와 그의 팀은 2006년에 이 현상에 대해 많은 연구를 했다. 그들은 여러 해 동안 집중적으로 피아노를 연주한 집단과 피아노를 전혀 쳐본 적이 없는 집단을 비교했다. 두 집단이 피아노 콘서트 음반을 듣는 동안 과학자들은 그들의 뇌 활동을 측정했다. 피아노를 전혀 쳐본 적 없는 집단은 전운동영역의 활성화가 거의 없었지만, 피아노 연주 경험이 있는 집단은 자동적으로 피아노 연주와 관련한 전운동프로그램을 활성화시켰다. 그들은 피아노 연주를 배움으로써 피아노 음악을 듣는 방식을 변화시켰다. 그들은 피아노를 귀를 통해서 들을 뿐 아니라 자기 손가락의 움직임을 통해서도 지각하기 시작했다. 하지만 음악의 문외한들은 그렇지 않았다[17]. 이것은 우리가 행동의 소리로 측정한 청각거울체계가 악기 연주와 같은 새로운 행동으로 확장될 수 있음을 시사한다. 따라서 거울체계는 태어날 때 완전히 결정되는 것이 아니라, 다른 사람의 행동에 대한 우리의 지각방식을 변화시키는 경험을 통해 강화될 수 있다.

거울뉴런의 반응이 전문기술과 결합해 증가하는 것은 두 가지 사실 때문일 수 있다. 즉 피아노 연주자들이 피아노 음악에 관심이 높아서 많이 들었기 때문이거나, 그들이 피아노를 많이 연주했기 때문일 것이다. 이러한 가능성을 해결하기 위해 같은 해, 유니버시티 칼리지 런던UCL의 스페인 신경과학자 베아트리스 칼보-메리노Beatriz Calvo-Merino와 그녀의 동료들은 발레무용수들을 찾아갔다. 남녀 무용수들은 훈련을 같이 받기에 서로의 움직임을 매우 자주 본다. 많은 동작이 남녀 모두에게 공통이지만 일부 동작은 그렇지 않다. 그래서 성별에 따라 구분되는 특정한 동작은 행동을 보는 것 및 행동에 관심을 가지는 것의 효과를 행동을 수행하는 효과와 구분할 수 있게 해준다. 연구자들이 전문 남녀 무용수들에게 성별에 따라 구분되는 특정한 동작을 보여줬을 때, 두 성별 모두 모든 동작에 어느 정도의 거울뉴런 활성화를 나타냈으나, 여성은 여성 고유의 움직임에 그리고 남성은 남성 고유의 움직임에 거울뉴런이 더 강하게 활성화되었다[18].

이런 반응의 차이는 거울체계가, 앞 장에서 봤던 소위 광범위하게 일치하는 거울뉴런처럼, 비록 상세한 내용이 자신의 어휘집에 들어있지 않더라도, 동작에 대해서 반응할 수 있다는 것을 말해준다. 그러나 더 강한 거울뉴런의 반응은 계속 반복해서 연습했던 동작을 봤을 때 발생한다.

거울체계의 발견은, 우리가 어떤 새로운 스포츠를 배운 후 그것을

TV에서 볼 때 훨씬 많은 것을 보는 것과 같은 친숙한 경험에 대해 새로운 관점을 제공한다. 우리는 한 번도 해본 적 없는 스포츠의 기본 동작과 활동을 지각할 수 있지만, 훈련을 받은 활동은 더 풍부한 방식으로 지각한다.

펜싱수업이 내게 미쳤던 영향을 여전히 기억한다. 펜싱을 배우기 전에도 올림픽에서 펜싱경기를 보는 것은 나를 매료시켰지만, 경기에서 무슨 일이 벌어지고 있는지 진정으로 이해할 수는 없었다. 모든 것이 흐릿했다. 펜싱을 2년 배운 후, 여전히 나는 대단한 검객은 아니지만 나의 지각은 나의 기술과 함께 예리해졌다. 지금은 펜싱선수들이 하는 동작을 더 명확하게 본다. 나는 그들의 움직임을 이해하기 시작했고, 때로는 노련한 찌르기 동작을 볼 때 내 몸도 따라 움직인다. 내 몸의 일부분이 이전에는 볼 수 없었던 것을 보도록 돕는 것 같다.

이러한 관찰들로부터 몇 가지 간단한 조언을 얻을 수 있다. 만일 당신이 다른 사람의 행동을 진정으로 이해하기 원한다면, 공부하지 말고 그들의 기술을 습득하라. 그러면 그들을 훨씬 잘 이해하게 될 것이다. 스포츠심판, 음악평론가, 스포츠치료사, 그 밖의 많은 전문가들이 자신의 운동기술과 지각 사이에 긴밀한 인과관계가 있다는 것을 깨닫는다면 도움이 될 것이다.

우리 뇌의 거울뉴런은 로봇에도 반응한다

〈스타워즈〉 시리즈를 보는 동안 우리 대부분은 R2D2와 C3PO에게 전반적인 인간의 정서를 투영한다. 비록 이성적으로는 로봇이 감정 없는 컴퓨터에 의해 제어된다는 것을 알고 있지만 말이다. 우리는 다른 사람들도 우리와 동일한 내적 삶을 가지고 있음을 직관적으로 느낀다. 그래서 우리는 그러한 행동을 할 때 우리가 갖는 느낌이 같은 행동을 하는 다른 사람에게도 있다고 여긴다. 우리는, 우리의 뇌가 로봇의 행동을 볼 때 무엇을 하는지를 연구해보기로 마음먹었다.

다시 연구실로 돌아와서, 우리는 조이스를 비롯한 참가자들에게 인간이 일상적 행동을 수행하는 영상뿐 아니라 산업로봇이 동일한 행동을 수행하는 영상도 보여주었다. 로봇은 커피잔과 와인잔을 잡았고, 그릇에서 스프를 떴다. 하지만 산업로봇이 하듯 일정한 속도로 똑바른 동작으로 그렇게 했다. 인간의 손보다는 R2D2의 팔 같은 갈고리 모양이었다. 우리는 인간의 거울체계가, 산업로봇이 유리잔을 잡는 영상을 인간의 영상과 같은 방식으로 처리하는지를 알고 싶었다.

연구 결과는 '그렇다'였다[19]. 로봇 영상을 볼 때에도 인간 영상을 볼 때만큼이나 거울체계가 활성화되었다. 로봇과 인간 관찰자들 간의 동작 패턴과 외양의 차이는, 거울체계가 로봇의 행동을 참가자 자신에 비추어 인간의 행동으로 해석하는 것을 막지 못했다. 유리잔을 집어드는 것과 같은 매우 인간적인 행위 대신, 로봇이 색칠한 나무블록을 단순히 움직였을 때에도 마찬가지였다. 또 다른 실험은 우리가 동물의 행동도 우리 자신의 행동을 통해서 해석한다는 것을 보여주었다[20].

로봇이 점점 더 중요해지는 세상에서, 로봇의 행동을 인간과 동화시키는 거울체계의 이러한 능력은 중요한 함의를 지닌다. 우리의 뇌

는 다른 인간과 동물의 행동을 최적의 방식으로 다루도록 수백만 년
에 걸쳐 진화했다. 로봇이 비록 인간과 모습은 다르지만 동료인간과
마찬가지로 우리의 거울체계를 활성화시킨다는 관찰은, 미래에 로봇
이 노동력으로 통합되고 인간 노동자의 거울체계와 연결되어 수백
만 년의 진화를 온전히 이용할 수 있으리라는 것을 의미한다. 이 현
상에 한계를 정하기 위해서는 이에 관한 추가 실험이 필요할 것이다.
조지 루카스 같은 영화제작자는 훌륭한 예지력을 지녔던 것 같다. 매
우 괴상해 보이는 로봇조차 우리의 사회적 뇌와 연결될 수 있으며,
마치 인간인 양 우리에게서 동정, 자비, 즐거움을 자아낸다.

팔 없이 태어난 사람은
어떻게 팔의 움직임을 미러링할까

하루는 네덜란드 왕립과학원의 최고책임자이자 운동과학 교수인
테오 멀더Theo Mulder가 활짝 웃으며 우리 사무실로 들어와 "팔 없이
태어난 사람의 스캐닝에 관심 있는가?"라고 물었다. 발레리아의 눈
이 흥미로 반짝거렸다. 그녀는 로봇의 데이터분석을 마친 참이었고,
우리에게 손이 없다면 어떻게 손동작을 지각할지 늘 궁금해했다. 당
연히 우리는 예스라고 말했다.

두어 달 후, 첫 번째 참가자가 도착했다. 그는 "반갑습니다"라고
말하며 서 있는 채로 발을 들어 나와 악수했다. 그의 발과 악수하면
서 나는 그가 얼마나 자신의 다리와 발을 능숙하게 움직이는지에 놀

랐다. 발레리아가 실험에 대해 설명할 때 그는 왼발로 자신의 수염을 긁었다. 그는 "쉬운 일이군요"라고 말하고 몇 분 뒤 스캐너 속으로 들어갔다.

먼저 그는 손으로 어떤 행동을 하는 영상을 보았다. 그 다음에는 손과 발이 행동을 수행하는 영상을 보았다. 이를테면 손으로 커피잔에 설탕을 넣고, 발로 같은 동작을 하는 식이었다. 마지막으로 입과 발 동작에 대한 그의 운동표상 지도를 그리기 위해서 우리는 그에게 입술과 발을 움직이게 했다. 그러고 나서 곧 두 번째 참가자가 도착했다. 나는 이제 세상에서 가장 자연스러운 일인 듯 그의 발과 악수했다. 실험은 원활히 진행되었고 그들은 돌아갔다. 두 참가자는 모두 30대로 힘든 직업을 가지고 있었고, 팔과 손 없이 태어났다.

잠시 후 우리는 다시 컴퓨터 앞에 앉아 실험 결과를 살펴보았다. 결과는 손과 팔이 있는 사람의 거울뉴런이 활성화되었던 곳과 동일한 영역에서 완전히 정상적인 거울뉴런 활성화를 보여주었다. 그러나 그들이 입과 발로 수행할 때의 데이터를 들여다보니, 그들이 결코 수행해본 적 없는 손동작을 보는 것이 현재 그들이 발이나 입으로 행동할 때 이용하는 뇌영역과 연관돼 있다는 것이 드러났다. 마치 그들의 거울체계가 '움켜잡기'라는 행동의 목적을 인식하고, 그것을 발과 입을 이용해서 움켜잡는 자신들의 운동프로그램과 연관시키는 것처럼 보였다. 흥미롭게도 그들의 발에 대한 표상은, 일반적으로 발달된 사람들에서 손동작을 처리하는 영역까지 침범했다. 이런 현상은 사지절단 환자에게서 종종 관찰되며, 왜 시각 활동이 정상인과 똑같은 영역에서 일어나는지를 설명해준다. 지금은 잃어버린 사지를 전에 다루던 뇌영역이 인접한 신체 부위를 표상하기 시작하고, 자신이 그 사지를 써서 수행했던 행동을 다른 사람이 하는 것을 볼 때 반응하는 것이다.

거울체계는 목표의 이해를 촉진한다

운동체계는 거울뉴런이 발견된 전운동피질을 포함하여 일차운동피질과 고차운동영역으로 구성된다. 일차운동피질의 뉴런들은 특정 근육군과 연결되어 있다. 만일 우리가 일차운동피질 내의 특정 뉴런이 발화하는 모든 경우를 조사한다면, 모든 경우에서 특정 근육군이 특정한 방식으로 작동하는 것을 알 수 있다. 예를 들어서 검지를 움직이는 근육들은 키보드 타이핑하기, 담배 들기, "이리 와"라고 손짓하기에 이용된다. 이들 동작에 공통된 목표는 없지만 근육의 움직임은 비슷하다.

전운동뉴런에 대해서도 같은 조사를 한다면, 발화의 모든 사례가 공통적으로 움켜잡기, 깨뜨리기, 제거하기 같은 목표 혹은 목적임을 알 수 있다. 행동이 달성을 목표로 하듯이, 여기에서 목표는 실용적인 방식으로 쓰인다. 만년필에서 뚜껑을 벗길 경우, 목표는 손을 쓰든 입을 쓰든 뚜껑이 더 이상 펜 위에 있지 않은 상태다. 전운동피질 내의 뉴런은 그러한 목표를 중심으로 조직화되어 있는 것으로 보인다. 많은 뉴런이 움켜잡는 것에 대해, 그것을 수행하는 방식과는 별개로 비슷하게 반응한다. fMRI 연구는 손이나 발로 글을 쓰는 것이 전운동피질의 동일한 부위를 활성화한다는 것을 보여준다21.

종합하면, 운동체계는 군대처럼 조직되어 있다고 말할 수 있다. 이는 두뇌에 대단한 유연성을 부여한다. 전운동영역의 장군은 무엇을 할지를 결정하고, 전운동에서 일차운동 뉴런으로 이동할 때 장교들은 특정 상황의 제약조건 내에서 이 목표를 달성할 방법을 결정한다. 그러면 일차운동피질의 병사들은 적절한 근육을 움직여서 행동을 일으킨다. 이러한 유연성은 매우 유용하다. 왜냐하면 먹는다는 것은 항상 움켜잡은 후 씹고 삼키는 것으로 이뤄지지만, 어떻게 움켜잡는지는 가끔 달라지기 때문이다. 따라서 일반 프로그램을 전운동피질에 저장해둔 다음 앞에 놓인 것이 젓가락인지 포크인지 빵인지 하는 상황에 따라서 다양한 근육을 유연하게 사용하는 것은 현명하다.

전운동피질 내 거울뉴런의 발견과 함께, 이 영역이 목표의 측면에서 생각하는 장군과 장교들을 포함하고 근육군의 측면에서 생각하는 병사들은 포함하지 않는다는 사실은, 타인의 행동에 대한 우리의 지각과 곧바로 연관된다. 로봇, 동물 그리고 팔 없이 태어난 사람들을 대상으로 한 실험에서 알게 된 것처럼, 우리의 거울체계는 우리가 관찰한 사람이 수행한 목표를 우리도 달성할 수 있도록 해주는 운동 프로그램을 활성화하는 것처럼 보인다. 로봇이 유리잔을 움켜잡는 것을 보면, 우리는 우리 손으로 유리잔을 움켜잡게 해주는 운동프로그램을 활성화한다. 손 없이 태어난 참가자가 어떤 사람이 유리잔을 움켜잡는 영상을 보면, 비슷한 목표를 달성하기 위해 발이나 입을 사용하는 운동프로그램을 활성화한다. 전운동피질의 이러한 목표 지향적 표상에 대해 알고 있다면, 이러한 결과는 놀랍지 않을 것이다. 타인의 행동이 우리 자신의 행동과는 무관한 방식으로 표상된다는 좀 더 고전적인 뇌 모델을 믿는 사람이라면, 우리가 다른 사람들을 관찰할 때 왜 목표가 관심 단위가 되는지를 이해하기가 훨씬 더 어려울 것이다.

관찰학습

거울뉴런의 발견은 관찰학습이라는 인간의 또 다른 근본적인 능력을 생각하는 방식 또한 완전히 변화시켰다. 아이들은 부모나 친구들이 하는 것을 관찰함으로써 많은 것을 배운다. 신생아는 생후 첫 주에 부모가 혀를 내밀면 자기 혀를 내미는 선천적 경향을 보인다[22]. 물론 이러한 흉내내기는 완벽하지 않다. 당신이 혀를 내밀 때마다 신생아가 혀를 내미는 것을 매번 볼 수는 없지만, 계속 반복한다면 당신이 다른 행동을 할 때보다는 혀를 내미는 행동을 더 자주 보일 것이다. 아기는 옹알이를 하고 나중에는 부모가 내는 소리를 흉내내기 시작한다. 더 나중에는 부모를 흉내내어 진공청소기와 망치를 가지고 논다.

우리가 타고난 행동 혹은 시행착오를 통해 배운 행동에 얽매이지 않기 때문에 쓰고 말하고 읽고 우주선을 만들고 학교에 가는 우리의 현대문화가 작동할 수 있다. 우리는 단순히 다른 사람을 관찰함으로써 많은 것을 배울 수 있다. 문화전이란 타인들로부터 매우 빠르게 기술과 지식을 획득할 수 있는 이러한 놀라운 능력을 말한다. 예를 들어 석기시대 문화는 돌을 칼날로 만드는 법을 배우는 역량을 요구했다. 그 시대의 칼날을 살펴보면, 수천 년에 걸쳐서 느리게 완성되었지만 상대적으로 일정한 절차에 따라 만들어졌다는 것이 드러난다. 분명한 문화전이의 사례다. 우리의 현재 생활양식은 이런 문화전이에 엄청나게 의존하고 있다. 새로운 직장에서 일한다는 것은, 더 숙련된 사람이 그 일을 하는 것을 그저 관찰함으로써 기술 전반을 수행하는 방법을 빠르게 배운다는 의미다. 관찰에 의한 학습능력을 박탈당했다면 우리의 현대세계는 결코 발전할 수 없었을 것이다. 관찰학습이 없다면 모든 혁신은 오로지 혁신가에게만 혜택을 주고, 그 지식은 그가 죽으면 사라질 것이다.

우리 모두는 다른 사람에게 배우는 능력을 당연시한다. 하지만 거울뉴런을 발견하기 전, 과학자들은 무엇보다 어떻게 두뇌가 그렇게 할 수 있는지를 이해하려고 애썼다. 더 놀라운 점은 이 연구분야가 소위 '진정한 모방'이라는 것에 초점을 맞췄다는 것이다. 과학이 동물의 학습방법을 이해하려고 시도한 것은 제2차 세계대전 이후부터였다. 케임브리지 대학의 윌리엄 소프William Thorpe 교수는 이 새로운 분과의 창시자 중 한 명이었다. 그의 권위 있는 정의에 따르면 진정한 모방이란 "새롭거나 기존에 없는 행동을 베끼는 것"이다23. 예를 들면, 비밀요원이 어떤 사람이 컴퓨터에 비밀번호를 입력하는 것을 어깨너머로 엿보고 나서 그 컴퓨터에 접속하기 위해 같은 비밀번호를 입력하는 것은 진정한 모방이 아니다. 왜냐하면 그는 이전에 키패드의 숫자를 타이핑해봤고, 따라서 그 행동은 새로운 것이 아니기 때문이다. 반면에 내가 손으로 조종사의 고글 모양을 만들어 이상한

동작으로 머리 위에 올리며, 우스꽝스럽게 얼굴을 찡그리는 것을 아이에게 보여준다면, 아이가 그 동작을 따라하는 것은 진정한 모방일 것이다. 왜냐하면 그 행동 자체는 새롭고 기존에 없는 동작이기 때문이다. 이러한 엄격한 정의에 따라 동물에게서 모방의 증거를 찾는 것은 아마 불가능하지는 않겠지만 어려울 것이다.

거울뉴런의 발견과 함께, 우리가 다른 사람의 행동을 관찰함으로써 그 행동을 어떻게 배우는지 이해하는 일이 파악 가능한 문제가 되었다. 누군가가 유사한 행동을 하는 것을 관찰하는 동안 거울뉴런은 관찰자 자신의 행동방식을 활성화한다. 이것은 타인의 행동을 복제하는 동안 특히 중요하다[6]. 그러나 더 중요한 것은 거울체계가 목표 지향적이라는 것을 이해하는 것이다. 이것은 우리가 관찰하는 동안 시연자가 목표를 달성한 임의적 방법에 대해서 세세한 것들을 많이 배우는 것이 아니라, 그가 성취하거나 성취하기 위해 시도한 것들을 배운다는 것을 의미한다. 아이들은 이미 그들의 복제를 합리적으로 해낸다. 만일 당신이 양손 가득 무언가를 들고 있어서 머리로 버튼을 누른다면, 아이들은 손으로 버튼을 누를 것이다. 이는 거울체계의 예측 경향을 보여준다. 정확하게 일치하는 거울뉴런이 행동 수행 방법에 대해 다소 더 세세한 묘사를 제공하는 반면에, 그보다 덜 구체적이고 목표 지향적인 광범위하게 일치하는 거울뉴런은 정확하게 일치하는 거울뉴런보다 두 배 정도 빈번하게 활성화되고[24], 따라서 그 거울체계 내에서 목표는 지배적인 변수라고 할 수 있다.

소프의 정의를 추종한 많은 영장류학자들은 문화전이의 진화적 선구자를 찾기 위해서 동물에게 진정한 모방이 있는지를 조사하는 데 초점을 두었다. 일반적으로 원숭이는 그러한 진정한 모방의 뚜렷한 증거를 보여주는 데 실패했다. 한동안 이러한 결과는 원숭이 실험에서 증명된 거울뉴런의 존재와 명백히 반대되는 것처럼 보였다. 하지만 이것은 거울뉴런의 기능에 대한 오해 때문이다. 거울뉴런이 예측하는 것은 원숭이가 관찰학습을 할 수 있다는 것이지, 반드시 그 목표를 성취하는 상세한 방법을 복제할 수 있다는 것이 아니다.

컬럼비아 대학 인류학과의 프랜시스 서비얼Francys Subiaul과 그의 동료들은 원숭이에게 단순한 의미의 관찰학습이 가능한지를 조사했다25. 두 마리 원숭이를 나란히 앉히고 각자의 앞에 터치스크린 컴퓨터를 놓았다. 컴퓨터 화면에는 4개의 그림이 제시된다. 원숭이가 올바른 순서대로 그림을 누를 경우 과일주스를 받게 된다. 그러기 위해서는 먼저 그림의 올바른 순서를 알아내야 한다. 시행착오 조건에서 각 원숭이는 스스로 정확한 순서를 찾아내야 했다. 사회적 학습 조건에서 그 원숭이들 중 한 마리는 더 경험 많은 다른 원숭이가 자기 앞에서 정확한 순서로 터치하는 것을 지켜볼 수 있었다. 원숭이 혼자서 올바른 순서를 찾아내기까지 약 20번의 시도가 필요했지만, 다른 원숭이가 그 일을 정확히 해내는 것을 관찰한 경우에는 15번의 시도면 가능하다는 것이 밝혀졌다. 원숭이는 다른 원숭이의 행동을 단순히 관찰하는 것만으로도 학습하는 것이 가능했다.

위의 과제에서 거울뉴런은, 관찰하는 원숭이의 두뇌가 잘 알고 있는 행동의 일정한 순서를 활성화하는 데 기여했다. 순서를 학습하기 위해서는 이러한 거울뉴런 외에도 행동의 순서를 기억하는 체계가 필요하다. 이것은 원숭이보다는 인간이 훨씬 더 잘 통달할 수 있는 부수적인 능력이다. 인간은 숙련된 시연자를 관찰한 후 15번보다 훨씬 더 적은 시도로도 가능하다. 두 종 모두 자신들이 관찰한 행동을 직관적으로 공유하지만, 인간은 원숭이보다 그 경험을 더 잘 그리고 더 정확하게 기억한다.

직관의 신경학적 근거

데카르트와 같은 철학자들은 다른 사람의 마음이란 보이지 않고 모호하고 이해할 수 없는 실재라고 말했다. 더 대중적인 통념은 다른 사람의 마음에서 일어나는 일을 느끼는, 논리적 지식을 넘어선 다른 방법이 있다는 것이다. 다른 사람들의 마음에 '주파수를 맞춘다'는 생각이 반영된 '(여자의) 직관' 같은 용어는 오랫동안 미신적이고 터무니없는 것으로, 어엿한 과학과는 거리가 먼 것으로 생각되었다. 그러나 거울뉴런의 발견은 우리가 개인 간의 관계를 이해하는 방식을 변화시켰다. 타인의 행동을 목격할 때, 우리의 전운동피질은 마치 우리 자신이 그 행동을 정말 하고 있는 것처럼 공명한다. 거울체계는 두 사람의 마음 사이에 다리를 놓으며 우리의 뇌가 너무나도 사회적이라는 것을 보여준다.

fMRI 연구에서 우리는 참가자들에게 자신들이 듣거나 관찰하는 사람의 관점에서 생각하도록 요구하지 않았다. 실험 후에 참가자들에게 그들이 관찰한 사람이 되는 것을 의도적으로 상상했는지 물어봤는데 어느 누구도 그랬다고 대답하지 않았다. 우리가 관찰할 때 행위자의 전운동피질과 공명하면서 활성화되는 거울뉴런은, 다른 사람의 관점을 취하려고 의도적으로 애쓰는 과정과는 무관하게 일어나는 과정이다. 대신에 그것은 우리가 다른 사람의 행동을 관찰할 때 운동영역에서 자발적으로 일어나는 과정처럼 보이며, 이러한 점이 그 과정을 매우 직관적으로 보이게 한다. 우리는 다른 사람의 마음속에 들어가려고 노력하지 않았음에도 그들의 행동을 공유한다. 어떤 면에서 우리는 그들의 마음에서 일어나는 것을 '느낀다.' 거울체계는 범인을 잡기 위해 의도적이고 철저한 수사를 할 필요 없이 그냥 수배자의 마음속으로 들어갈 수 있게 한다.

거울뉴런의 발견은 우리의 두뇌가 정말로 마술처럼 서로 연결되어 있다는 사실을 명확하게 보여주었다. 우리는 전적으로 자신만을 처리하는 두뇌가 아니라 타인을 느낄 수 있는 두뇌를 가지고 태어난다. 우리의 두뇌는 주변 사람과 공명하도록 만들어져 있다. 이러한 관점에서, 직관에 대한 나의 태도가 바뀌었다. 과거에는 직관을 신뢰할 수 없고 합리적인 사고보다 열등하다고 여겼지만, 지금은 직관이 타인에 대한 통찰을 얻기 위해서 우리 자신의 풍부한 운동기술을 활용하는 매우 영리하고 정교하게 진화한 과정의 결과라고 여긴다. 나에게 직관은 신뢰할 수 있는 협력자가 되었다. 나는 직관을 제어하거나 조종할 필요가 없지만 그럼에도 직관의 결론을 신뢰할 수 있다.

서로 다른 공감 수준을 가진 사람들 사이에서 그리고 특정 기술에 대해 서로 다른 전문성 수준을 가진 사람들 사이에서 관찰된 차이가 보여주듯이, 우리의 두뇌를 연결하는 운동영역의 공명은 강도에서 차이가 날 수 있다. 미래의 연구에서 매력적인 주제 중 하나는 그러한 연결의 강도를 조작할 수 있는 방법을 연구하는 것이다. 현재 전 세계의 과학자들은 명상과 약물이 어떻게 공감을 강화할 수 있는지 그리고 우리가 타인에게 공감할지 안 할지를 결심하는 것이 어떻게 거울뉴런의 활동을 변화시키는지 연구한다.

교육적 함의:
천 마디 말보다 한 번 행동하는 것이 낫다

우리의 지식 기반 문명에서 추상적인 지식은 어떤 실용적인 기술보다 높이 평가된다. 질량과 우주의 숨겨진 법칙을 $E=mc^2$이라는 단순한 공식으로 파악한 아인슈타인은 대부분의 사람들이 되고자 바라는 최고의 천재를 대표한다. 지적이고 추상적이고 합리적인 사고는 종종 학교가 지향해야 할 목표로 생각되는 반면, 더 실용적이고 직관적인 기술은 덜 가치 있는 것으로 여긴다.

교수법의 관점에서 거울뉴런은 추상적인 이론이 언제나 가장 효과적인 교수방법은 아닐 수 있다고 말한다. 가장 보편적으로 사용되는 교육도구인 언어는 기껏해야 200만 년 동안 진화해왔다. 반면에 관찰학습은 수억 년이나 된 능력이다. 요컨대 교사가 구두학습에 초점을 맞추는 것은 대단히 오래되고 엄청나게 효과적인 학습수단을 무시하는 것이다. 거울뉴런은 교사와 학생들의 두뇌 사이에 있는 절묘하고도 특별한 문을 열어준다.

교과서 안의 언어적 자료는 해석을 하는 데 상당한 노력을 필요로 한다. 그리고 그 주제를 이해한 후 우리 머릿속에 남는 것은 교과서 속의 긴 문자와 숫자의 연속과는 상당히 다르다는 것을 우리는 안다. 반면에 관찰학습은 직접적이고 직관적으로 느껴진다. 숙련된 선원이 천천히 매듭 묶기를 우리에게 시연해주는 동안 그를 따라서 매듭을 묶어보는 것은 자연스럽다고 느껴지지만, 책의 설명을 따라 매듭을 묶는 것은 좌절을 안겨주는 경험이다.

관찰학습은 직접적으로 느껴지지만 물론 단순한 과정은 아니다. 우리가 매듭을 묶을 때 손가락이 가하는 기계적 힘은 책의 글자가 반사하는 빛의 파장과 물리적으로 유사하지 않듯, 시연자의 몸에서 반사되는 빛의 파장과도 유사하지 않다. 실제로, 엄청나게 강력한 컴퓨터들과 세계에서 가장 영리한 두뇌들이 수십 년 동안 열심히 작업했음에도, 인공지능은 관찰을 통해 다양한 종류의 기술을 모방할 수 있는 로봇을 만드는 데 아직까지 애를 먹고 있다. 로봇에게는 컴퓨터 프로그램의 문자적 지침에 따라 기술을 수행하는 것이 훨씬 쉽다. 우리에게는 관찰학습이 더 자연스럽고, 기계에게는 컴퓨터 프로그램이 더 자연스럽다. 왜냐하면 우리는 관찰학습에 능숙하도록 수억 년 동안 진화해온 반면에 언어는 우리 뇌에게 새로운 '부가물'이기 때문이다. 한편 로봇은 컴퓨터 프로그램의 세계에서 진화해왔으며 관찰학습이 그들에게는 새로운 '부가물'이다. 타인의 행동을 처리하는 거울뉴런 그리고 시각 및 청각 피질 간의 상대적으로 직접적인 연결은 이러한 수백만 년의 진화가 체화된 것이다. 이토록 정교하게 조율된 체계를 교육에 이용하지 않는 것은 놀랍도록 효율적인 의사소통 수단을 무시하는 것이다.

우리가 어떤 일을 하는 방법을 설명할 때, 그 기술을 시연하는 것은 언어적 설명을 보완하는 중요한 교육수단이다. 가령, 학교에서 간단한 방정식을 푸는 법을 배우는 것은 신체적인 기술과는 상관없어 보인다. 하지만 우리는 방정식을 더 직관적인 운동조작으로 변환함으로써 더 쉽게 이해할 수 있다. 예를 들어, 더하기와 빼기 개념은 항상 신체적인 시연으로 보충될 수 있다(그리고 어쩌면 그래야 한다). 사탕 3개가 담긴 그릇을 들고 옆에 놓여 있던 사탕 2개를 집어 그릇에 넣는다. "이것이 더하기다." 그런 다음 그릇에서 사탕 4개를 집어 밖으로 꺼낸다. "이것이 빼기다."

우리 대부분은 추상적인 개념을 이해하는 데 이러한 시연이 얼마나 도움이 되는지 경험한 적이 있다. 많은 뛰어난 교사들은 이러한 시연의 중요성을 자연스럽게 이해한다. 거울뉴런의 발견을 통해, 이러한 교사들의 직관은 우리 몸이 의사소통 수단으로서 중요하다는 좀 더 공식적인 이해로 바뀌었다.

시뮬레이션은 뇌 기능의 근본원리

이제까지 살펴본 것처럼, 거울체계의 근본적인 특성은 어떤 행동을 보거나 들을 때 마치 자신이 같은 행동을 수행하고 있는 듯 동일한 두뇌영역을 활성화시킨다는 것이다. 두뇌는 자신이 보는 것을 이러한 환경에서 시뮬레이션한다. 그러나 시뮬레이션이 실행 및 지각을 담당하는 동일한 두뇌영역을 이용하지 않는다는 점을 유념해야 한다. 보고 들은 행동을 운동어휘로 번역하는 추가과정이 필요하고, 거울뉴런이 이러한 변형이 일어나는 부분이다. 또한 뇌는 시뮬레이션 결과가 머릿속을 벗어나 신체 근육으로 옮겨가는 상황을 피해야 한다. 이러한 출력은 역효과를 낳을 것이다. 권투경기를 보다가 동료 관중을 때리는 것은 명백한 부적응 행동일 것이다.

전두엽의 다른 뇌영역들이 우리가 타인의 행동을 관찰할 때마다 활동하기 시작한다고 밝혀졌다. 이 영역들의 역할은 전운동 거울뉴런에 있는 장군의 명령을 일차운동피질에 있는 병사들에게 전달하는 '문'을 닫는 것이다. 우리가 행동을 할 때는 이 문이 열려 있어야 한다. 하지만 타인의 행동을 단순히 관찰할 때에는 우리가 내적으로만 시뮬레이션하기를 원하는 행동이 자동적으로 실행되는 것을 막기 위해서 문이 닫혀야 한다. 동작모방증echopraxic ('따라하다'를 뜻하는 그리스어 echo와 '실행'을 뜻하는 praxia에서 유래했다) 환자는 전두엽이 손상되어 있으며, 관찰하는 동안 그 문을 닫는 능력이 결여된 것으로 보인다. 프랑스 신경학자 프랑수아 레르미트François L'Hermitte가 이 장애와 관련한 매우 인상적인 사례를 제시했다. 그는 탁자 위에 안경 두 개를 놓고 동작모방증 환자에게 앉으라고 청했다. 환자는 자기 안경을 쓰고 있었다. 하지만 신경학자가 두 개의 안경 중 하나를 쓰는 것을 보자, 그 환자는 나머지 안경 하나를 자동적으로 집어 자신의 안경 위에 덧썼다. 전두엽의 억제작용이 결여된 탓에 그 환자는 다른 사람의 행동이 자신의 운동체계에 미치는 영향 앞에서 무기력했다.

일단 두뇌가 행동을 보고 듣는 것을 운동프로그램으로 변환하는 일에 통달하면 그리고 시뮬레이션 중에 운동 출력을 막는 것 또한 배운다면, 시뮬레이션은 타인의 행동을 이해하는 매우 우아한 방법이 된다. 이러한 식의 계산기제로 간주할 때, 거울체계는 우리에게 두뇌의 근본적인 특성을 알려준다. 즉 뇌는 전에 특정 작업(행동 실행하기)을 하는 데 활용되었던 두뇌영역을 새롭고 추가적인 기능(그 행동을 지각하기)에도 활용한다.

시뮬레이션의 또 다른 두드러진 예는 상상이다. 여름날 아침 해변을 달릴 때의 느낌을 상상해보자. 매 걸음마다 시원한 얕은 바닷물이 맨발에 튀고, 미풍에 머리가 휘날린다. 대다수의 사람들은 상상의 힘을 통해서 생생한 이미지와 감각을 연결하는 데 뛰어나다. 흥미롭게도 행동을 상상하는 것은, 마치 우리가 정말로 해변에서 뛰는 것처럼, 유사한 행동의 실행과 관련된 전운동영역의 뇌 활성화를 증가시킨다. 따라서 관찰과 상상 두 과정 모두에서 우리의 두뇌는 전운동피질을 이용해서 실제로 몸을 움직이지 않으면서도 그 행동을 머릿속에서 재연한다. 우리가 그 행동을 수행할 때와 똑같은 기제를 사용하기 때문에 우리는 무언가를 하는 것을 정확하게 상상할 수 있고 다른 사람이 하는 것을 이해할 수 있다.

행동을 상상하는 것, 행동을 관찰하는 것, 행동의 소리를 듣는 것 모두가 시뮬레이션의 사례라고 볼 수 있다. 차이점은 시뮬레이션을 촉발하는 요인이다. 상상하는 동안 시뮬레이션은 어떤 행동을 상상하려는 우리의 의지를 통해 내적으로 촉발된다. 반면에 행동을 관찰하거나 들을 때, 시뮬레이션은 유사한 행동의 광경이나 소리 같은 외부세계의 자극에 의해 촉발된다[26].

거울뉴런을 발견하기 전에 대부분의 사람들은 어떤 상황을 상상

하는 것과 실제로 그 상황을 보는 것은 전혀 다른 과정이라고 생각
했을 것이다. 신경학적 관점에서 이러한 과정들의 유사성은 뇌과학
이 어떻게 개념적 장벽을 제거할 수 있는가에 대한 훌륭한 사례다.

5

언어

진화는 땜장이처럼 행동한다. 수억 년에 걸쳐, 천천히 자신의 작업을 수정하면서…… 여기를 자르고, 저기를 늘려서 조금씩 새로운 용도에 맞출 기회를 잡으려 한다…… 무에서 새로운 것을 만들어내는 것이 아니다. 이미 존재하는 것으로 작업하고, 체계가 새로운 기능을 갖도록 변형하거나 일련의 체계를 조합하여 더 정교한 체계를 만들어내는 식으로 한다.27(1164쪽)

다리가 100개 달린 파란 바나나

다리가 100개 달린 파란 바나나를 상상해보자. 이 문장 하나로 당신은 방금 인간의 가장 뛰어난 그리고 동시에 가장 신비스러운 능력

중 하나를 사용했다. 언어를 통해 우리는 큰 노력 없이도 다른 사람의 머릿속에 생각의 씨를 뿌릴 수 있다. 아마 이제껏 다리가 100개 달린 파란 바나나를 생각해본 적이 전혀 없을 것이다. 하지만 다리가 100개 달린 파란 바나나와 아무런 유사성도 없는 이 짧은 문구로도 당신이 이 불가능한 것을 생각하도록 만들기에 충분하다.

우리는 어떤 생각을 떠올리고 종이와 잉크를 사용해서 그 생각을 수많은 사람들의 머릿속에 심을 수 있다. 다리가 100개 달린 파란 바나나를 생각하는 것은 틀림없이 유용하지도 위험하지도 않다. 그러나 알다시피, 생각을 떠올리고 퍼뜨리는 능력에는 우리의 삶을 변화시키고, 심지어 사회를 근본적으로 변화시키는 힘이 있다. 단순한 단어들이 수백만 명을 살리거나 죽일 수도 있다. 예를 들어, 그 단어들이 페니실린이나 화약 제조법 또는—반어적으로—완벽한 사회를 만드는 방법을 설명한다면 말이다.

게다가 언어는 우리를 지금 여기에서 자유롭게 한다. 예를 들어 버빗원숭이vervet monkeys는 10여 개 정도의 끽끽 대는 울음소리 같은 아주 적은 수의 의미 있는 어휘를 가지고 있다. 울음소리 중 하나는 뱀과 같은 지상의 포식자가 있다는 신호다. 집단 구성원 중 하나가 뱀 신호를 외치면 모든 원숭이는 가장 가까운 나무 위로 달려 올라간다. 또 다른 울음소리는 독수리 같은 하늘의 포식자가 나타났다는 신호다. 독수리 신호를 외치자마자 원숭이들은 일제히 나무 위에서 뛰어내려 덤불 아래 피난처를 찾는다. 그러한 신호를 제대로 이해하는 것은 중요하다. 그렇지 않으면 뱀의 뱃속에서 삶이 마감될 수 있다. 인간의 언어와 비교할 때 버빗원숭이의 울음소리는 근본적인 한계를 지니고 있다. 다년간의 현장연구에도 불구하고 어떤 영장류학자도 엄마 버빗원숭이가 자녀에게 그들의 언어로 "내 말 잘 들어. 저 멀리에 있는 언덕을 조심해야 해. 왜냐하면 거기서 많은 뱀을 봤기 때문이야"라고 말하는 것을 관찰한 적이 없다. 버빗원숭이가 내는 모든 신호는 지금 여기에서 만들어진다. 원숭이들은 그것을 하나의 문장으로 조합하지 못한다. 언어를 박탈당한 원숭이와 유인원은 자신의 경험을 통해서 혹은 다른 누군가를 직접 관찰함으로써 배워야 한다. 원숭이는 다른 동물과 대화함으로써 자신의 과거 경험을 결코 공유할 수 없다. 하지만 우리는 할 수 있다. 처음에는 입에서 입으로, 그 다음에는 책을 통해 그리고 오늘날에는 전 지구상에 퍼진 인터넷을 통해 소통함으로써, 지식은 문자 그대로 시공을 초월한 언어망이 된다. 나는 돌아가신 어머니의 레시피나 멀리 떨어져 있는 동료의 발견을 참고하듯이 셰익스피어, 다윈, 뉴턴의 견해를 참고할 수 있다.

놀랍게도, 다른 어떤 동물도 진정한 언어를 생각해내지 못했다. 하지만 우리 대부분에게 탁월한 언어기술을 배우는 것은 어렵지 않으며, 확실히 계산이나 연간 세무신고만큼 어렵지는 않다. 생후 2년 만에 명령하고 서술하고 질문할 수 있다. 네 살이 되면 복잡하고 문법적으로 맞는 문장을 말할 수 있다. 그리고 교육의 불평등에도 불구하고 세계인구의 80%가 15세가 되면 읽고 쓸 수 있다[28]. 우리 머릿속에 내장된 어떤 기능이 우리를 이 훌륭한 기술을 열망하고 학습할 수 있는 언어-자석으로 변환시키는 것처럼 보인다. 우리는 타고난 언어본능을 가지고 있는 듯하며[29], 앞으로 보겠지만 거울뉴런이 이러한 본능의 징검다리일지 모른다.

이 본능이 얼마나 강력한지를 보여주는 흥미로운 증거가 니카라과의 선천적 청각장애아들에게서 발견되었다. 1970년대 이전까지, 니카라과의 선천적 청각장애아들은 보통 집에 머물면서 서로 만나지 못했다. 그러나 1970년대 말 정부가 그러한 아이들에게 스페인어 독순술을 가르치는 것을 목표로 하는 학교를 만들었다. 이 계획은 실패했는데, 널리 퍼져 있는 미신과는 반대로 선천적 청각장애인이 독순술을 배우는 것은 매우 어렵기 때문이다.

대신에 교실 밖에서 진정한 성공이 일어났다. 정상적으로 들을 수 있는 아이들과 어울리면서 청각장애아들은 의사소통을 위해 몇 가지 '직접 만든' 손짓을 개발했다. 이들의 손짓은 우리 대부분이 해외에 나가서 간단한 것을 묘사하기 위해 쓰는 제스처와 비슷했다. 예를 들어 마시는 것을 표현하기 위해서 손가락으로 상상의 컵을 쥐고는 입으로 가져가는 식이었다.

청각장애아들이 서로 접촉하게 되자, 그들은 한정된 손짓 어휘들을 조합하기 시작했고 점차 이 손짓을 진정한 언어—니카라과 수화—로 변형시켰다. 비록 이 아이들은 문법의 어떠한 예시와도 유리돼 있었지만, 자발적으로 자신들만의 손짓 문법을 창조해냈다.

예를 들어, 그들은 자발적으로 개념의 분절을 만들었다. 공이 언덕 '아래로 구르다'라는 동작을 묘사할 때, 당신은 이 동작을 '아래로'(방향)와 '구르다'(행동)라는 두 개의 의미 단위로 언어적으로 분절한다. 이에 더하여 그리고 대조적으로, 당신은 당신의 말에 실제 그 사건의 시각적 모습과 닮은 상징적이고 분절되지 않은 굴러 내려가는 동작을 수반할지 모른다.

2004년 뉴욕 컬럼비아 대학의 심리언어학자 앤 센가스Ann Senghas
는 니카라과의 청각장애아들이 그 사건을 어떻게 기호로 표현하는
지를 관찰하여 보고했다. 그녀는 이 공동체의 특히 가장 어린 구성원
들이 아래로 굴러가는 하나의 동작으로 표현하지 않는다는 사실을
발견했다. 대신에 그들은 두 가지 손짓을 사용했다. 아래로 향하는
동작에 이어 굴러가는 동작이었다. 그런 식으로, 그들은 청각이 정상
인 사람들에게서 관찰한 상징적인 몸짓을 문법구조를 지닌 손짓으
로 자연스럽게 변환함으로써 언덕 아래로 굴러가는 공을 의미했다.
스페인어 독순술이나 읽기 교육이 실패했던 것을 감안할 때, 니카라
과의 청각장애아들은 정상적으로 듣는 사람들로부터 분절이라는 문
법 개념을 학습할 수 없었을 것이다. 그들은 진정으로 새로운 문법을
창조했다. 그들의 문법과 모든 기존 언어들의 문법 간의 유사점은 이
러한 분절의 사례 훨씬 너머까지 확장되며, 우리의 두뇌가 어떤 특
정한 형태의 언어와 문법을 학습하기 쉽도록 설계되었음을 시사한
다[29-31].

언어의 잃어버린 고리 찾기

많은 측면에서 언어는 인간을 고유하게 만드는 특성이다. 그러나
우리에게는 대단한 것이 진화생물학자들의 관점에서는 고통이다. 어
떤 특성의 진화를 이해하기 위해서 생물학자들은 보통 살아있는 자
매종이나 멸종된 종의 화석을 살펴본다. 이러한 증거들은 해당 특성

을 전혀 가지고 있지 않은 종에서 시작하여, 그것을 부분적으로 발전시켰던 종으로 그리고 마침내 그것을 완전히 발전시킨 종으로 옮겨가면서, 그 특성이 어떻게 서서히 그리고 지속적으로 성장해왔는지를 보여준다. 예를 들어, 우리가 어떻게 두 다리와 두 팔을 가지게 되었는가를 이해하기 위해서 생물학자들은 현존하는 동물들을 조사하면서 걸을 수 있는 물고기의 사례를 발견했다. 바로 말뚝망둥어라고 불리는 작은 열대물고기로, 조수웅덩이에서 다른 조수웅덩이로 지느러미를 이용해 걸어다니며 가뭄에도 살아남는다. 생물학자들은 또한 틱타알릭Tiktaalik이라는 네발 달린 물고기의 화석을 발견했는데, 이것은 물고기의 많은 특성과 초기 네발 달린 육지동물의 특성을 모두 가지고 있다[32].

이러한 증거는 종합해보면 설득력 있고 그럴듯한 시나리오를 제공한다. 가뭄에 처할 때 자신의 지느러미로 더 멀리 걸을 수 있었던 물고기는 살아남은 반면, 그렇게 할 수 없었던 물고기는 죽었다. 그렇게 수백만 년 동안 가장 잘 걷는 생물을 선택한 결과 틱타알릭이 되었고 그런 다음 양서류가 되었다. 이러한 걷는 생물의 후손으로서 우리는 사지를 가지게 되었다. 진화란 다리 없는 유기체를 갑자기 치타로 만드는 것이 아니라, 프랑수아 자코브Francois Jacob가 아주 멋지게 표현했듯이[27], 물고기의 지느러미를 더 잘 걸을 수 있도록 땜질한다. 말뚝망둥어와 틱타알릭은 이러한 시나리오의 증거다. 서툴지만 뒷다리로 서서 걸을 수 있는 침팬지를 통해서, 우리는 네발동물이 두발인간으로 어떻게 서서히 진화해왔는지를 이해할 수 있다. 아직까지는 그런대로 괜찮다.

그러나 언어에 관해서 우리는 아무것도 모른다. 언어에는 중간단계가 없는 것처럼 보인다. 조금이라도 말을 하고 조금이라도 문법을 가진 살아있는 종도, 화석기록도 전혀 없다. 앞에서 보았듯이, 버빗원숭이는 울음소리를 문장으로 전혀 만들어내지 못하기 때문에 인간언어의 가장 결정적인 특징 중 하나를 결여하고 있다. 더욱이 영장류의 가계도에서 버빗원숭이는 우리와 상당히 먼 위치에 있다. 마카크원숭이와 유인원은 우리와 더 가깝지만 버빗원숭이가 내는 신호를 만들어내지 못하는 것 같다. 그들에게는 습득한 구두어휘 신호가 전혀 없다. 나는 수년간 원숭이들에게 동일한 단순 과제, 예를 들어서 과일주스를 얻으려면 화면 가운데를 보도록 훈련시키려고 애썼다. 원숭이들이 우리로 돌아가서 어떻게든 서로에게 "이봐, 화면 가운데에 있는 십자 표시만 노려봐"라고 말할 것이라고 생각했다. 그러나 그들은 결코 그렇게 하지 않았다.

언어의 잃어버린 고리에 대한 화석 증거 탐색도 마찬가지로 실망스럽다. 단어와 몸짓은 다리뼈와 달리 화석화되지 않기 때문이다. 고생물학자들은 에티오피아의 아와시 계곡에서 인류의 어머니라고 할 수 있는 '루시'의 뼈를 발견하고 그녀의 나이를 대략 300만 년이라고 추정했다. 골격으로 보아 그녀가 습관적으로 두 다리로 걸었다고 추정할 수 있었고, 이로써 그녀는 네발유인원과 두발인간 사이의 잃어버린 고리가 되었다. 그런데 루시가 언어를 사용했을까? 그녀가 딸에게 곧 돌아오겠다고 말하기 위해 니카라과 아이들처럼 손을 사용했을까? 우리는 알 수가 없다.

하지만 어쩌면 언어는 우리가 생각하는 것처럼 신비스러운 것이 아닐지 모른다. 비록 확실한 증거는 결여되어 있지만, 우리는 언어의 잃어버린 고리에 대한 일부 단서를 가지고 있다. 거울뉴런이 그중 하나다.

언어 진화의 시나리오

우리가 확실히 알고 있는 것은 약 500만 년 전 우리 선조들은 침팬지를 닮았고, 네발로 걸었으며, 단어를 거의 ─정확히는 전혀─ 사용하지 못했다는 것이다. 그들에게 힘겨운 시기가 시작되었다. 기후가 급속히 변해, 점점 더 춥고 건조해졌다. 우리 선조들에게 익숙했던 무성한 우림은 점점 줄어들었고, 결국 낯선 대초원이 대륙의 많은 부분을 차지하게 되었다.

기존의 습성을 고수했던 선조들 중 일부는 점점 줄어드는 숲에서 함께 살아야 했고, 그곳의 식량 경쟁은 치열해졌다. 그들은 침팬지가 되었다. 다른 선조들은 변화의 도전을 받아들여 대초원으로 나갔고, 이족보행을 취하며 숲의 가장자리에 살았다. 이런 새로운 환경에서 혁신은 생존의 열쇠였다. 토끼와 견과류 형태의 음식은 풍부했지만, 토끼는 손으로 잡기에는 너무 빨랐고 견과류는 치아로 깨기에는 딱딱했다. 그때 현대 언어라는 정점으로 이끌어줄 어떤 진화적 과정이 일어났을 것이다. 나는 일련의 비교적 작은 네 단계를 거쳐서 말 못하는 침팬지 같은 동물에서 지금의 우리 같은 수다스런 인간으로 변했을 것이라고 추정한다.

1단계: 가르치기

우리 조상들은 오늘날의 원숭이나 유인원처럼 거울뉴런을 갖고 있었다. 따라서 그들 중 하나가 돌로 견과류를 깨는 방법을 발견했을 때, 다른 사람들도 우연히 그를 관찰하고 그 기술을 따라하려고 시도했다. 그러나 굶어죽기 직전인 상황에서 그러한 우연한 관찰에 의존하는 것은 너무 더뎌서 위험하다.

이 시점에 어떤 돌연변이가 발생했다. 그 돌연변이를 지닌 엄마는 자신이 견과류를 깨는 것을 아이가 우연히 볼 때까지 더 이상 기다리지 않았다. 그녀는 먼저 아이와 눈을 마주쳐 아이가 자신에게 집중하게 한 뒤, 아이의 눈이 그녀 쪽을 바라볼 때마다 다소 과장된 방식으로 그 행동을 보여주면, 자신의 자녀가 다른 아이들보다 더 빨리 견과류를 깰 수 있다는 것을 알게 되었다. 그녀의 자녀들은 다시 자신들이 발견한 소소한 기술들을 서로에게 가르쳤다. 지식을 축적함에 따라 그들은 다른 개체들보다 더 빠르게 그리고 더 효과적으로 새로운 환경의 자원들을 이용할 수 있었다. 이렇게 우연한 관찰학습에서 의도적인 교육으로 전환하는 것이 헝가리의 발달심리학자 게르게이 치브라Gergely Csibra와 조르지 게르게이Gyorgy Gergely가 '자연교육법natural pedagogy'이라고 부른 것으로, 인간 이외에 다른 현존하는 동물에서는 찾아볼 수 없는 듯하다33.

만약 교사에게 그 동작을 시연할 돌과 견과가 하나뿐이라면, 학생들에게 그것들을 주어 실습하도록 하고, 교사는 돌과 견과 없이 그 동작을 시범보이며 성공을 알리는 견과 깨지는 소리를 자신의 목소리를 이용해 냈을 것이다. 이런 식으로 교육함에 따라 학습 기회는 점점 더 잦아졌고, 결국 뇌 용량이 제한인자가 되었다. 두뇌가 클수록 더 많은 기술을 발견하고 축적할 수 있었으므로 두뇌가 큰 사람이 우세하기 시작했다.

이 시기는 약 200만 년 전 적당한 크기의 돌에서 조각들을 떼어내어 칼을 만드는 데 능숙했던 우리의 선조, 호모 하빌리스homo habilis('손재주가 있는 사람')의 등장으로 막을 내렸다.

2단계: 언어 운동 제어

소리와 몸짓은 가르치는 데 중요했다. 하지만 생존율을 높이기 위해서 호모 하빌리스는 더 잘 협동하고, 집단사냥을 더 효율적으로 할 수 있는 방법을 찾아야 했다. 단순한 발성은 명령이 되었고, 발성기관을 더 잘 제어하는 사람이 더 성공적인 명령 발신자가 되었으며, 더 잘 이해할 수 있는 사람이 더 성공적인 청자가 되었다.

여기서 거울뉴런이 작동하기 시작한다. 명령을 만드는 데 관여하는 뉴런은 명령을 들을 때 활성화되었고, 그럼으로써 우리의 선조는 화자가 의미하는 바를 이해할 수 있게 되었다. 처음에는 어떤 행동이나 동물의 소리를 흉내내는 단어가 핵심적인 역할을 했을 것이다. 그러한 단어를 '의성어'라고 하는데, 우리 현대 언어에도 여전히 남아 있다. 우지직하다, 우적대다, 야옹거리다, 으르렁거리다 같은 동사와 까마귀, 뻐꾸기, 매미 같은 동물 이름도 여기에 속한다.

수많은 시간이 지나면서, 우리 두뇌의 부피는 계속해서 커졌고, 목은 지금과 점점 같아졌다. 유아에게서 이와 유사한 변화를 볼 수 있다. 신생아는 삼키고 숨 쉬는 것을 동시에 할 수 있지만, 많은 소리를 내지는 못한다. 나중에 아기는 복잡한 발성을 더 잘 할 수 있게 되지만, 만약 지금 그렇게 할 경우 질식할 수 있다.

3단계: 기호

우리 선조들 중 일부는 사용하는 소리와 소리가 의미하는 것이 비슷할 필요는 없다는 생각을 하게 되었다. 사자를 으르렁거리는 소리로 지시하는 것은 효과적이지만, 막대기처럼 소리가 나지 않는 것은 어떻게 지시할 것인가? 어떤 선조가 막대기를 가리키는 모습을 떠올려보자. 모두가 그 막대기를 바라볼 때, 그가 다소 임의적으로 '창' 같은 어떤 것을 말한다. 처음에는 어느 누구도 그가 의미하는 것을 알아듣지 못하지만, 반복해서 그 소리를 듣고 나면 그 집단은 그 단어를 막대기와 연합하게 된다. 이러한 방법을 사용하면서, 단어가 지시할 수 있는 것에서 더 이상 한계가 없어졌다.

4단계: 계층구조

얼마 후, 우리 선조는 다양한 사물을 지시하기 위해 만들었던 단음에서 벗어났다. 그들은 움켜잡기, 껍질 벗기기, 쥐어짜기 그리고 먹기와 같은 운동프로그램을 음식 등을 준비하는 복잡한 의식과 결합했다. 갑자기 우리 선조는 이러한 전략을 소리에 응용했다. 수많은 소리, 모음과 자음을 결합하여 새로운 단어를 만들어냈다. 처음에는 음절로, 그 다음에는 단어로 조합했다.

그런 다음, 우리 선조는 무엇인가를 할 때 그 행위를 하는 사람과 행위의 대상이 있다는 것을 인식하게 되었다. 그들은 행동과 단어를 연결하는 기술을 사용하기 시작했으며, 각각의 단어들을 발화하는 대신에 단어들을 결합하기 시작했다. 자신의 행동 순서에 일치하는 특정 순서를 고수했고, 이는 현대 언어의 어순에서도 여전히 볼 수 있는 특징이다. 문장을 구성하는 주어, 동사, 목적어는 이론적으로 6가지의 다른 순서가 있을 수 있다. 그러나 대다수의 언어는 주어를 맨 앞에 두고 그 뒤로 동사와 목적어가 온다. 마치 우리의 행동이 우리(주어) 안의 의도와 함께 시작되고, 그 후 몸을 움직여서(동사) 대상(목적어)에 작용하듯이 말이다.

이런 언어기술에 힘입어 우리 선조는 놀랍도록 효율적으로 서로 협동하고 서로 가르칠 수 있었다. 기원전 20만 년경 현생 인류인 호모 사피엔스 사피엔스가 태어났다.

이 가상 시나리오의 핵심에는 기본적으로 한 가지 생각이 있다. 언어는 운동체계와 그 안의 거울뉴런과 연결되어 있다는 것이다. 우리는 기술을 가르치기 위해 언어를 사용하고, 그 기술은 운동체계 안에 있다. 우리는 말하기 위해 입을 사용하고, 입은 운동체계에 의해 조절된다. 결론적으로, 만일 운동절차에서 움직임의 순서가 언어구조의 기초라면, 운동체계와 문법은 연결되어 있는 것이다.

만일 이러한 생각이 옳다면, 우리는 운동체계와 언어 사이의 고리에 대한 몇 가지 증거를 발견할 수 있어야 하며, 두뇌의 운동체계가 어떻게 유인원을 토크쇼 사회자가 되도록 만들 수 있었는지에 대한 합리적인 시나리오를 생각해내야 한다. 그 증거가 첫째로는 유전자에, 둘째로는 거울뉴런에 있다는 것이 밝혀졌다.

운동체계와 언어의 연결

언어와 운동체계의 연결고리 중 하나는 FOXP2라는 유전자다. 2001년 옥스퍼드 대학 내의 웰컴 재단 인간유전학연구소의 사이먼 피셔Simon Fisher와 그의 팀이 발견했다. 사이먼은 영감을 주는 젊은 유전학자이며 나의 친구이기도 하다. 그들은 'KE'라고 이름붙인 한 영국인 가계를 연구했는데, 가계 구성원의 절반 정도가 선천적 언어 장애를 갖고 있다34. 그들에게는 세 가지 결함이 있다. 첫째, 안면과 입으로 복잡한 움직임의 순서를 만들어내는 것을 어려워한다. 그들에게 볼을 부풀린 다음, 아랫입술을 깨물고, 오른쪽 눈을 감으라고 하면, 우리와는 달리 동작이 느리고 실수를 많이 한다. 발음 또한 심각하게 영향을 받아서, 말하는 것이 부자연스럽고 느리며 때로는 이해할 수가 없다. '골무thimble' 같은 단어를 반복해서 말하는 것은 네 살짜리 아이도 쉽게 할 수 있지만, 그들은 여러 번 시도해야 하고 정확히 발음하지도 못한다. 둘째, 문법에 문제가 있다. 그들에게 "개가 사람한테 물렸다"라고 말해준 다음, 사람을 무는 개 그림과 개를 무는 사람의 그림 중에서 그 문장을 묘사하는 그림을 선택하라고 하면, 혼란스러워한다. 마지막으로, 기호와 의미를 연결하는 데 문제가 있다. 예를 들어, 숫자 1이 표시된 파란색 사각형과 숫자 2가 표시된 붉은색 사각형을 반복해서 보여줘도, 파란색＋파란색＝붉은색이라는 것을 이해하지 못한다35.

'KE' 가계의 DNA를 살펴본 결과 단 하나만 제외하면 모든 게 정상이었다. 바로 FOXP2 유전자에 보기 드문 돌연변이가 있었다. 과학자들이 처음으로 언어와 직접적으로 그리고 선택적으로 연결된 유전자를 발견한 것이다.

이제 과학자들은 FOXP2가 언어에 어떻게 영향을 미치는지를 알아내야 했다. 영향을 받은 가계 구성원들을 MRI를 이용해서 스캔한 결과, 운동체계에 주로 문제가 있음이 밝혀졌다. 인간의 거울뉴런이 있다고 여겨지는 전운동피질이 여기에 속한다. 연구자들은 또한 이 유전자가 학습을 통해 얼굴과 입의 운동조절을 향상시키는 데 중요한 시냅스 연결의 가소성을 통제한다는 것을 발견했다.

FOXP2는 인간에게만 있는 것은 아니다. 쥐와 새도 약간 다르지만 유사한 유전자를 가지고 있다. 쥐의 Foxp2(다소 인간적 자부심 때문인지, 유전학자들은 인간의 경우에는 대문자를, 쥐의 경우에는 소문자를 쓴다)는 세 부위가 인간의 FOXP2와 다르다. 이는 쥐와 사람이 갈라져 나온 7000만 년의 진화에서 세 차례의 돌연변이가 일어났음을 시사한다. 설치류에게 Foxp2는 정상적인 운동 학습에 중추적이다. 쥐의 Foxp2가 비활성화될 경우 새로운 과제의 학습이 느려진다. 쥐는 말을 할 수 없으므로, 이 세 번의 돌연변이 과정에서 이 유전자를 언어의 발생에서 핵심적인 역할을 하도록 만든 무언가가 틀림없이 일어났을 것이다.

놀랍게도, 이러한 돌연변이들은 2300만 년마다 한 번씩 고른 비율로 일어나지 않았다. 6400만 년 동안 단 한 번 발생하여 인간과 침팬지의 마지막 공통선조로부터 쥐를 분리시켰다. 유전적 변화의 속도가 매우 느렸다. 그런 다음, 남은 600만 년 동안 갑작스럽게 두 번의 돌연변이가 일어났는데, 이는 진화 속도가 20배나 가속되었음을 의미한다. 마지막 돌연변이는 아마 현생 인류가 막 태어난 20만 년 전에 발생했을 것이다.

FOXP2의 발견과 연구는 우리에게 두 가지를 알려준다. 첫째, 이 유전자의 두드러지게 불연속적인 돌연변이 속도를 봤을 때, 정확한 발음과 문법을 포함하는 언어의 최종 진화는 인간 진화에서 상당히 최근에 일어났을 것이다. 둘째, 인간의 FOXP2에서 일어난 한 차례의 돌연변이가 운동 제어에 관여하는 두뇌영역에 주로 영향을 주었다는 사실은 운동체계가 언어의 많은 측면에서 중요한 역할을 한다는 생각을 뒷받침한다.

언어에 대한 설명할 수 없는 간극 메우기

만일 서기 1100년에 어느 열정적인 땜장이가 막대기와 줄과 쇳조각을 이용해 연소기관이 달린 자동차를 만들었다고 하면 믿을 수 있겠는가? 물론 아닐 것이다. 하지만 내 아버지의 친구인 열정적인 땜장이가 오토바이 두 대를 이용해서 연소기관이 달린 자동차로 변형시켰다고 한다면, 믿겠는가? 이것은 가능할 것이다. 두 번째 이야기를 더 그럴 법하게 만드는 것은 바로 땜장이의 출발점이다. 오토바이 두 대는 자동차가 아니지만, 땜장이 혼자서 자동차로 만들 수 있다고 믿을 수 있다. 어쨌든 그는 필요한 모든 물자를 가지고 있기 때문이다.

이와 유사한 것이 언어와 거울뉴런의 발견에도 사실이다. 거울뉴런이 발견되기 전인 1990년대 초반에 우리는 FOXP2에 대해서 아는 게 전혀 없었다. 원숭이와 유인원의 뇌가 언어를 창조하는 진화과정에서 무슨 일을 겪었는지에 대해서도 거의 몰랐다. 그 무렵 우리가 어떤 행동을 할 때뿐 아니라 다른 사람이 행동하는 것을 보거나 들을 때에도 활성화되는 거울뉴런이 전운동피질에서 발견되었다. 놀라운 것은 바로 이 두뇌영역이 내가 당신에게 말하도록 하거나 말을 들으라고 할 때에도 활성화된다는 것이다. 사실 전운동영역, 특히 그 배측ventral 부분은 거울뉴런에 대해서 전혀 몰랐던 19세기에도 그것이 언어에서 하는 역할 때문에 처음 알려진 부위였다.

당시 프랑스 의사인 폴 브로카Paul Broca는 르보르뉴Leborgne라는 환자를 만났는데, 그는 언어를 정상적으로 이해했지만 말할 수 있는 단어가 '탄tan' 하나뿐이었다. 그래서 병원의 모든 사람은 그를 '탄탄'이라고 불렀다. 르보르뉴가 죽은 후 브로카는 그의 두뇌를 해부했고, 좌측 전두엽(거울뉴런이 있는 전운동피질을 아우른다)의 아랫부분이 매독이나 뇌졸중으로 광범위하게 손상되었음을 발견했다.

브로카는 현재 '브로카영역'으로 불리는 이 영역이 우리에게 말할 수 있는 능력을 준다고 주장했다. fMRI와 PET를 이용한 최신 연구들은 거울뉴런이 있는 좌배측 전운동피질이 언어기능에 두 가지 중요한 역할을 한다고 말한다. 그 앞부분은 문법적인 문장을 만들거나 이해하는 데 특히 관여하는 것으로 생각되고, 뒷부분은 정확한 발음과 다른 사람들이 말하는 음절을 지각하는 데 핵심적인 역할을 하는 것으로 보인다[36].

원숭이의 거울뉴런은 훗날 언어에 핵심이 될 두뇌영역에 위치하며, FOXP2가 조절하는 두뇌영역에 존재한다. 거울뉴런은 언어의 진화에 기여할 수 있는 정확한 위치에 있는 것이다. 마치 물고기의 가슴지느러미가 훗날 네발동물의 앞다리가 될 수 있는 정확한 위치에 있었던 것처럼 말이다.

이론적으로, 이것은 그저 우연일 수 있다. 그러나 거울뉴런의 다른 특성들로 인해 그것은 언어 진화과정에서 적합한 주인공이 된다. 거울뉴런은 내가 앞에서 제시한 진화 시나리오의 모든 단계에서 중심적인 역할을 맡는다.

근거1: 메시지 전달을 인식하기

우리 대부분은 의자나 문에게 말하는 데 많은 시간을 보내지 않는다. 당연한 것이, 의자나 문은 반응하지 않기 때문이다. 배우자는 적어도 가끔은 반응하며, 그래서 우리는 그들에게 말을 걸거나 고함을 친다. 애완동물은 우리의 말에 대꾸하지 않지만, 그래도 계속 말을 거는 것은 우리가 뭔가를 말하면 최소한 반응하기 때문이다. 의사소통이란 상대방이 메시지를 받았다는 느낌과 연결되어 있다. 그리고 의도적인 교육도 그렇다. 고양이에게는 말하는 법을 몇 번 가르치다 포기하지만, 아이들에게는 계속 가르친다. 아이들은 향상되는 것이 보이기 때문이다. 거울뉴런은 우리의 비인간 선조들에게도 '메시지가 전달되는' 이 느낌을 확립하는 데 특별한 역할을 했을 것이다.

세인트앤드루스 대학의 신경과학자 사라 마셜 페치니Sarah Marshall

-Pescini와 앤디 와이튼Andy Whiten은 우간다 빅토리아 호수의 한 섬에 사는 침팬지 두 마리의 상호작용을 보여주는 영상에서 이것을 대단히 우아하게 입증했다[37]. 그 영상에서 다섯 살 난 수컷 마와는 견과를 깨는 데 능숙하다. 모루 역할을 하는 바위 위에 야자열매를 올려 놓고 그것을 치는 데 왼손에 든 돌을 이용한다. 그는 돌을 아래위로 리듬감 있게 움직여 열매를 내리친다. 그에 비해 세 살 난 수컷 발루쿠는 이 기술의 초보자다. 마와를 관찰한 후, 발루쿠는 그 행동을 자발적으로 따라 하기 시작하여, 마와의 리듬에 맞춰서 자신의 손을 아래위로 움직인다.

발루쿠의 자발적인 미러링은 그의 거울뉴런이 이러한 운동프로그램을 촉발한 결과인 것 같다.

이러한 시각적인 모방은 다시금 마와의 거울뉴런을 촉발시켜서, 그가 현재 열매를 깨기 위해 실행 중인 동일한 운동프로그램을 재활성화시킬 것이다. 그렇게 거울뉴런은 시연자의 운동프로그램에서 학생의 모방으로 이어지고, 다시 시연자의 원래 운동프로그램으로 이어지는 사회적 고리를 완성한다.

물론 동물들도 다른 동물들이 자신들에게 반응하는 것을 자주 목격한다. 버빗원숭이가 독수리를 피해 덤불로 숨을 때, 독수리는 그러한 반응행동을 관찰할 수 있다. 열매를 깨는 고리를 특별하게 만드는 것은 두 개체의 행동들 간의 직접적인 상응이다. '교사'는 '학생'이 정확히 같은 행동으로 그의 행동에 반응하는 것을 본다. 학생은 교사의 살아있는 거울이 된다.

그러나 원숭이들은 이것을 충분히 인식하지 못하는 것으로 보인다. 왜냐하면 그들은 자녀들에게 기술을 수행하는 방법을 절대 명확하게 가르치지 않기 때문이다. 아이의 기술이 자신이 방금 보여준 행동의 직접적인 반영이라는 사실을 깨닫도록 거울뉴런의 활성화를 이용하게 해주는 어떤 변화가 틀림없이 영장류의 두뇌에 발생했을 것이다. 비록 거울뉴런이 자초지종을 다 들려주지는 않을지라도, 거울뉴런은 인간의 언어 진화의 첫 단계인 자연교육법의 등장을 불가해한 대약진이 아닌 땜장이의 그럴듯한 작업으로 만드는 견고한 기반이다.

근거2: 듣는 것이 행동하는 것이다

진화 시나리오의 2단계는 거울뉴런이 언어의 출현에 핵심이라는 것을 암시했다. 왜냐하면 명령을 만들어내는 데 관여하는 뉴런은 그 명령을 들을 때 재활성화되며, 들은 것에 대한 느낌을 주기 때문이다. '행동에 의한 학습'에 비유하자면, 언어는 '행동에 의한 듣기'에 의존한다.

1950년대에 예일 대학 해스킨스 연구소의 앨빈 리버먼Alvin Liberman과 그의 동료들은 어떤 실망스런 관찰을 한 후 행동에 의한 듣기가 진실로 언어의 기초라고 가정하게 되었다. 40년 뒤 거울뉴런의 발견으로 그들의 생각은 놀라울 만큼 시대를 앞서갔음이 밝혀졌다.

리버먼과 동료들은 책을 읽어주는 기계를 만들어서 시력을 잃은 참전군인들을 돕고자 했다. 당시로서는 인간 같은 목소리로 책을 읽어주는 기계를 만드는 것은 공상과학소설에나 나오는 이야기였다. 그들은 대안으로, 책의 문자들을 서로 구별되는 삐 소리로 대체하는 기계를 만들었다. 그러나 실망스럽게도, 우리 대부분이 1초에 15~20개의 문자를 읽거나 들을 수 있는 데 비해, 그러한 신호음의 인식은 1초에 2~3개 이상을 배우기가 불가능했다. 19세기 모스 부호 전신기사에게는 받아들일 만한 속도였겠지만, 당신이 지금 읽고 있는 것 같은 책 한 권을 읽으려면 하루 종일 읽어도 3주나 걸릴 터였다. 너무 느려서 쓸모가 없었다. 리버먼과 동료들은 문자는 1초에 15~20개를 구분할 수 있는데 왜 신호음은 2~3개밖에 구분할 수 없는지 궁금해했다. 이 물음에 답하기 위해, 그들은 인간의 자연스러운 말을 구성하는 소리를 좀 더 자세히 들여다보고 그 소리들이 어떻게 지각되는지를 살펴보았다.

그들은 시간에 따른 소리의 주파수를 보여주는 음성분석기를 이용하여, 소리의 주된 물리적 특징을 보여주는 이미지인 스펙트로그램spectrogram을 만들었다. 그들은 음성분석기를 재생해서 스펙트로그램을 고치거나 완전히 인공적인 스펙트로그램을 만들어서 사람들에게 다시 들려주었다. 실망스럽게도, 리버먼과 동료들은 음성의 물리적인 특성과 그 지각 간에 어떠한 확고한 관계도 존재하지 않음을 발견했다. 예를 들어, 자음 k와 p는 모두 소리를 내는 동안 공기의 흐름이 멎는 파열음이지만, p를 소리내기 위해서는 입술을 닫아야 하고, k를 내기 위해서는 혀의 가장 안쪽을 입천장으로 밀어야 한다. 스펙트로그램 상에서, p와 k는 모두 약 1440헤르츠를 중심으로 에너지 버스트burst를 보인다. 자음이 항상 모음과 연결된다는 점을 감안하여, 리버먼은 서로 다른 모음과 결합될 때 사람들이 이러한 에너지 버스트를 어떻게 지각하는지를 조사했다. 그는 물리적으로 동일한 에너지 버스트가 a 앞에서는 k로, i나 u 앞에서는 p로 지각된다는 것을 발견했다.

어떻게 같은 소리가 다른 문자로 지각될 수 있는가라는 의문이 자연히 떠올랐다. 그 이유는 단순히, 모음 a 앞에서 1440헤르츠의 버스트를 만들어내도록 말하는 유일한 방법이 k를 발음할 때처럼 혀를 입천장 쪽으로 누르는 것이기 때문일지 모른다. i나 u 앞에서 1440헤르츠를 만들어내는 유일한 방법은 p를 발음할 때처럼 입술을 닫는 것이다. 이러한 결과 및 유사한 관찰을 근거로, 리버먼은 두 가지 결론을 내렸다.

첫 번째 결론은, 우리가 각각의 문자를 발음하는 것이 아니라 뒤따르는 모음과 자음의 특성이 상호영향을 미친다는 것이다. 이른바 동시조음coarticulation이다. 결과적으로 'papa'라는 단어는, p가 있을 때 a가 있고 a가 있을 때 p가 있다는 증거가 된다. 이것은 우리가 초당 15~20개의 문자 각각을 들을 필요가 없음을 의미한다. 또한 이것은 컴퓨터가 1440헤르츠=/p/처럼 단일 형태의 신호만을 선호하기 때문에 음성을 인식하는 데 어려움이 있을 수밖에 없음을 의미한다.

리버먼의 두 번째 결론은 거울체계와 더 관련이 있다. 그는 사람들이 단순히 음소phonemes를 듣고 그것을 인식하는 것이 아니라, 소리를 만들어내는 데 사용하는 발성행위vocal gestures를 실행함으로써 인식한다고 주장했다. 만약 a 앞에 오는 1440헤르츠를 들으면, 우리는 마음속으로 혀의 가장 안쪽을 입천장에 가볍게 친다. 그것이 우리가 그 소리를 만들어내는 방법이기 때문이며, 그리하여 우리는 k를 느낀다. 리버먼의 이론은 음성지각에 관한 운동이론으로 유명해졌다. 소리를 문자로 변환할 때 생기는 모호성을 우리는 들은 것을 운동으로 다시 재연함으로써 해결한다.

음성지각의 운동이론은 당연히 거울뉴런이 행동하는 소리에 기초해 운동프로그램을 활성화시킨다는 것과 대단히 유사해 보인다. 다만 여기서 행동은 발성기관에서 일어날 뿐이다. 따라서 거울뉴런의 발견과 특히 청각거울뉴런의 발견은 리버먼의 생각을 다시 부활시켰고, 현재 다음의 세 가지 연구가 음소지각을 거울체계의 활동과 밀접하게 연결하고 있다.

먼저, fMRI 실험은 무의미한 음절을 들을 때 그 음절을 발음하거나 입술을 움직이는 데 이용하는 전운동피질의 동일한 부위가 활성화됨을 보여주었다. 이 부위는 바로 원숭이의 청각거울뉴런이 발견된 곳과 일치한다[9,38-40].

TMS를 이용한 두 번째 실험은 거울뉴런과 언어 청취 사이의 연결을 암시한다. 나는 2003년 파르마에 있을 때 이와 같은 연구에 참여했다. 내 동료 중 하나인 조반니 부치노Giovanni Buccino는 내 입에 숟가락을 물리고 머리에는 샤워캡을 씌운 채 치과용 의자 같은 것에 앉혔다. 나는 약간 바보 같다고 느끼며, 숟가락은 무슨 용도냐고 물었다. "숟가락에 작은 전극 두 개를 붙였어. 혀 근육의 움직임을 측정할 수 있도록 말이야"라고 말하며 그는 활짝 웃었다. 그러고 나서 그는 내 머리에 나비 모양의 TMS 코일을 씌웠다. 3장의 행동 소리 실험에서 리사 아지즈-자데가 사용했던 장치와 무척 비슷했다. "긴장 풀고, 단어를 주의 깊게 들어봐." 그가 방을 나간 후 나는 'baffo' 'birra' 같은 단어를 말하는 목소리를 들었다. 자기코일 특유의 '탁' 소리가 난 후 각 단어들이 들렸다. 가끔 나는 내 혀가 움찔하는 것을 느꼈다. 100개의 단어가 제시된 후, 조반니는 문을 열고 내 입에서 숟가락을 빼낸 후 실험에 대해 설명해주었다.

우리가 원숭이에서 발견한 거울뉴런에 영감을 받아, 조반니는 루차노 파디가와 함께 'birra'처럼 상당한 혀의 움직임을 요구하는 단어를 듣는 것이 리버먼의 이론이 예측한 것처럼 청자의 혀를 움직임이도록 만드는지 여부를 연구하고자 했다. 루차노는 뛰어난 이탈리아 신경생리학자로, 파르마에서 거울체계 연구에 TMS를 활용한 선구자였다. 실험 결과는 리버먼의 예측이 사실임을 말해주었다. 이중 자음 'rr'이 있는 단어를 단순히 듣기만 해도 나와 같은 피실험자의 혀가 움직인다는 것이 TMS의 도움으로 확인되었다. 하지만 혀의 움직임과 관련 없는 'ff'를 들을 때는 그렇지 않았다[41]. 따라서 사람들은 자기가 듣는 말을 자신이 그것을 발음하는 데 사용하는 운동프로그램으로 실제로 변환한다.

fMRI 증거와 함께, 이것은 우리가 다른 사람이 말하는 것을 듣는 동안 우리의 청각거울체계를 통해 운동프로그램을 활성화시킨다는 것을 보여준다. 문제는 그들이 하는 말을 이해하기 위해서 우리가 이러한 활성화를 필요로 하는지의 여부다. 그 대답은 '그렇다'일 것이다. 적어도 때로는 그렇다. 지금까지 여러 해 동안, 신경학자들은 입의 움직임을 조절하는 좌측 전운동피질에 손상을 입은 환자들이 음소를 지각하는 데 문제를 겪는 것을 관찰했다. 시끄러운 환경처럼 구별이 어려울 경우에 특히 그랬다. 더 최근에는, 건강한 사람의 동일한 뇌영역의 활동을 일시적으로 교란시키기 위해 자기자극을 사용했다. 이러한 조작의 효과는 몇 분 동안만 유지되지만, 그 시간 동안 참가자들은 음소 구분에 장애를 받는다42. 하지만 단일 소리를 구분하도록 하면 장애를 보이지 않았다.

그렇긴 하지만, 운동체계가 항상 다른 사람들이 하는 말을 인식하는 데 필요한 것은 아니다. 우리가 최적의 청취 조건하에서 '아빠dad'라는 단어를 들으면, 우리의 청각기억 속에 있는 그 단어에 대한 표상에 의존할 수 있다. 마치 우리 휴대전화의 멜로디를 개별 소리들로 분석할 필요 없이 인식하는 것처럼 말이다. 서로 다른 화자들의 다양성을 감안하면 이것은 어려운 일이지만, 안데스 산맥에 사는 털 있는 작은 설치류인 친칠라조차 인간과 같은 방식으로 d와 t의 소리 차이를 구분하도록 훈련시킬 수 있다. 비록 친칠라가 둘 다 발음할 수 없고, 따라서 운동시뮬레이션에 의존할 수 없음에도 말이다43. 칵테일파티에서 누군가가 "그는 달팽이를 먹었다he ate snails"라고 말하는지 "그는 못을 싫어한다he hates nails"라고 말하는지 판단할 때처럼, 그러한 구분이 아주 세밀하고 어려울 경우에는 그 소리를 자신의 운동프로그램에 매핑mapping하는 것이 필수적이다. 힘들었던 언어 진화의 초기에는 이러한 거울조합기제mirror matching mechanisms가 음성인식에 특히 중요했을 것이다.

거울뉴런은 의사소통의 느낌을 제공함으로써(근거1) 그리고 다른 사람들이 말하는 것을 느낄 수 있게 해주는 그들의 (음성)행동의 소리에 따라 운동프로그램을 활성화시킴으로써(근거2) 언어의 진화에 기여했을 것이다. 원숭이에게 거울뉴런이 이미 존재한다는 사실은, 다른 사람들의 어순을 그러한 순서대로 말하는 자신의 운동프로그램과 연결시킬 기반이 이미 초기 인류에게 있었음을 의미한다. 다시 말하지만, 원숭이가 말을 하지 못한다는 사실이 말해주듯, 거울뉴런 자체만으로는 언어를 형성하는 데 충분하지 않다. FOXP2 돌연변이를 포함한 뇌의 추가적인 변화가 분명히 필요하다. 하지만 루이 파스퇴르가 과학적 발견에 대해 한 말에 비유하자면, 언어의 진화에서도 기회는 준비된 자에게 온다. 나는 신생 인류의 두뇌가 운동프로그램의 소리를 그것의 실행과 연결함으로써, 어떤 임의적인 돌연변이가 그들에게 언어를 선사할 수 있도록 준비되어 있었다고 주장하고 싶다. 거울뉴런이라는 준비가 없었다면 이러한 돌연변이는 성공하지 못했을 것이다.

앞으로의 핵심 과제는 어떤 종류의 돌연변이가 원숭이의 청각거울체계를 언어에 특화된 체계로 변환시키는 데 필요한지를 알아내는 것이다. 한 가지 흥미로운 가능성은 옹알이의 출현이다. 인간의 아기는 약 5개월이 되면 입으로 임의적인 소리를 만들어내기 시작한다. 아기는 자신의 발성기관을 가지고 노는데, 마치 어린아이가 피아노 건반이 무슨 소리를 내는지 알아내기 위해 마구 누르며 노는 것과 비슷하다. 아기가 자기 운동체계의 상상의 버튼 중 하나를 누를 때마다 소리가 만들어지고, 소리와 운동프로그램은 동시에 발생하기에 서로 연합한다. 마치 음식과 벨소리가 언제나 동시에 주어졌기에 파블로프의 개가 그 둘을 연합하듯이 말이다. 나중에 아기가 '아빠'라는 말을 아버지에게서 반복해서 들을 때, 이 단어는 아기가 옹알이를 하는 동안 임의로 만들어냈던 음소의 일부를 담고 있을 것이다. 벨소리가 나중에는 파블로프의 개를 침 흘리게 만들었듯이, 이제 그 음소의 소리는 아기가 옹알이를 할 때 비슷하게 내던 음소와 관련된 운동프로그램을 활성화한다. 아기는 이제 그 단어를 명시적으로 반복할 수 있을 뿐 아니라(이것은 말하기를 학습하는 데 중요하고, 물론 아빠에게도 큰 기쁨을 준다), 리버먼의 음성지각 운동이론이 요구하듯, 내적으로도 반복할 수 있다. 따라서 두뇌의 어떤 운동뉴런이 어떤 음성에 반응할지를 결정하는 데 진화는 필요 없게 된다. 초기 인류의 아기에게 자신의 발성기관을 가지고 놀려는 충동을 불어넣는 것만으로 충분하다. 나머지는 파블로프의 개도 가능했던 단순한 학습의 결과다.

근거3: 의미와 단어의 연합

우리의 진화 시나리오에서, 초기 인류는 처음에는 의성어 사용법을, 그 다음에는 임의의 단어 사용법을 배운다. 옹알이가 이러한 단어들에 공명하도록 그들의 두뇌를 훈련시킬 수는 있지만, 그것만 가지고는 두뇌가 단어와 의미를 어떻게 연합하는지를 설명하지 못한다. 공동체의 모든 구성원이 사용하는 단어를 정확히 같은 의미와 연합하지 못한다면, 의사소통은 무너진다. 다시금, 거울뉴런은 뇌가 어떻게 이러한 능력을 가지게 되었는지를 밝혀준다.

'우지직하다' '으르렁거리다' 같은 의성어는 두뇌에 거울뉴런이 있다면 의미를 연관시키기가 더 쉬웠을 것이다. 만약 당신이 이미 어떤 물체를 부숴봤고 부술 때 '우지직' 소리를 들어본 적이 있다면, 당신의 청각거울뉴런은 마치 파블로프의 개가 음식과 벨소리를 연합하듯이, 부수는 행동과 그 행동의 소리를 연합할 것이다. 이제 당신이 유사한 소리를 내는 단어 '우지직하다'를 듣는다면, 그 단어는 당신이 과거에 부수는 행동을 했을 때 났던 소리와 단지 물리적으로 유사하기 때문에 부수기에 해당하는 운동프로그램을 활성화시킬 것이다. 그 결과 당신은 부수고 싶은 충동을 느끼는데, 바로 그것이 당신 앞에 있는 사람이 전달하고자 했던 내용이다. '으르렁거리다' 같은 단어의 경우에는, 당신이 옹알이를 할 때 사자가 으르렁거리는 것과 약간 비슷한 소리를 냈을 것이다. 나중에 진짜 사자가 으르렁거리는 소리를 듣게 되면, 청각거울뉴런은 '으르렁' 소리를 낼 때 사용한 운동프로그램과 사자의 소리 및 시각적 표상을 연합할 것이다.

다른 단어들의 연합은 좀 더 복잡하다. 아기가 첫걸음을 뗄 때 부모가 "우리 아기가 걷는다! 걷는다!"라고 소리 지를 경우, 그 단어는 그 행동과는 전혀 다르게 들린다. 유사한 연합과정에 따라, 아기가 그 행동을 하는 동안 부모가 그 단어를 충분히 자주 반복해서 말한다면, 그 단어의 소리는 운동프로그램과 연합될 수 있다. 이러한 연합에 반응하는 세포는 엄밀한 의미에서 더 이상 청각거울뉴런이 아니다. 그것은 행동의 실행 및 동일한 행동의 소리에 반응하지 않기 때문이다. 하지만 연합기제는 유사할 것이다. 행동을 행동의 소리와 연합할 수 있는 원숭이의 뇌는 행동과 단어 소리를 연합하는 법을 배우는 좋은 기반이 될 것이다.

실제로, '핥다'라는 단어를 들으면 입을 움직일 때 사용하는 전운동피질의 부위가 활성화되고, '차다'라는 단어를 들으면, 발동작과 관련된 전운동피질이 활성화되며, '줍다'라는 단어를 들으면 손동작과 관련된 부위가 활성화된다는 fMRI 실험 증거가 있다44. 동일한 행동을 볼 때 반응하는 거울뉴런이 있는 곳과 동일한 영역에서 이 모든 활성화가 발생한다.

세 번째로, 우리는 외부세계의 사물에 대한 단어의 의미를 학습해야 한다. 우리의 진화 시나리오에서 '창' 같은 단어 말이다. 여기서 가장 핵심적인 요소가 이른바 '결합 주의joined attention'다. 만약 내가 당신의 머리 위를 응시하는 것을 본다면, 당신은 뒤돌아서서 내가 바라보는 것을 볼 것이다. 만약 내가 창을 가리키는 것을 본다면, 당신은 내가 무엇을 가리키는지 알아내기 위해 볼 것이고 결국 창을 보게 될 것이다. 이러한 주의의 수렴에서 거울뉴런이 어떠한 역할을 하는지는 불분명하지만, 듀크 대학의 마이클 플랫Michael Platt과 스티븐 셰퍼드Stephen Shepherd는 원숭이의 뇌에서 눈의 움직임을 통제하는 뉴런을 기록했다. 놀랍게도 그들은 이 뉴런 중 일부가 원숭이가 자기 눈을 움직일 때뿐 아니라, 다른 원숭이의 눈이 움직이는 것을 볼 때에도 활성화된다는 사실을 발견했다. 마치 다른 원숭이의 눈의 움직임을 보는 것과 자신의 눈을 움직이는 것이 거울처럼 직접 연결되어 있는 듯했다. 이런 유형의 뉴런에 의해, 누군가가 어떤 사물을 보기 위해서 눈을 움직이는 것을 보면 당신은 같은 방향을 바라보게 되고, 같은 관심 대상에 당신의 주의를 모은다.

주의에 대한 이와 같은 거울기제는 아기로 하여금 부모의 주의가 향하는 곳을 바라보게 하고, 그 반대도 가능하게 한다. 우리는 이러한 '응시 미러링 행동'을 원숭이와 공유한다. 이 행동이 입증해주는 것은 미러링 개념이 주의 개념으로 확장될 때, 신생 인류의 두뇌가 타인이 발화한 단어가 그들의—그리고 이제 우리의—관심 대상과 연결이 되어 있음을 이해할 수 있는 토대가 된다는 것이다. 이제 아기는 '창'이라는 단어의 소리를 창을 정의하는 감각적 특징과 연합할 수 있다.

창은 컵, 망치, 장난감처럼 조작할 수 있는 특정 사물군에 속한다. 이런 사물들에는 모두 실용적인 용도가 있다. 망치는 두드리는 데 사용되고, 창은 찌르는 데 사용된다. 거울뉴런이 발견되기 전인 1980년대에, 파르마의 자코모 리촐라티와 그의 동료들은 움켜잡는 데 관여하는 전운동뉴런의 일부가 원숭이가 그 행동에 적합한 물건을 볼 경우에도, 그 행동을 실제로 하지 않음에도 반응한다는 것을 발견했다45. 그들은 이런 뉴런을 '카논뉴런canonical neuron'이라고 불렀다.

카논뉴런과 거울뉴런은 다르다. 두 뉴런 모두 원숭이가 스스로 물건을 조작할 때 반응하지만, 카논뉴런만이 해당 조작에 적합한 사물을 보았을 때에도 반응하는 반면, 거울뉴런만이 다른 사람이 동일한 행동을 하는 것을 보았을 때에도 반응한다.

카논뉴런은 망치와 창 같은 사물에 의미를 부여하는 데 특히 중요할 것이다. 왜냐하면 카논뉴런은 사물과 관련된 운동프로그램을 활성화하고, 이 운동프로그램(예를 들어 망치질하기, 창던지기)이 해당 사물에 실용적 의미를 불어넣기 때문이다. 이와 같은 지식의 실용적 단위는 임의적 단어의 소리와 그 운동프로그램을 저장하는 거울뉴런 근처에 저장된다. 누군가가 창을 보고 창이라고 부르면, 관찰자의 뇌는

'창'이라는 소리를 듣고 그것을 볼 뿐만 아니라, 동시에 (거울뉴런 때문에) '창'이라고 말하는 것에 관한 그리고 (카논뉴런 때문에) 창의 사용에 관한 운동프로그램을 활성화시킨다. 이러한 네 가지 요소가 동시발생하여 파블로프의 조건반사처럼 한데 연결되어 그 단어의 의미를 채운다.

원숭이에게는 이미 카논뉴런과 거울뉴런이 있지만, 사람과 달리 사물을 지시하려는 충동은 없다. 고양이에게는 어릴 때부터 사냥 및 사냥놀이 충동이 있다. 이와 같은 놀이행동을 통해서 고양이는 뛰어난 사냥꾼이 되고, 자기 몸의 사냥능력을 최대한 이끌어낸다.

인간에게는 사물을 호명하려는 충동이 있다. 두 살배기 아기는 부모에게 "저걸 뭐라고 불러요?"라며 쉬지 않고 질문한다. 이와 같은 충동은 웅얼거리는 충동과 결합하여, 두어 해 만에 약 1000개나 되는 단어를 배울 수 있게 한다.

그에 비해 원숭이와 유인원은 단어에 대해서 관심이 없다. 1970년대에 컬럼비아 대학의 심리학자 허버트 테러스Herbert Terrace는 침팬지에게 언어를 가르치려고 했다. 그는 '님 침스키Nim Chimpsky'(인간만이 언어를 가지고 있다고 주장한 유명한 언어학자 노암 촘스키의 이름에 대한 말장난이었다)라고 이름 지은 침팬지에게 매일 몇 시간씩 미국 수화ASL를 가르쳤다. 그가 몸짓언어를 선택한 이유는 침팬지는 인간처럼 많은 음소를 발음할 수 있도록 해주는 발성기관의 변화를 겪지 않았고, 또한 음성언어를 가르치려던 이전의 시도들이 완전히 실패했기 때문이었다.

여러 해 동안, 님 침스키는 25개에서 125개 정도의(적용한 정확한 기준에 따라서 달라진다) 기호를 의미와 연합하는 법을 배웠다. 기호를 써서 바나나, 먹기 등을 지시할 수 있었다. 한편으로 이러한 결과는 영장류의 두뇌가 현존하는 거울뉴런과 카논뉴런을 통해서 언어를 배울 준비가 되어 있다는 우리의 생각을 지지하는 증거를 제공한 큰 성과였다. 그러나 그것은 또한 근본적인 동기부여의 차이를 보여준 증거였다. 님 침스키는 두 살배기 아기가 하듯이 단어를 학습하는 데 열정적이지 않았고, 인간 아기들이 진정으로 발전하기 시작하는 시점에서 어휘의 확장을 멈췄다.

요약하자면, 원숭이의 거울뉴런과 카논뉴런에서 관찰된 감각-운동 연합의 형태가 단어의 의미를 학습한다는 근거3의 기반을 형성할 수 있다. 원숭이의 청각거울뉴런과 카논뉴런에 그와 같은 연합이 있다는 사실은 원숭이의 두뇌가 이러한 연합을 이미 할 수 있다는 것을 입증한다. 영장류들이 왜 이런 재능을 언어를 학습하는 데 이용하지 않는지는 여전히 미궁으로 남아 있지만, 어쩌면 동기부여가 중요한 요소일지 모른다.

근거4: 행동의 문법

이제 진화 시나리오의 마지막 단계인 문법의 출현을 생각해보자. 문법은 인간 언어에서 가장 독특한 특징이다. 님 침스키는 단어와 의미를 연합하는 방법을 가까스로 학습할 수 있었지만, 어떠한 유인원도 문법은 학습하지 못했다.

인간에게는 동일한 단어의 집합이라도 순서에 따라 매우 다른 의미를 가질 수 있다. "개가 사람을 문다"는 뉴스가 안 되지만, "사람이 개를 문다"는 뉴스가 된다. 님 침스키는 그것을 결코 구분하지 못했다. 그에게 "바나나 님 먹는다Banana Nim eat"와 "님 먹는다 바나나 Nim eat banana"는 똑같이 좋은 뉴스였다. 침팬지가 어순을 이해하지 못하는 것은 관련 훈련을 전혀 받지 않고도 문법을 자발적으로 만들어냈던 니카라과의 청각장애 어린이들과는 아주 대조된다. 자발적으로 문법을 사용하는 다른 영장류의 예가 없을 뿐더러, 인간과 가장 가까운 친척인 침팬지가 아무리 집중훈련을 받더라도 문법을 습득할 수는 없다. 그렇다면 문법은 어떻게 진화할 수 있었을까?

문법이 진정으로 무엇을 의미하는지 간단히 살펴보자[iii]. 문법은 언어에 의미를 부여하는 구조와 논리의 규칙이다. 언어에서 서로 다른 순서로 표시된 요소는 상이한 의미를 갖는다(사람이 개를 물다≠개가 사람을 물다). 문법은 또한 언어에 계층구조와 반복을 부여한다. 구절은 단순히 단어들의 연쇄가 아니라 숨은 구조를 가지고 있다. "그 잘생긴 젊은 남자가 키스했다 그 아름다운 소녀에게 정열적으로"라는 문장에서, 우리는 '잘생긴'과 '남자'가 '젊은'과 '키스했다'보다 더 긴밀히 연결되어 있다고 느낀다. 비록 그 단어들이 문장에서 같은 거리만큼 떨어져 있더라도 말이다. 그래서 우리는 구절에 계층구조가 있음을 느낀다. '그 잘생긴 젊은 남자'라는 네 단어는 하나의 단위(주어, 즉 그 행위를 누가 하는지)를 구성하고, '키스했다 정열적으로'는 또 다른 단위(동사, 즉 무엇을 하는지)를 구성하며, '그 아름다운 소녀'는 세 번째 단위(목적어, 즉 누구에게 하는지)를 구성한다. 비록 '키스했다'와 '정열적으로'는 멀리 떨어져 있지만, 우리는 그것들이 실은 하나의 구절에 속한다는 것을 느낀다.

만일 내가 당신에게 그 남자가 전날 다른 소녀에게 키스했다라고 말한다면, 당신은 이 문장을 위의 문장에 끼워넣어서 계층구조를 반복할 수 있다. "그 잘생긴 젊은 남자는, 어제 다른 아름다운 소녀에게 키스했고, 오늘은 이 아름다운 소녀에게 정열적으로 키스했다." 이런 식으로 우리는 문장 안에 문장을 무한히 끼워넣을 수 있다.

순서 개념과 숨은 계층구조가 언어의 맥락에서 인간에게 고유한 것이라 해도, 그것이 일반적으로 인간에게만 고유한 것은 아니다. 모든 영장류가 이러한 개념을 일상적으로 습득하는 한 가지 영역이 있다. 바로 행동이다. 먹는 것을 예로 들어보자. 기본적인 운동프로그램은 이런 식이다. 딸기에 손을 뻗고, 딸기를 쥐고, 딸기를 입에 가져가고, 입에서 손가락을 빼고, 딸기를 씹는다. 이러한 구성은 그 자체로 이미 대단히 계층적이다. 왜냐하면 각각의 요소가 그 자체로 운동명령들의 트리 구조이기 때문이다(딸기에 손을 뻗는 동작에는 많은 근육의 공동작업이 관여하며, 그것을 수행하는 방법도 절대 동일하지 않다. 딸기의 모양이 어떤지, 자신과 딸기 사이를 가로막는 나뭇가지가 있는지 등등에 따라 달라진다). 그러나 전체 구조는 딸기를 바나나로 치환해도 반복될 수 있다. 바나나를 쥔 다음, 입으로 가져가기 전에, 침팬지는 다른 손을 이용해 바나나 껍질을 쥐고, 껍질 한 조각을 벗겨낸 다음, 다시 바나나 위로 손을 가져가서 껍질을 다 벗겨낼 때까지 반복한 후, 바나나를 입으로 가져가려던 원래의 계획을 계속할 것이다. "나는 바나나를 먹었다"라는 문장이 "나는 껍질을 벗긴 바나나를 먹었다"로 반복적으로 확장될 수 있는 것과 비슷하게, 침팬지의 행동계획은 다른 행동계획으로 반복 확장될 수 있다. 언어가 한정된 단어의 어휘를 무한히 많은 상이한 계층적 구절로 조합하듯이, 영장류는 한정된 행위의 어휘(쥐기, 뻗기, 벗기기 등등)를 무한히 많은 계층적 행동계획으로 조직한다.

따라서 문법을 통제하는 전운동피질영역과 운동 행동을 준비하는 두뇌영역이 같은 부위라는 사실은 놀랄 만한 일이 아니다. 문법은 유인원과 원숭이에서 계층구조를 조직하는 두뇌영역인 전운동피질에 의존하는 것으로 보인다. 비록 원숭이는 이 기제를 언어에는 활용할 수 없지만, 의도적인 행동을 조직하는 데에는 늘 이용한다. 우리의 행동을 조절하는 전운동피질은 영장류의 뇌에, 언어 진화의 또 하나의 전제조건인 '행동의 문법'을 제공한다.

결론

진화의 관점에서 봤을 때, 인간의 언어는 갑자기 나타난 것으로 보인다. 하지만 거울뉴런의 발견으로 이러한 관점에 변화가 생겼다. 원숭이는 자발적으로 언어를 사용할 수 없고, 인간과 접촉해서도 문법을 학습할 수 없다. 하지만 그들은 그렇게 하는 데 필요한 대부분을 가지고 있다.

거울뉴런은 원숭이가 다른 원숭이들과 소통하고 기술을 공유할 수 있으며, 음소를 자신의 음성운동으로 매핑함으로써 해석할 수 있다는 것을 스스로 깨달을 여지를 준다. 거울뉴런에서 관찰되는 이러한 유형의 감각운동 연합은 원숭이에게 소리와 의미를 연합할 가능성을 주며, 전운동피질의 계층적 순서 형성 능력은 원숭이의 두뇌에 문법기술을 예비한다.

거울뉴런은 언어가 아니다. 원숭이에서 셰익스피어에 이르기까지, 설명해야 할 많은 것이 남아 있다. 하지만 거울뉴런의 발견으로 언어 진화라는 겉보기에 거대하고 설명 불가능한 도약이 상당히 이해 가능하게 되었다.

6

정서 공유

우리 삶에서, 우리가 느끼지 않는 순간은 사실상 없다46. 우리가 하는 대부분의 일은 보상의 즐거움을 추구하고 처벌의 불쾌함을 회피하기 위해서다. 우리 대부분이 매일 8시간 이상 일하고 공부하는 것은 직업적 인정과 특권이라는 사회적 보상을 얻고, 삶을 더 즐겁게 만드는 재화와 서비스를 획득하게 해줄 금전적 보상을 얻기 위해서다.

하지만 느낌은 우리의 개인적인 경험과 관찰보다 훨씬 더 나아간다. 제임스 본드가 타란툴라 거미 때문에 잠에서 깨는 장면을 볼 때, 우리의 이해는 그의 신체 동작에 국한되지 않고 그의 느낌까지도 공유한다. 우리는 그가 두려워하면 땀을 흘리고 그가 승리하면 기뻐한다. 주변 사람의 느낌은 전염된다. 슬픔으로 가득 찬 방 안에 있으면 우리의 기분도 처지고, 명랑한 사람들과 함께 있으면 우리의 기분도 고조된다. 기분의 고저를 공유하는 것은 우리가 집단의 일부로서 서로 연결되어 있다는 느낌을 준다.

우리의 마음을 성찰해보면, 이러한 정서전염은 우리의 합리적 사고 범위 밖에서 일어나는 것으로 보인다. 아내가 슬퍼하는 모습을 보게 되면, 그녀에게 생긴 안 좋은 일이 나에게도 직접적으로 영향을 미칠 가능성이 충분하므로, 정서전염은 합리적이다. 하지만 회의실에 들어갔는데 낯선 사람이 우는 모습을 보게 될 경우, 그 사람에게 생긴 나쁜 소식이 나에게 직접적인 영향을 미칠 가능성은 아주 낮음에도 내 기분은 영향을 받는다. 이처럼 타인의 정서를 공유하는 것은 인간본성에 깊이 뿌리박혀 있다.

정서 소통의 모델

많은 사회인지 모델은 정서 문제를 직접적으로 다루지 않는다. 마음을 모든 종류의 정보를 다룰 수 있는 강력한 컴퓨터로 간주하는 한, 타인의 정서를 추론하는 것은 그저 규칙에 근거한 연역적 사고의 또 다른 형태로 비칠 수 있다. 예를 들어, 당신의 입꼬리가 아래로 처졌다면 당신은 기분이 나쁘거나 슬픈 것이고, 또한 당신이 느리게 움직인다면 아마도 슬프기 때문일 것이다. 이러한 규칙은 일반적인 세상의 규칙과 직접적으로 비교된다. 만일 자동차 키를 돌렸는데 작동하지 않으면, 배터리가 나갔거나 기어박스가 N이나 P에 놓여 있지 않아서일 것이고, 차키를 돌렸는데 계기판에 전혀 불이 들어오지 않는다면 아마도 배터리가 나갔기 때문일 것이다. 이와 같은 예처럼, 우리가 타인의 정서를 이해하고 말하는 방법을 지적으로 설명하는 것은 상대적으로 쉽다. 하지만 주변 사람들의 기분이 왜 우리의 기분에 직접적으로 영향을 미치는지를 이해하는 것은 여전히 어려운 문제다.

정서전염과 안면모방

영향력 있는 심리학계의 이론은 다른 사람의 정서를 처리하는 데 최소한 두 개의 특수한 기제가 관여함을 인정했다. 한 가지 기제는 직접 안면모방direct facial mimicry으로, 관찰자의 얼굴표정은 피관찰자의 얼굴표정을 종종 모방한다는 관찰로부터 추론한 것이다. 예를 들어, 만일 어떤 사람이 고통으로 얼굴을 찡그리는 것을 보면, 우리의 얼굴은 마치 우리가 고통을 느끼는 것처럼 일그러진다. 그러고 나서 (모방한) 우리 자신의 얼굴표정 형상을 감지함으로써 그 사람의 정서상태를 추론한다. 타인의 표정을 관찰할 때 우리의 얼굴근육이 수십만 분의 1초 내에도 영향을 받을 수 있다는 많은 과학적 증거가 있다47. 실험 결과, 동일한 원리가 신체에도 적용되었다.

두 번째 기제는 직접 정서전염direct emotional contagion으로, 우리가 슬픈 사람 옆에 있을 때는 슬픔을 느끼고, 행복한 사람 옆에 있을 때는 행복을 느낀다는 관찰에서 비롯했다. 심지어 어린 아기들도 다른 아기가 괴로워하는 것을 보면, 마치 다른 아이의 정서에 감염된 것처럼 종종 소리내어 울기 시작한다.

안면모방과 정서전염은 피드백과 표현 과정을 통해서 강하게 상호작용한다고 생각된다. 표현과정은 매우 직관적이다. 만일 내가 당신이 기뻐하는 것을 목격하고 행복해지면, 나의 행복은 나를 미소 짓게 만들 것이다. 이 과정에서, 나의 얼굴표정은 나의 느낌을 매개로 간접적으로 당신의 얼굴표정과 닮게 된다.

피드백은 덜 직관적이지만 얼굴표정과 몸짓을 정서상태와 다시 연결시키는 흥미로운 과정이다. 피드백 개념은 19세기의 미국 철학자이자 심리학자인 윌리엄 제임스William James로 거슬러 올라간다. 윌리엄 제임스는 정서가 드러날 때의 심신관계에 흥미를 가졌다. 그는 다음과 같이 쓰고 있다.

"이러한 일반적인 정서에 관한 우리의 자연스런 사고방식은 어떤 사실에 대한 정신적 지각이 정서라고 불리는 정신작용을 자극하고, 이 후자의 정신상태가 신체적 표현을 일으킨다는 것이다. 나의 의견은 이와는 반대다. 자극을 일으키는 사실에 대한 지각 바로 다음에 신체 변화가 뒤따르고, 그 변화가 발생할 때 동일한 변화에 대한 우리의 느낌이 바로 정서다. 상식에 따르면, 우리는 재산을 잃으면 슬퍼서 눈물을 흘리고, 곰을 만나면 놀라서 도망을 치며, 경쟁자에게 모욕을 당하면 화가 나서 때린다. 나의 가설에 따르면, 이러한 순서는 올바르지 않다. 하나의 정신상태는 다른 정신상태에 의해 직접 유발되지 않으며, 신체적 발현이 먼저 둘 사이에 끼어들어야 한다. 더 합리적인 진술은 우리가 눈물을 흘리기 때문에 슬픔을 느끼고, 때리기 때문에 화가 나며, 떨리기 때문에 두려워한다는 것이다. 우리가 슬프고, 화가 나고, 두렵기 때문에 울고, 때리고, 떤다는 것은 경우에 따라서는 사실이 아니다. 지각에 신체상태가 뒤따르지 않으면, 지각은 형식상 순전히 인지적이고, 활기 없고, 재미없으며, 정서적 따뜻함도 결핍되어 있을 것이다. 그럴 경우 우리는 곰을 보면 도망가는 것이 상책이라고 생각하고, 모욕을 당하면 때리는 것이 옳다고 느끼지만, 실제로 두려움이나 분노는 느끼지 못할 것이다."[48]

제임스의 독창적인 주장은 우리의 직관과는 반대로 보인다. 하지만 상당수의 실험은 얼굴표정을 포함한 우리의 신체상태가 우리의 기분에 영향을 미칠 수 있음을 보여준다. 대표적인 실험에서 참가자는 다양한 얼굴근육의 활동을 측정하는 기계와 연결된다. 그런 다음 참가자에게 눈썹을 내리고 턱을 악물거나, 입꼬리를 올려보라고 지시한다. 그 결과, 참가자는 정서에 대한 명시적 언급 없이도 마치 찡그리거나 미소 짓는 듯한 얼굴을 만들게 된다. 그런 후 참가자들에게 기분이 어떤지 물으면, 입꼬리를 올린 경우에는 더 행복감을 느꼈고, 눈썹을 내리고 턱을 악문 경우에는 더 화가 났다고 보고한다. 이러한 결과는 얼굴표정이 기분에 영향을 미친다는 것을 보여준다. 의식적인 사고의 개입 없이도 관찰자의 기분, 몸짓, 얼굴표정을 발신자의 그것들에 수렴시키는 역동적인 체계가 만들어지는 것이다. 관찰자는 발신자의 얼굴표정을 모방함으로써 그 자신이 발신자가 되어 개인 간의 긍정적인 피드백 고리를 만든다. 이 고리는 정서가 어떻게 집단 안에서 상승 또는 하강하는지를 설명해준다. 만일 내가 당신의 미소를 보고 따라서 미소를 짓는다면, 나의 미소는 당신에게 더 큰 미소를 유발할 것이고 당신을 더 행복하게 만들어, 우리는 결국 웃음을 터트리게 될 것이다.

관찰자는 이러한 전의식적 기제의 결과를 더 의식적인 다양한 기제로 보완할 수 있다. 예를 들면, 관찰자는 자기 자신의 신체 느낌을 성찰하고 "이것은 어떻게 나의 기분에 영향을 미치는가?"라고 스스로에게 의식적이고 신중하게 물어볼 수 있다. 자신의 신체와 얼굴표정이 피관찰자를 모방한 것이고 자신의 기분이 피관찰자에게 전염된 것임을 고려한다면, 스스로에게 이러한 성찰적 질문을 하는 것은 타인이 어떻게 느끼는지에 대한 정보의 원천이 된다. 의식적인 공감 정서적 심상화conscious empathic emotional imagery를 통해서 보완이 더 추가될 수 있다. 친구가 방사선치료를 받고 있다는 이메일을 읽는 것은 직접적으로 정서전염을 일으키지는 않지만, 식중독으로 구역질과 구토를 했던 경험을 떠올림으로써 그것이 어떤 느낌일지 상상할 수 있다. 어떤 심리학자가 로저스C. R. Rogers의 책을 읽고 내담자의 신체적인 자세를 의도적으로 모방하려 시도할 수도 있다. 이와 같은 자발적인 모방은 그 심리학자의 신체적인 자세와 감정 모두에 영향을 미칠 것이다49.

의식적 사고는 또한 안면모방과 정서전염을 조절할 수 있다. 자신이 다른 개인과 경쟁하고 있다는 것을 알면 정서전염과 안면모방 모두 줄어든다는 것이 밝혀졌다. 참가자에게 얼굴표정을 과장하거나 억압하게 한 실험도 그 결과로 정서적 경험이 증가하거나 억제되는 것으로 나타났다.

이와 같은 다양한 기제를 통해서, 개인들의 기분이 서로 수렴한다고 생각된다. 그러나 다른 사람의 정서를 목격할 때 실제로 어떤 과정이 우리 두뇌 속에서 일어날까? 거울뉴런 체계는 우리가 관찰하는 행동을 유사한 행동의 운동표상으로 변환한다. 얼굴표정이나 정서적 느낌과 관련된 부위에 존재하는 비슷한 뉴런으로 안면모방과 정서 전염을 설명할 수 있을까?

역겨움 공유하기

때는 2002년 7월 17일, 장소는 마르세유. 장 피에르 로옛Jean-Pierre Royet의 르노 에스파스 자동차에서 바나나 껍질과 썩은 달걀의 중간 쯤 되는 이상한 냄새가 난다. 내 친구 브루노 위커와 나는 그를 도와 플라스틱 병이 가득 든 상자를 fMRI 스캐너가 있는 병원 옆 작은 건 물로 옮기고 있다. fMRI 기술자가 우리에게 프랑스어로 묻는다. "뭔 데 냄새가 이렇게 지독해요?"

로옛이 나를 보며 씩 웃는다. 1년 전쯤, 브루노와 나는 이곳에서 지중해가 내려다보이는 벽에 기대어 앉아, 정서거울뉴런을 검증할 수 있는 실험설계를 고심하고 있었다. 우리는 세인트앤드루스에서 함께 박사학위를 받았지만, 나는 원숭이 관련 실험을 하기 위해 파르 마로 갔고, 브루노는 인간 참가자를 대상으로 fMRI 실험에 전력하기 위해 마르세유로 갔다. 그의 가장 큰 관심사는 정서였다. 마침 나도 정서에 대해 관심을 갖게 되었고 파르마에는 fMRI가 없었기에, 마르 세유에 있는 브루노를 방문하기로 했다.

그날 화창한 오후에 나는 브루노에게 말했다. "우리에게 필요한 것은 실험참가자를 스캐너에 넣은 상태에서, 정서 경험과 관련된 두 뇌영역을 측정하기 위해 정서를 유발하고, 또한 동일한 참가자에게 타인의 정서를 보여주고 그럴 경우에도 정서 경험과 관련된 회로가 활성화되는지를 알아볼 수 있는 실험이야."

"전적으로 동의해"라고 브루노가 대답했다. 그도 똑같은 생각을 하고 있었던 것이다. "그러나 두 가지 문제가 있어. 첫째는 두뇌 활동 패턴이 전혀 다른 최소 두 가지 정서를 찾는 거야. 두 번째는 스캐너 속에서 이러한 정서를 촉발하는 방법을 찾는 거지."

그가 옳았다. fMRI를 이용하여 특정한 미러링이 존재하는지 검사하려면, 구분 가능한 두뇌 활동을 일으키는 최소한 두 개의 정서가 필요했다. 청각거울뉴런을 검증할 때, 우리는 손동작의 소리가 손동작의 실행에 관련된 영역을 활성화시켰고, 입동작의 소리가 입동작의 실행에 관련된 영역을 활성화시켰기 때문에 그것이 선택적임을 입증할 수 있었다.

불행하게도, 스캐너 환경에서 대부분의 정서를 일으키는 것은 매우 어렵다. 행복, 두려움, 슬픔 같은 정서를 스캐너 속에서 반복적으로 불러일으킬 수 있는 어떠한 방법도 고안해낼 수 없었다. 몇 가지를 고심한 끝에, 우리는 역겨움이 실험에 이용할 수 있는 가장 좋은 정서라는 데 동의했다. "내가 로엣이라는 후각 관련 전문가를 알고 있어. 아마 그에게는 스캐너에서 통제된 방식으로 냄새를 제시할 수 있는 장치가 있을 거야. 역겨움을 일으키는 불쾌한 냄새를 제시하고, 기분 좋은 냄새와 비교할 수 있을 거야."

그래서 앞의 연구실 기술자의 질문에 답하자면, 그 고약한 냄새가 나는 것이 바로 스캐너에서 정서를 촉발하는 열쇠였다. 조그마한 플라스틱 병들에는 우리가 냄새로 지각하는 다양한 물질에 담겼던 면

봉이 들어 있다. 어떤 면봉은 딸기나 민트처럼 기분 좋은 냄새가 나고, 다른 면봉은 부티르산butyric acid이나 푸르푸랄 메르캅탄furfural mercaptan 같은 물질을 묻혀 부패한 버터와 썩은 달걀 냄새가 계속 나 불쾌감을 자아낸다.

발레리아가 우리의 첫 실험대상이다. 로옛은 마취용 마스크를 그녀의 입에 씌우고, fMRI 기술자는 그녀를 스캐너 속으로 넣는다. 먼저, 발레리아는 배우들이 컵 내용물의 냄새를 맡고 있는 일련의 영상을 본다. 어떤 장면에서는 배우가 특별한 반응을 보이지 않는다. 이것은 중립자극을 위한 영상이다. 다른 장면에서는 배우가 역겨운 표정을 지으며 코를 찡그리고 컵에서 재빨리 멀어진다. 마지막 장면에서는 배우가 눈썹을 치켜뜨며 훌륭한 와인 향을 음미하듯 아주 흡족한 미소를 짓는다. 그런 다음, 발레리아는 왜 자신이 마취용 마스크를 써야 했는지 알게 된다. 로옛이 마취용 마스크와 연결된 고무관 속으로 병에 든 다양한 내용물의 냄새를 보낸다. 그러면 썩은 달걀과 부패한 버터 같은 불쾌한 냄새 혹은 딸기와 민트 같은 비교적 기분 좋은 냄새를 맡게 된다. 이런 냄새들로 인해 발레리아는 영상 속 배우들이 경험했던 것과 같은 정서적 롤러코스터를 경험하게 된다.

이 실험에서, 기분 좋은 냄새를 직접 맡거나 그로 인해 기분 좋아진 배우를 보여주는 영상을 볼 때의 반응은 불쾌한 냄새를 맡거나 그로 인해 불쾌한 표정을 짓는 배우들의 영상을 볼 때만큼 강력하지 않았다. 컵의 내용물에 반응하는 긍정적인 정서가 똑같은 상황에서 부정적인 정서만큼 강할 수는 없기 때문에 그러한 결과는 어쩌면 당연했다. 강한 긍정적 후각 경험은 실제로 있다. 예를 들어, 사랑에 빠진 지 얼마 되지 않은 경우 사랑하는 사람의 향수냄새는 우리를 황홀하게 만들 수 있다. 하지만 그러한 경우에 우리가 느끼는 강한 긍정적 정서는 그 냄새로 인해 직접적으로 유발되는 것이 아니라, 우리가 그 냄새와 연합시키는 정서적 경험 때문이다. 냄새 그 자체는 강한 역겨움을 촉발할 힘을 가지고 있지만, 적당한 쾌감만 불러일으킬 수도 있다. 따라서 우리의 주된 초점은 후각과 시각 조건 모두에서 강하게 역겨운 것을 경험하고 관찰할 때 반응하는 뇌영역을 발견하고, 이 영역이 통제조건인 긍정적 정서에 대해서는 덜 활성화된다는 것을 보여주는 데 있다.

일련의 유쾌한 냄새와 불쾌한 냄새를 맡은 후 실험은 종료된다. "어떤 냄새는 정말 지독했어요!"라고 발레리아가 말한다. "어떤 때는 정말 구역질할 뻔했어요." 그녀의 후각기능이 아주 잘 작동했다는 증거다.

10여 명의 참가자들과 이 작업을 수행하고 난 뒤, 우리는 자료를 살펴보았다. 후각 실험을 하는 동안, 오직 불쾌한 냄새를 맡을 경우에만 뇌 양쪽의 전섬엽anterior insula이라 불리는 영역이 강하게 활성화되었다. 섬엽은 코와 혀에서 입력을 받는 두뇌 부위로, 음식의 맛과 냄새를 처리한다. 원숭이의 섬엽은 어떤 나쁜 맛과 냄새에 의해 활성화되는 뉴런들을 갖고 있으며, 또한 내부기관들로부터 입력을 받는다. 따라서 섬엽이 나쁜 냄새 그리고 그에 따른 신체감각에 의해 활성화되는 것은 이치에 맞는다. 특히 이런 신체적 감각은 섬엽을 덜 활성화시키는 기분 좋은 냄새에 대해서는 훨씬 적을 것이다. 이러한 사실은 우리가 실험을 통해 발견한 결과와 일치했다.

외과의들은 섬엽이 활성화될 때 사람들이 무엇을 느끼는지 연구했다. 신경외과의인 와일더 펜필드Wilder Penfield가 간질환자의 섬엽을 전기자극하자, 환자들은 목 안에 불쾌한 감각을 느낀다고 보고했고, 일부는 실제로 구역질을 했다50. 그는 또한 환자의 위 속에 압력에 민감한 풍선을 넣어 섬엽의 전기자극이 위의 움직임도 유발한다는 것을 밝혔다. 따라서 섬엽의 활성화는 구역질이라는 우리의 신체감각, 내장감각과 관련된 것으로 보인다. 우리가 실험에서 측정할 수 있었던 섬엽의 활성화는 발레리아가 불쾌한 냄새를 맡을 때 느꼈던 강한 신체적 역겨움과 신경적 상관관계에 있었다.

그렇다면 참가자들이 다른 사람의 정서를 볼 때는 무슨 일이 일어났을까? 얼굴표정 영상을 보는 동안, 유사한 얼굴표정을 만드는 것과 관련된 거울체계의 시각 및 전운동 영역이 마치 참가자들이 관찰한 얼굴표정을 두뇌 속에서 자동적으로 모방하는 듯 활성화되었다. 만일 정서에 거울체계가 존재한다면, 역겨운 냄새의 경험과 분명한 관계가 있는 전섬엽 역시 활성화될 것이며, 이는 참가자들이 역겨움을 느끼도록 만들 것이다. 우리의 자료분석은 바로 이러한 일이 일어났다는 것을 보여주었다51.

우리는 기뻤다. 운동체계에서 거울뉴런을 발견한 지 10여 년 만에, 유사한 체계가 행동영역 밖에도 존재한다는 첫 증거를 발견한 것이다. 이 실험을 통해 우리는 심리학자들이 안면모방이라고 부르는 것이 동일한 얼굴표정을 짓도록 만드는 전운동피질의 대리활성화 때문이며, 그들이 정서전염이라고 부르는 것이 같은 정서를 느끼도록 만드는 섬엽의 대리활성화 때문임을 밝혀냈다.

거울뉴런에서 공유회로로

거울뉴런이라는 용어는 행동의 맥락에서, 즉 두뇌가 거울뉴런을 통해서 다른 사람의 행동을 내적으로 시뮬레이션하고 그 행동에 대한 거울상을 생성하기 때문에 생긴 말이다. 이제 우리는 정서에 관해서 이와 유사한 체계를 발견했다. 그래서 우리는 이 체계를 부를 새로운 용어가 필요했다. 거울뉴런은 지나치게 운동체계와 결부되었다. 전운동피질이 두 과정 즉 행동을 실행하는 것과 타인이 유사한 행동을 하는 것을 보거나 듣는 것을 공유하듯이, 섬엽도 두 가지 정서적 과정 즉 역겨움이라는 강력한 신체적 느낌을 경험하는 것과 타인이 역겨워하는 것을 보는 것을 공유하는 것처럼 보였다. 전운동피질과 섬엽은 타인의 행동과 정서를 대리공유하게 해주는 신경회로와 관련이 있다. 우리는 행동과 관련해서는 거울뉴런을 포함하고, 역겨움과 관련해서는 섬엽을 포함하는, 이러한 신경과정의 전체 집합을 가리키는 용어로 '공유회로shared circuits'라는 용어를 만들었다[52,53].

타인의 정서 인식하기

우리의 실험에서, 참가자들이 타인이 역겨워하는 얼굴표정을 볼 때 섬엽이 활성화된다는 것이 입증되었다. 이 결과는 이 영역이 타인의 얼굴표정을 지각하는 것과 관련이 있으며, 우리가 관찰한 정서를 우리 자신의 정서표현으로 변환한다는 것을 시사한다. 이러한 시뮬레이션이 우리가 타인의 정서를 이해할 수 있는 이유일까?

fMRI만을 이용해서는 이 질문에 답할 수 없는데, fMRI로는 원인과 결과를 구분할 수 없기 때문이다. 예를 들어, 당신이 브레이크를 밟을 때마다 브레이크 등에 불이 들어오고 그런 다음 자동차의 속도가 줄어든다. 우리 실험에서도 동일한 종류의 일이 섬엽에서 일어났다. 참가자가 역겨워하는 얼굴표정을 봤을 때 섬엽이 활성화되었고, 그런 다음 섬엽은 영상 속의 사람이 역겨워한다고 인식했다. 그러한 관찰로부터 자동차의 브레이크 등이 차를 감속시키는 것이라고 결론내릴 수 있을까? 역겨워하는 얼굴표정을 본 뒤 일어나는 섬엽의 활성화가 그 사람이 역겨워한다 것을 당신이 이해할 수 있도록 만든다고 결론내릴 수 있을까? 자동차의 예에서는, 브레이크 등과 감속의 인과관계를 검증할 수 있는 비교적 간단한 실험방법이 있다. 망치로 브레이크 등을 내리친 후, 차가 여전히 감속하는지를 보는 것이다. 만일 그렇다면, 브레이크 등은 자동차의 감속에 필요조건이 아니다. 만약 감속하지 않는다면, 브레이크 등은 필요조건이다.

인간의 경우에, 위와 유사한 사고방식을 따라할 수 있는 방법은 외상이나 질병 즉 연구 부위의 뇌졸중으로 인해 두뇌 손상을 경험한 환자들을 조사하는 것이다. 그와 같은 환자를 검사함으로써 과학자는 특정한 뇌영역의 손상이 특정한 뇌기능에 간섭하는지 여부를 살펴볼 수 있다.

2000년 영국 케임브리지 대학의 앤디 칼더Andy Calder와 그의 동료들은, 뇌졸중으로 인해 왼쪽 섬엽에 손상을 입은 NK로 알려진 25세

청년을 조사한 결과를 보고했다54. 앤디는 먼저 NK에게 낯선 사람들을 서로 다른 각도에서 찍은 사진들을 보여주고 동일한 사람의 사진을 고르도록 했다. NK는 이 시험을 정상적으로 수행했다. 그는 유명인들의 사진도 알아봤다. 그의 얼굴 지각능력은 멀쩡했다.

그 다음 앤디는 정서적 얼굴표정을 시험했다. 그는 NK에게 행복, 놀람, 두려움, 화, 슬픔 그리고 역겨움을 나타내는 얼굴사진을 보여주었다. NK는 6개의 기본 정서단어 중에서 사진 속 얼굴에 가장 적합한 단어를 하나 골라야 했다. 행복한 얼굴사진을 봤을 때, NK는 재빠르게 '행복'이라는 단어를 골랐다. 놀란 얼굴을 봤을 때는 '놀람'을 골랐다. 두려운 얼굴, 화난 얼굴, 슬픈 얼굴에도 그는 정상적으로 반응했다. 그러나 역겨워하는 얼굴사진을 보여줬을 때, NK는 혼란스러워했고 머뭇거렸다. 역겨워하는 얼굴사진의 절반 정도에서 그는 역겨움보다는 화를 선택했다. 앤디는 60명의 건강한 사람들에게도 동일한 실험을 했는데, 그들은 사례 중 80% 이상을 역겨움으로 인식했다. NK는 사람의 얼굴표정을 보고 그 사람이 역겨워한다는 것을 이해하는 데 선택적인 장애가 있었다.

따라서 섬엽은 타인이 역겨워하는지를 인식하는 데 필요조건인 것으로 보인다. 반면에 브레이크 등은 자동차 감속에 필요조건이 아니다. 손상이 역겨움에 국한되어 있다는 점에 주목하라. 이 사실은 fMRI 연구 결과와 일치한다. 즐거워하는 표정을 보는 것은 역겨워하는 표정만큼 섬엽을 활성화하지 않기 때문이다. 역겨움을 제외한 다른 정서들을 인식하기 위해서는 아마도 다른 두뇌영역이 필요할 것이다.

정서적 소리 인식하기

음향과 목소리 억양 같은 다른 양상들에 대한 실험도 동일한 결과를 보여주었다. 이는 섬엽이, 역겨워하는 얼굴표정을 보는 것을 역겨움에 대한 관찰자 자신의 경험으로 변환할 뿐 아니라, 역겨워하는 소리도 비슷한 경험으로 변환한다는 것을 의미한다. 이는 운동거울뉴런이 행동의 소리를 듣는 것과 행동을 보는 것 둘 다에 반응하는 것과 마찬가지다.

타인이 역겨워하는 것을 보고 듣는 데 동일한 뇌 부위가 필요하다는 사실은 중요하다. 공유회로는 일반적으로 타인의 행동과 정서의 증거에 민감한 것 같다. 그 증거가 시각적이냐 청각적이냐는 상관없다. 우리 모두는 전화통화 때 상대의 흐느끼는 소리나 목소리의 톤이 마치 그가 우리 앞에 있는 듯 강력하고 생생하게 그의 감정을 공유하게 해주는 것을 경험했다.

공유회로가 다중모드multimodal라는 사실이 이러한 현상을 이해하는 데 도움이 된다. 두뇌에서 서로 다른 감각 증거는 사회인지의 단일 토큰token으로, 즉 유사한 행동과 감정에 대한 우리 자신의 경험으로 변형된다. 전화통화와 직접 만남의 차이는 질적 차이가 아닌 양적 차이다. 신체적으로 직접 만날 때 시각, 청각, 촉각 증거가 한데 모여서 대면 상황에서 더 강한 정서적 공유를 형성하지만, 전화통화에서도 상대적으로 약하긴 하지만 동일한 기제를 통해 유사한 공유를 촉발할 수 있기 때문이다.

타인과 공감하려면 정서를 느껴야 한다

역겨움에 대한 공유회로가 존재할 것이라는 우리 가설의 핵심은 뇌의 섬엽 부위가 타인이 역겨워하는 것을 인지하는 데 관여한다는 사실뿐 아니라, 자신이 역겨워하는 것을 경험하는 데에도 섬엽이 필요하다는 개념이다. 이 이론을 근거로, 섬엽이 손상된 NK는 스스로 역겨움을 경험하는 기능도 손상되어 있으리라 우리는 예상한다.

마지막 실험으로, 앤디는 NK에게 정서경험의 강도를 측정하는 몇 가지 척도를 제시했다. 두려워하거나 화나는 경험에 대해 질문했을 때, 그의 답은 그가 그것들을 정상적으로 경험함을 나타냈다. 그 다음 NK에게 몇 가지 상황을 제시한 후 얼마나 역겨운지를 물었다. 예를 들어, 공중화장실에 갔는데 앞서 화장실을 이용한 사람이 설사를 해서 변기좌석과 벽 전체에 변이 튀어 있고 냄새도 심할 경우, 얼마나 역겨움을 느끼는지 물어보는 것이다. 이에 대해 NK는 전혀 역겨움을 느끼지 않는다고 대답했다. 그의 역겨움에 대한 감각은 확실히 감소되어 있었다.

이러한 발견에 흥미를 느낀 앤디는 NK가 정말로 역겨움이 뭔지를 알고 있는지 의아해졌다. 그래서 NK에게 다른 사람들이 읽었을 때 역겨움을 느낄 만한 시나리오를 작성해보도록 시켰다. NK는 어려움 없이 상당히 그럴듯한 시나리오를 만들었다. 이는 그가 개념적인 차원에서는 역겨움이 무엇인지 알지만, 자신이 역겨움을 경험하고 인식하는 능력은 손상되었음을 보여준다. 지적인 이해만으로는 우리의 사회적 세계를 이해하는 데 한계가 있다. 우리의 직관이 필수적이다.

약 6400킬로미터 떨어진 아이오와 대학의 랠프 애돌프스Ralph Adolphs와 그의 동료들은 놀랄 만큼 비슷한 환자를 보고했다55. 'B씨'라고 불리는 이 환자는 단순포진바이러스로 인한 뇌염을 앓은 적이 있었다. 그의 손상은 NK보다 더 광범위하여, 섬엽 부위를 포함한 두뇌의 많은 영역이 손상되어 있었다. 그 결과, 그는 심각한 기억상실 증세를 보였고, 새로운 기억을 만드는 것이 불가능했다. B씨를 만날 때마다 랠프는 자신이 누구인지 상기시켜야 했다.

랠프는 역겨움을 경험하고 관찰하는 능력과 관련해서 B씨를 광범위하게 검사했다. 결과는 NK에 대한 앤디의 연구와 같았다. 역겨움을 인식하거나 의식적으로 경험하는 B씨의 능력은 상당히 줄어들어 있었다. 랠프는 더 나아가 B씨의 역겨움에 대한 미각 경험의 특성을 살펴보았다56. 그는 B씨에게 소금물과 설탕물을 주고 둘 다 마시게 했다. 설탕물을 먹었을 때, B씨의 기분은 좋아 보였고 맛있다고 말했다. 그 다음 소금물을 마셨고, 그는 웃으며 맛있다고 말했다. B씨가 보인 불쾌한 미각에 대한 의식적인 평가의 결여는, 섬엽이 역겨운 맛과 냄새의 처리과정에 매우 중요하다는 생각과 일치한다.

랠프는 그 다음 실험으로, 음료수에 식용색소를 넣었다. 소금물에는 붉은 색소를, 설탕물에는 녹색 색소를 넣었다. B씨에게 두 가지 용액을 모두 맛본 다음, 어떤 음료수를 더 마실지 결정하도록 했다. 두 음료수를 마신 후 B씨는 모두 기분 좋은 표정을 지었지만, 선택을 할 때는 매번 설탕물인 녹색 음료수를 골랐다. 랠프가 붉은색(소금) 용액을 다시 맛보기를 원하는지 물어보면 B씨는 강력하게 거절했다. 랠프는 B씨에게 두 용액의 맛을 설명해달라고 했다. B씨는 두 음료

수 모두 '탄산음료' 같은 맛이 났다고 말했다. 이는 B씨가 두 음료수의 차이를 의식적으로 전혀 알아차리지 못함을 보여준다.

NK와 B씨가 받았던 실험들은 섬엽이 우리 자신의 역겨운 감각에서 어떤 역할을 하는지 이해할 수 있게 해준다. 섬엽의 도움 없이도, B씨의 두뇌는 소금용액 대신 설탕용액을 선택하도록 함으로써, 그에게 유익한 것과 그렇지 않은 것이 무엇인지 알았다. B씨의 두뇌가 더 이상 하지 못했던 것은 그가 소금용액을 마셨을 때 역겨움에 대한 '의식적 감각상태conscious feeling state'를 주는 일이었다. 의식적 감각상태란 자신이 어떤 것을 느낀다고 의식하는 상태를 말한다. 뇌에서 해로운 것을 처리하는 것과 의식적으로 구역질과 역겨움을 느끼는 것은 다른 종류의 일이다. 섬엽은 후자를 만드는 데에는 필수적이지만 전자에 대해서는 그렇지 않다. B씨가 보여주듯이, 섬엽이 없어도 더 좋은 것, 소금용액보다 설탕용액을 선택하는 능력은 남아 있다. 자신이 왜 그런 선택을 했는지 의식적으로 알지는 못하더라도 말이다.

본 것과 느낀 것 연결하기

형사는 용의자의 유죄 여부를 판단하기 위해 이따금 용의자의 통화내역을 검토한다. 용의자가 연락했던 사람들을 살펴보면 그가 범죄에서 어떤 역할을 했는지에 대한 통찰을 얻을 수 있다. 신경과학자들도 종종 이와 비슷한 일을 한다. 어떤 부위의 연결을 알면, 그 영역이 어떤 특정 기능을 수행할 올바른 유형의 정보를 받는지 그리고 필요한 행동을 취할 올바른 두뇌영역에 정보를 보낼 수 있는지를 살펴볼 수 있다.

미국 하버드 대학교의 두 해부학자 마셀 메설럼Marsel Mesulam과 엘리엇 머프슨Elliott Mufson은 섬엽의 연결을 조사하기 위해 그 출입 연결통로를 표시해줄 염료를 주입했다57. 우리의 fMRI 실험에서 역겨움을 관찰하고 경험할 때 활성화되었던 전섬엽 부위는, 모든 신체감각으로부터 들어오는 정보를 처리하는 두뇌영역에서 입력을 받을 뿐 아니라 심장, 내장, 위를 포함한 신체기관들의 내적 상태를 감지하는 신경으로부터도 입력을 받는다. 그러한 정보는 다시 동일한 내장기관들과 시상하부에게 우리의 신체상태를 변화시키라는 운동명령으로 되돌려 보내진다. 예를 들어, 해로운 것을 먹었다면 구역질을 하게 만들고 혹은 위험에 대비하도록 스트레스호르몬의 방출을 촉진한다.

위에서 언급한 연결 형태는 섬엽의 기능에 대해 두 가지 중요한 함의를 갖는다. 첫째, 우리 신체의 내적 상태를 감지할 수 있는 섬엽은 '내장감각gut feelings'을 읽을 수 있다. 그러한 내장감각은 구역질처럼 음식과 관련된 신체상태에 매우 중요하다. NK와 B씨는 자신의 내적 상태를 감지하는 능력이 없기에, 역겨움을 느끼지 못하는 것으로 보인다. 그들의 두뇌는 여전히 어떤 맛이 몸에 좋거나 나쁜지 무의식적으로 처리할 수 있지만, 역겨움을 판단하는 데 매우 중요한 '배가 아프다'라는 느낌은 잃어버렸다.

둘째, 섬엽에서 시각과 청각 입력을 수렴시킴으로써 타인의 역겨움에 대한 신호를 우리 몸 자체의 역겨움을 읽는 신경과 연결시킬 수 있다. 이러한 수렴이 우리의 fMRI 실험에서 역겨움의 경험과 관찰시 일어난 섬엽 활성화의 핵심일지 모른다. 이러한 수렴이 없기 때문에 B씨와 NK는 타인의 역겨운 느낌을 자신의 구역질 느낌과 연결시킬 수 없었다. 그러한 느낌이 없다면, 역겨움은 진정한 역겨움이 아니다.

신체는 마음의 핵심 부분이다

우리는 종종 마음을 몸과 분리된 것으로 생각한다. 컴퓨터 시대의 SF 작가들은 마음이 컴퓨터에 저장되어 영원히 사는 것을 꿈꾼다. 어릴 때 나는 그러한 생각에 매료되었다. 감기에 걸리거나 치통을 앓을 때마다, 나는 우리가 이런 불완전한 신체로 인한 통증과 고통에서 해방된다면 삶이 얼마나 멋질지 궁금해했다.

하지만 의식적이고 논리적인 마음보다 훨씬 더 많은 것이 우리에게는 존재한다. B씨와 NK는 신체감각이 박탈된 삶이 얼마나 불완전한지를 잘 보여준다. 마음과 육체의 연결을 잃으면, 우리는 윌리엄 제임스가 보여주었듯이 어떤 정서를 느끼는 능력 또한 잃게 된다. 배우자의 포옹이 주는 따뜻함이 없는 삶이 얼마나 비참할지, 우리 몸의 손상이 그렇게 엄청나게 고통스럽지 않다면 우리의 삶이 얼마나 짧을지, 그리고 소중한 사람과 멀리 떨어져 있는 동안 느끼는 신체적 고통이 없다면 사랑이 어떤 의미가 있을지 상상해보라.

논리적 사고가 때로 정서에 의해서 흐려질 수도 있지만, 우리의 사고가 성공으로 이어질 때 느껴지는 전율 같은 신체적 감각이 없다면, 과연 우리가 생각이란 것을 할지 의문이다. 우리의 마음은 우리의 몸에 근거한다. 공유회로의 발견을 통해서, 신체는 단지 우리의 정서적 삶의 중심일 뿐 아니라 마음들 간의 소통의 중심이 된다. 타인의 행동을 이해하기 위해서, 우리는 그것을 우리 자신의 운동프로그램과 연관시킬 필요가 있다. 타인의 정서를 이해하기 위해서는, 우리 자신의 내장감각visceral feelings과 연관시킬 필요가 있다. 할리우드 영화 〈스타트렉〉에 등장하는 벌칸인 스팍 대령이나 안드로이드인 데이터는 신체적 감정의 기복이 없다면 우리의 삶이 얼마나 단조로울지를 보여준다. 이들이 인간 정서에 매료되는 것은 우리 자신이 이 강력한 상태에 얼마나 매료되는지를 반영한 것이다. 그들이 정서에 의해 추동되는 주변 인간들에게 실제로 무슨 일이 벌어지는지 이해하지 못한다는 사실은 우리의 정서가 타인의 정서를 이해하는 열쇠로서 얼마나 중요한지를 말해준다. 사람이 되어봐야 사람을 이해할 수 있다.

신체는 이러한 연결에 핵심적이며, 섬엽은 의식적 마음이 이러한 신체적 연결의 결과를 알아차리는 과정의 일부인 것으로 보인다. 직관적인 반응의 맞은편에 의식적이고 논리적이고 합리적인 마음을 놓는 이원론적 사고를 이제 그만해야 한다. 신체, 두뇌 그리고 의식적인 마음은 영원히 소통하는 동반자다. 특히 사회인지와 관련된 대부분의 중요한 과정은 두뇌 안에서 뿐만 아니라 의식적인 마음 밖에서도 일어난다.

공감적인 사람일수록 섬엽이 더 강하게 활성화된다

앞서 우리는 공감능력이 더 뛰어난 사람이 상대적으로 공감능력이 떨어지는 사람보다 다른 사람의 행동을 보는 동안 그것을 자신의 행동으로 더 강하게 활성화한다는 것을 밝혔다. 따라서 이들의 정서는 타인의 정서를 관찰하는 동안에도 상대적으로 더 강하게 활성화되어야 한다. 2007년 나는 음벰바 자비Mbemba Jabbi와 함께 이 문제를 다뤘다. 그는 시에라리온 내전의 난민으로 네덜란드로 온 성격 좋고 유머러스한 내 박사과정 학생이었다. 정서에 매료된 음벰바는 내가 브루노와 함께 했던 것과 유사한 실험을 이용하여 18명의 참가자들을 스캔했다. 그는 역겨움을 느끼는 얼굴표정과 중립적인 얼굴표정의 영상을 보여주었다. 브루노와 내가 사용했던 반응이 약한 얼굴표정 대신, 음벰바는 배우들에게 컵의 내용물을 마신 후, 마치 목이 무척 마른 상태에서 맛있는 음료수를 마신 후 완전히 원기를 회복한 듯이 아주 흡족한 표정을 지어달라고 부탁했다. 그는 이 영상을 참가자들에게 보여주는 동안 fMRI로 그들의 뇌 활성화를 측정했다. 그 다음에, 그는 참가자들에게 스캐너 안에서 유쾌하고 불쾌한 물질들을 맛보게 했다. 가장 중요한 것은, 독일의 신경과학자 타니아 싱어Tania Singer의 선구적인 작업에 영감을 받아서, 참가자들에게 데이비스 공감 질문지(부록 참고)를 작성하도록 한 것이다. 이를 통해 그는 공감적인 사람이 타인의 정서를 관찰할 때 그들 자신의 미각 경험과 관련된 영역을 실제로 더 강하게 활성화하는지를 측정할 수 있었다[58].

무엇보다 음벰바를 들뜨게 한 것은 데이비스 질문지를 통해 실생활에서 더 공감적이라고 보고한 참가자일수록 타인의 정서를 보는 동안 섬엽 내의 내장감각을 더 강하게 활성화했다는 사실이었다[59]. 이것은 우리가 섬엽에서 측정했던 것이 질문지로 측정된 것과 같은,

타인과 정서를 공유하는 우리의 감각의 바탕이 실제로 신경학적 과정이라는 생각에 강력한 근거를 제공했다.

타인의 느낌을 얼마나 강하게 공유하는지에 대한 개인 간의 차이는 왜 사람들이 같은 영화를 보고도 다르게 반응하는지에 대한 답을 줄 수 있다. 우리들 중의 일부는 슬픈 영화를 보면서 울지만, 어떤 사람은 무감동하게 있다. 어떤 사람들은 공포영화를 즐기지만, 다른 사람들은 도끼에 목이 잘리는 사람을 보면 문자 그대로 메스꺼움을 느낀다. 공감적인 사람들은 그들의 섬엽을 매우 강하게 활성화하고, 영화가 그들에게 촉발한 대리정서에 쉽게 압도당할 수 있다. 다른 사람들은 그들의 섬엽이 약하게 활성화되기 때문에, 그들에게 그러한 정서를 촉발하기 위해서는 훨씬 더 강한 자극이 필요할지 모른다.

행동에서와 마찬가지로, 이러한 차이의 원인이 무엇인지에 대한 의문은 여전히 남는다. 더 공감적인 사람은 정서를 더 주의 깊게 보거나, 또는 동일한 주의력으로 이미지를 보지만 섬엽에서 정서표현을 처리하는 시각 및 청각 영역과 자신의 느낌 사이에 더 강한 연결이 있을 수 있다.

기쁨도 섬엽에서 공유된다

첫 번째 fMRI 연구에서 우리는 역겨움이라는 부정적인 정서에 초점을 두었다. 왜냐하면 긍정적인 정서보다는 부정적인 정서를 더 쉽게 촉발할 수 있다고 믿었기 때문이다. 다행히도 우리는 살면서 타인의 기쁨과 즐거움도 공유하고 이해할 수 있다. 우리는 때로 아이에게 음식을 먹이기 위해 의도적으로 즐거운 음성과 기쁨에 찬 얼굴표정을 만들어내기도 한다. 이는 우리가 타인의 기쁨에 어떻게 동조하는지를 직관적으로 알고 있음을 보여준다. 음벰바의 연구에서, 우리는 기쁨의 얼굴표정을 일부러 강하게 만들어, 그것이 또한 신체감각의 표현을 촉발하는지 확인하려고 했다. 그 결과 실제로 그렇다는 것이 증명되었다. 역겨움을 표시했을 때 활성화되던 섬엽 부위가 즐거움의 장면을 봤을 때에도 활성화되었다. 이는 불쾌하고 유쾌한 신체표상 모두가 얼굴표정의 관찰에 의해 촉발될 수 있음을 시사한다. 이러한 기쁨의 표상은 또한 더 공감적인 사람에게서 더 강하게 활성화되었다.

만일 섬엽에 의해 우리가 유쾌하고 불쾌한 감각 모두를 공유할 수 있다면, 왜 그 부위의 병변이 있는 환자는 역겨움에 대해서만 문제가 있고 긍정적인 정서에 대해서는 문제가 없는 것일까? 역겨움에 대한 얼굴표정은 섬엽이 처리하는 것으로 보이는 일종의 내장감각을 강하게 가리킨다. 미소는 내장감각을 나타낼 수는 있지만, 그렇게 할 필요가 없다. 예를 들어, 매일 아침 동료들에게 예의 바르게 미소 지을 때 강한 기쁨의 감각은 없다. 그러므로 섬엽이 손상될 경우, 우리의 역겨움에 대한 감각이 가장 크게 손상된다. 역겨움은 내장감각에 크게 의존하기 때문이다. 내장감각이 행복의 원천일 수 있지만, 일반적으로 행복은 역겨움처럼 내장감각에 의존하지 않는다. 비유하자면, 차가움을 느끼는 감각이 아이스크림을 아이스크림으로 인식하는데 더 필수적이고 오렌지주스를 오렌지주스로 인식하는 데에는 필수적이지 않은 것처럼, 섬엽은 행복보다는 역겨움에 더 필수적이다. 아이스크림과 차가운 오렌지주스 한 잔이 모두 차가움에 대한 감각을 동일한 강도로 활성화시킨다 해도 말이다. 행복에 대한 우리의 이해는 다른 요소, 비내장감각적 요소에 의존한다. 이것은 마치 차가움이 오렌지주스 잔에 대한 우리 경험의 일부일 수는 있지만, 차가움에 대한 감각을 상실해도 오렌지주스를 인식하는 우리의 능력은 손상되지 않는 것과 같다. 그럼에도 내장감각은 행복의 원천일 수 있는데, 특히 음식과 관련될 경우에 그렇다. 그리고 이러한 증거를 음뱀바가 찾아낸 것으로 보인다.

이러한 일련의 실험을 통해, 우리가 타인을 어떻게 이해하는지 밝혀내는 데 조금 더 다가갔다. 타인의 행동과 정서를 목격할 때, 우리의 두뇌는 일반적으로 동일한 행동을 수행하거나 동일한 정서를 경험할 때 통상 활성화되는 두뇌영역을 활성화함으로써, 타인의 행동과 정서를 공유한다. 이러한 원칙이 처음에는 행동에서만 발견되었지만, 이제는 더 보편적인 것임이 분명해졌다. 정서도 '당신이 느끼는 것을 나도 느낄 수 있다'는 동일한 원칙을 따르는 것으로 보인다.

말의 힘

우리 모두는 훌륭한 소설이 얼마나 감동적일 수 있는지 경험했다. 수백만 년 동안 동물들이 해온, 다른 사람들이 행동하고 느끼는 것을 보는 것과 비교했을 때, 글쓰기는 새로운 발명으로 불과 1만 년밖에 되지 않았다. 어떻게 두뇌는 이 새로운 발명을 다뤄서 소설이라는 형태로 우리에게 감동을 줄 수 있는지가 음범바와 내가 고심한 질문이었다. 구체적으로, 우리는 글로 쓴 이야기가 타인의 정서를 목격할 때 활성화되는 동일한 뇌영역과 연결될 수 있는지를 알고 싶었다. 이전의 연구에서는 역겨움과 즐거움을 보고 느끼게 한 후 두뇌 활동을 측정했다. 이번에는 그들에게 짧은 시나리오를 읽게 했다. 시나리오 중의 하나는 다음과 같다.

"당신의 어깨에 기대는 사람이 누군지 보려고 고개를 돌리는 순간 노숙자의 흉한 얼굴이 보인다. 당신이 그로부터 벗어나려 하는 순간, 염증이 심한 썩은 치아가 보인다. 노숙자는 갑자기 몸을 앞으로 숙이면서 염증으로 가득한 위 속 내용물을 당신에게 쏟아낸다. 길가 음식물쓰레기통에서 집어먹은 썩은 고기가 대부분인 토사물을 당신은 뒤집어쓴다. 이렇게 역겨운 느낌을 겪어본 적은 없었다. 당신의 위가 경련하는 것을 느낀다. 그때 당신의 입가에 그의 토사물인 딱딱한 고기조각이 느껴진다……."

우리는 앞서 참가자들이 타인의 역겨운 얼굴표정을 보았을 때 그리고 자신이 불쾌한 맛을 경험했을 때 모두 활성화되었던 섬엽 부위의 활성화를 곧장 측정했다. 놀랍게도, 동일한 영역이 사람들이 역겨운 시나리오를 읽을 때에도 강하게 활성화되었다. 정서적으로 중립적인 이야기를 읽을 때에도 마찬가지였다[26]. 그 다음 우리는 정신생리학적 상호작용이라는 기법을 이용해서, 이야기를 읽을 때 또는 타인의 역겨운 얼굴표정을 보았을 때 섬엽의 활성화를 촉발하는 두뇌 영역이 어딘지를 살펴보았다. 두 경우에 섬엽은 유사하게 활성화되었지만, 촉발하는 두뇌영역은 서로 다르다는 것이 밝혀졌다. 타인의 얼굴표정을 볼 때는 관찰한 얼굴표정을 미러링하는 전운동피질에 의해 촉발되었다. 반면 글을 읽을 때는 언어를 처리하는 것으로 알려진, 브로카영역이나 측두엽 같은 부위에 의해 촉발되었다. 따라서 섬엽은 우리 자신의 정서, 우리가 다른 사람에게서 보는 정서, 우리가 이야기를 읽으며 느끼는 정서 모두의 공통영역으로 보였다. 거기에서 우리 자신의 실제 정서는 타인의 정서 그리고 우리가 읽고 상상하는 정서와 합해진다. 두뇌는 다소 유연하게 다양한 형태의 정보를 이 공통의 공유섬엽으로 보낸다. 그 정보는 진화적으로 더 오래된 대면 관찰일 수도, 더 새로운 서면 정보일 수도 있다. 타인의 정서를 목격하는 동안 우리 자신의 정서를 촉발하는 영역을 활성화하는 이 기제는 우리가 처음 생각했던 것보다 훨씬 더 일반적이었다.

그 사람이 되어봐야 그 사람을 이해할 수 있다

공감은 사람과 분리할 수 없는 특성이라는 것이 상식이다. 단지 덜 공감적이냐 더 공감적이냐의 차이가 있을 뿐이다. 다른 사람의 성격을 이야기할 때, 공감의 범위를 명시하는 경우는 드물다. 그런데 우리의 실험은 그렇게 해야 한다고 암시하는 듯했다.

행동의 소리와 얼굴표정에 대한 우리의 실험 모두에서, 공감점수가 높은 참가자들은 실험에 따라 전운동피질 또는 섬엽이 더 강하게 활성화됨을 관찰했다. 데이비스 척도를 자세히 분석하면 공감척도의 하위척도들이 전운동 및 섬엽의 활성화와 상관있음이 분명해진다[14]. 행동의 소리를 들을 때, 공감척도의 하위척도인 '조망 수용'에서 높은 점수를 받은 참가자의 전운동피질이 강하게 활성화되었다. '조망 수용'에 해당하는 진술은 다음과 같다. "나는 때로 친구들의 관점에서 봤을 때 상황이 어떻게 보일지 상상함으로써 그들을 더 잘 이해하려고 노력한다." 반면, 사람들이 정서를 관찰할 때 섬엽의 활성화는 공감척도 중 정서와 관련된 하위척도, 특히 '개인적 고통' '환상'과 상관이 있었다. "나는 가끔 매우 감정적인 상황에 빠져 있을 때 무력감을 느낀다"라는 진술에 동의한 참가자는 다른 사람보다 섬엽 내 내장감각을 더 활성화시킨다. 특히, 조망 수용 척도와 개인적 고통과 환상 척도 사이의 상관관계는 낮았다. 이는 '조망 수용' 점수가 높은 사람이 반드시 타인의 고통으로 힘들어하는 것은 아님을 의미한다.

타인을 이해하는 서로 다른 측면과 관련 있는 두 개의 두뇌영역이 서로 다른 하위척도와 상관있다는 사실은 타인에 대한 공감이나 이해를 한 가지 현상으로 생각해서는 안 된다는 것을 말해준다. 전운동 영역은 타인의 행동을 반영하고, 우리가 그들의 관점에서 그들의 목적과 동기를 인식할 수 있도록 만든다. 반면에 섬엽은 타인의 내장감각 상태를 반영하고, 그들의 정서를 공유할 수 있게 한다. 삶에서 이 두 구성요소는 종종 상호작용하고, 우리 주변 사람들의 목표와 정서를 포함한 내적 삶에 대한 포괄적인 직관적 느낌에 기여한다. 이러한 능력은 조금 더 세분화해서 구분할 수 있다. 어떤 사람은 행동을 미러링하는 데 유능한 반면, 어떤 사람은 타인의 정서를 미러링하는 데 유능할 수 있다. 또 어떤 사람은 둘 다 잘하거나 둘 다 못할 수도 있다. 따라서 공감은 다른 사람의 내부에서 일어나는 최종 이미지를 구성하는 하위 구성요소들의 모자이크로 봐야 할 것이다.

실제로 드러난 바와 같이, 공감에 대한 하위 구분은 더 작은 조각들로 구성되어 있다. 왜냐하면 우리의 개인적 경험의 차이가 우리의 공감의 차이를 결정하기 때문이다. 나처럼 심장의 통증을 종종 겪는 사람은 다른 사람의 심장 통증에 대해서는 매우 공감하는 반면, 허리 통증에 대해서는 덜 공감하게 된다.

가짜 미소와 진짜 미소의 차이

지금까지 우리는 섬엽이 역겨움이나 음식과 관련된 즐거움처럼, 타인의 내장감각적 정서의 공유와 관련 있음을 살펴보았다. 우리의 두뇌가 타인의 정서적 얼굴표정과 행동으로부터 이러한 내장감각 상태를 추론해낸다면, 섬엽은 어떻게든 이러한 관찰 가능한 운동행동을 처리하는 영역으로부터 입력을 받아야만 한다. 거울뉴런의 발견에 비춰볼 때, 얼굴표정을 조절하는 영역이 이러한 과정과 관련 있을 것이라고 추측해볼 수 있다.

정치인의 미소를 보는 순간, 우리는 즉시 그 미소가 가짜라는 것을 느낀다. 그들의 입꼬리는 위를 향하지만 그들의 눈 주변은 이완되어 있다. 가짜 미소를 짓는 것은 잘 알다시피 매우 어렵다. 직업적으로 얼굴표정을 꾸며야 하는 배우들은 일부러 거짓 미소를 지으려고 애쓰지 않는다. 그들은 마음을 즐거운 상태로 바꾸려고 최선을 다하고, 그러면 자연스럽게 미소가 지어진다.

얼굴표정을 의도적으로 만드는 것은 왜 그렇게 어려울까? 우리 얼굴의 수의적인 움직임을 조절하는 뇌영역과 얼굴표정에 정서를 드러내게 하는 뇌영역이 다르다는 사실에 그 답이 있다60. 앞의 장들에서 우리가 보았던 전운동피질과 일차운동피질은 수의적 운동체계다. 정서의 발생 없이 거짓 미소를 지을 경우, 당신은 이 두 피질영역을 사용한다. 나는 이러한 체계를 '차가운' 얼굴표정체계라고 부른다. 왜냐하면 정서라는 열기가 필요하지 않기 때문이다. 이 차가운 체계는 또한 씹고, 코 풀고, 발성하고, 그 밖에 얼굴을 이용해서 만들어내는 목표 지향적 행동에 대한 얼굴운동프로그램을 조절한다.

이 체계와 병행해서, 우리 두뇌 양 반구 사이의 중앙선상에 있는 대상구cingulate sulcus 주위 영역은 불수의적 정서행동을 만들어낸다. 썩은 냄새를 맡으면 코를 찡그리고, 고통을 느낄 때는 얼굴을 찌푸리고, 재미있는 이야기를 들으면 웃는 것은, 모두 이 중앙선 운동조직에 의해 조절된다. 나는 이 체계를 '뜨거운' 운동체계라고 부른다. 왜냐하면 정서적 영향의 열기를 얼굴과 신체의 관찰 가능한 행동으로 변환하기 때문이다.

뜨겁고 차가운 두 얼굴운동체계는 각각의 출력을 얼굴근육을 조절하는 뇌의 기저 핵으로 바로 보낸다. 두 체계는 같은 근육으로 수렴되지만 독립적인 운동프로그램 표현방식을 갖는다. 뜨겁고 차가운 두 운동프로그램이 각각 다른 피질영역에 저장된다는 사실은 우리가 정서적인 미소 운동프로그램을 자발적으로 활성화할 수 없다는 것을 의미한다. 만약 거짓으로 미소를 지으려면, 뜨거운 운동프로그램이 사용하는 얼굴근육 동작들의 순서를 의도적으로 재현하는 새로운 운동프로그램을 만들어야 한다. 그 결과 그 미소는 늘 어색하기 마련이다.

뜨겁고 차가운 두 얼굴조절체계의 독립성은 그곳에 특정 병변이 발생할 경우 매우 뚜렷해진다. 차가운 운동조절체계에 장애가 있을 경우 의도적으로 자신의 얼굴을 움직일 수 없게 된다. 만일 그런 환자에게 재미있는 농담을 들려주면, 그는 웃고 미소 지을 것이다. 하지만 거짓 미소를 짓거나 의도적으로 얼굴을 움직일 수는 없다. 뜨거운 운동조절체계에 장애가 있을 경우에는 그 반대다. 환자는 자신의 얼굴을 의도적으로 움직일 수는 있지만, 정서를 경험하는 동안 그들의 얼굴은 자연스럽게 움직이지 않는다.

우리에게 얼굴표정을 조절하는 두 가지 운동체계가 있다면, 타인의 얼굴표정을 볼 때 두 운동체계에서는 과연 어떤 일이 일어날까? 나는 이 문제를 친구인 크리스티안 판 더 하그Christiaan van der Gaag와 함께 실험해보았다[61].

배우가 웃고, 역겨워하고, 두려워하는 모습이 담긴 짧은 영상을 참가자들이 보는 동안, 그들의 두뇌 활동을 fMRI를 이용하여 측정했다. 그런 다음 그들에게 스캐너 안에 누워 있는 상태에서 특정 얼굴표정을 지어보도록 했다. 그리고 뜨겁고 차가운 두 운동조절체계를 활성화할 수 있도록 목표 정서의 기분상태로 머물게 했다. 만일 참가자가 얼굴표정에 대한 거울체계를 가지고 있다면, 뜨겁고 차가운 두 운동체계의 일부가 타인의 얼굴표정을 봤을 때 활성화되어야 한다. 예상한 대로, 얼굴표정의 관찰은 참가자에게 유사한 얼굴표정을 짓도록 요청했을 때 활성화되었던 회로를 활성화한다는 것을 발견했다. 얼굴표정의 관찰과 실행과 관련된 이 공유회로는 세 가지 주요 영역을 포함한다. 즉 관찰된 얼굴표정의 시각적 설명을 제공하는 측두엽피질, 차가운 운동조절체계 부위인 전운동피질 그리고 뜨거운 운동조절체계 부위인 대상구 주변 영역이다.

이 공유회로의 차가운 운동조절체계 부위는 발레리아가 입동작의 소리와 실행 모두에서 활성화되는 것을 발견했던 영역과 유사했다9. 둘 다 측두엽과 전운동피질영역을 포함했다. 그와 동시에, 얼굴표정을 보는 것은 또한 두뇌의 중앙선 내의 뜨거운 운동조절체계를 활성화했다. 정서적인 내용을 담고 있지 않은 얼굴표정을 관찰할 때보다 정서적인 얼굴표정을 관찰할 때 더 강하게 활성화되었다.

중요한 점은, 얼굴근육으로 가장 강하고 가장 직접적인 연결을 보내는 일차운동피질이 참가자가 얼굴표정을 실행하는 동안에만 활성화되고 타인의 얼굴표정을 관찰할 때는 활성화되지 않았다는 것이다.

우리가 타인의 얼굴표정을 볼 때, 우리의 섬엽에서는 유사한 감정에 대한 신경표상을 활성화해야 하고 우리의 뜨겁고 차가운 두 운동피질에서는 유사한 얼굴표정에 대한 신경표상을 활성화해야 한다. 이러한 발견은 거울뉴런의 발견으로 시작된 혁명에서 한 걸음 더 나아가게 했다. 밝혀진 바는 이렇다. 우리가 타인의 행동을 관찰할 때, 우리의 두뇌는 피관찰자와 신경활동의 풍부한 모자이크를 공유하는 것으로 보인다. 여기에는 그 사람의 신체적 행동, 감정 그리고 얼굴표정에 대한 표상들이 포함된다.

얼굴표정 공유는 타인의 정서를 이해하는 데 필수적이다

아이오와 대학의 랠프 애돌프스와 그의 동료들은 국지적 뇌손상을 입은 수많은 사람들을 관찰했다62. 그들은 뇌졸중이나 다른 형태의 뇌 장애를 앓았으며 심리실험에 참여하기로 동의했다. 그들에게 정서적 표현을 나타내는 서로 다른 수많은 얼굴사진들을 보여주고 사진 속 인물이 얼마나 화가 나 있는지, 얼마나 두려운지, 얼마나 행복한지 등을 평가하도록 했다. 연구자들은 일정 비율의 환자들만이 다른 사람의 얼굴표정을 보고 그 사람의 정서를 식별하는 데 문제가 있다는 것을 발견했다. 연구자들은 정서 인식에 문제가 없는 뇌손상 참가자의 손상 부위와 정서 인식에 문제가 있는 뇌손상 환자의 손상 부위를 비교했다. 그 결과 정서 인식에 문제가 있는 사람들은 우반구의 전운동피질에 병변이 있는 것으로 드러났다. 그 부위는 바로 크리스티안 판 더 하그가 참가자들이 얼굴표정을 보고 실행하는 동안 활성화되는 영역을 발견한 곳이다. 따라서 차가운 얼굴운동체계의 손상이 얼굴표정의 인식에 결함을 가져오는 것으로 보인다. 우리가 다른 사람의 얼굴표정을 관찰하는 동안 그들의 얼굴표정을 내적으로 시뮬레이션하는 능력이 그들의 내적 상태를 이해하는 데 중요한 것으로 보인다.

안면모방이 정서감염을 촉발한다

정서와 운동체계는 많은 면에서 연결되어 있다. 예를 들어, 당신은

FV와 FJ 중 어떤 문자쌍을 더 좋아하는가? 이 질문에 대한 답은 당신이 키보드 앞에서 얼마나 많은 시간을 보내느냐에 달렸다. 키보드를 많이 사용하는 사람은 아마 FJ가 양손의 손가락을 사용하기 때문에 더 쉽게 칠 수 있다는 단순한 이유로 FJ를 더 선호할 것이다[63]. FJ를 선택한 사람들 대부분은 자신이 왜 이런 선택을 했는지 진짜 이유를 알지 못한다. 하지만 결국 그들의 운동체계가 그들의 정서적 선호를 결정한 것이다. 키보드를 많이 사용하지 않는 사람들은 그러한 선호를 가지고 있지 않다.

음뱀바와 함께, 차가운 운동조절체계의 활성화와 얼굴표정에 대한 섬엽 내 느낌의 활성화 사이에 연계가 있는지 여부를 조사했다. 참가자가 얼굴표정에 대한 영상을 볼 때, 섬엽과 전운동피질의 활성화 정도가 매번 같지는 않았다. 역겨운 얼굴표정은 일부 실험에서는 섬엽을 더 강하게 활성화시켰고, 다른 경우에는 더 약하게 활성화시켰다. 전운동 얼굴프로그램도 마찬가지였다. 만일 차가운 운동체계에서 얼굴표정의 공유가 섬엽에서의 정서 공유와 독립적으로 작동한다면, 섬엽을 더 활성화시켰던 실험이 반드시 차가운 운동체계를 더 활성화시키는 실험은 아닐 것이다. 반대로 만일 서로 연결되어 있다면, 섬엽을 강하게 활성화시켰던 실험은 또한 차가운 운동조절체계도 강하게 활성화시켜야 한다.

음뱀바는 참가자가 빨대로 음료를 마시는 것처럼 중립적인 얼굴표정을 관찰했을 때는, 섬엽과 차가운 운동체계 사이에 어떠한 연결도 없다는 것을 발견했다. 반면에, 역겨워하거나 즐거워하는 얼굴표정을 보았을 때는 두 체계가 연결되었다. 전운동피질이 강하게 얼굴프로그램을 활성화할 때마다, 섬엽은 내장감각을 강하게 활성화했다. 흥미롭게도, 섬엽의 활성화가 전운동피질의 활성화를 예측하는 것보다 전운동피질의 활성화가 섬엽의 활성화를 더 잘 예측했다. 이는 우리의 두뇌가 먼저 타인의 전운동피질이 작동한 결과인 그 사람의 얼굴표정을 시뮬레이션하고, 자신의 전운동피질로 그 얼굴표정을 공유한 다음, 섬엽이 끼어들어서 타인의 느낌을 공유하게 만든다는 것을 시사한다[64].

포커페이스로 정서 공유하기

두뇌는 얼굴의 움직임이 정서적이든 아니든 차가운 운동체계를 통해서 시뮬레이션하는 것으로 보인다. 만약 얼굴표정이 역겨움 또는 즐거움 같은 신체적 정서를 신호하면, 전운동피질과 섬엽 간에 정보가 교환되고, 유사한 내장감각의 표상을 촉발한다. 우리는 얼굴의 움직임뿐 아니라 그 사람의 내적인 느낌도 느끼게 되며, 그의 즐거움 혹은 역겨움을 공유하게 된다. 섬엽이 또한 시각영역으로부터 직접 입력을 받는다는 것을 감안하면, 두 경로는 정서감염으로 수렴될 수 있다. 한 가지 경로는 정서적 얼굴표정을 보는 데 따른 느낌의 표상을 직접적으로 촉발한다. 다른 경로는 좀 더 간접적인데, 시각적 설명을 뜨겁고 차가운 두 얼굴운동조절체계의 운동표현으로 번역한 다음, 이들 운동체계와 섬엽 사이의 연결을 통해서 상응하는 느낌의 표현을 촉발한다.

심리학자들은 이전에 정서감염과 안면모방을 결합하여 꽤 정확한 정서 소통 이론을 제시한 적이 있다. 두뇌에 대한 직접 관찰은 유사한 느낌을 활성화하는 것과 유사한 얼굴표정을 재현하는 것 사이에 상호작용이 있음을 확인해주지만, 그 이론을 두 가지 근본적인 면에서 바꾼다.

첫째, 신경과학적인 증거는 가장 강하게 활성화되는 운동영역이 일차운동피질이 아니라 '차가운' 전운동피질과 '뜨거운' 대상운동피질을 포함하는 고차운동영역이라는 사실을 보여준다. 일차운동피질의 활성화는 신체에서 관찰 가능한 외적인 변화를 직접적으로 가져오는 반면, 일차운동피질의 활성화가 부재한 이러한 고차영역에서는 활성화가 드러나지 않을 수 있다. 마치 누군가가 공을 잡는 것을 보았을 때 자신의 손을 움직이지 않고도 전운동피질을 활성화시킬 수 있는 것처럼, 얼굴표정을 볼 때 자기 얼굴을 움직이지 않고도 이 고차운동영역을 또한 활성화시킬 수 있다. 그러면 관찰자는 실제로 하지 않고도 자신이 비슷한 얼굴표정을 지은 것처럼 약간 느낀다. 이러한 과정은 운동기능이기 때문에 심리학자들이 안면모방이라 부르는 것과 개념적으로 연결되지만, 그것이 반드시 관찰자의 얼굴 움직임으로 이어지지 않는다는 점에서 안면모방과는 다르다. 여러 요인에 따라, 이런 고차운동 시뮬레이션은 일차운동피질과 얼굴근육에 전달될 수도 있고, 심리학자들이 관찰자 얼굴의 근육 움직임으로 측정했던 외현적 안면모방으로 이어질 수도 있으나, 이러한 과정은 선택적이다. 만약 내 앞에 있는 사람이 적이나 경쟁자라면 혹은 내 정서를 숨기고 싶다면, 내 운동모방에 관한 어떠한 외현적 단서도 주지 않으면서, 내 얼굴을 포커페이스 상태로 만들 수 있다[65].

고차운동영역에서 유사한 얼굴표정의 표상을 활성화하는 것과 외현적 안면모방 간의 차이는 연구자들이 외현적 모방과 정서의 이해 간의 견고한 연계를 왜 찾아내지 못하는지를 설명해준다[66]. 고차영역의 감춰진 시뮬레이션은 타인의 정서에 대한 통찰을 제공한다. 반면에 외현적 안면모방은 사회적 소통의 중요한 도구에 지나지 않는다.

예를 들어, 모방은 발신자와 관찰자 사이의 유대를 확립하는 데 도움이 된다. 왜냐하면 그것은 관찰자가 발신자의 정서에 동조하고자 하는 의사를 전달하기 때문이다. 심리 또는 정신 치료에서, 이것은 환자와 치료자 간의 관계를 강화하는 데 중요할 수 있다[49]. 반면, 외현적 모방의 억제는 특정한 사람의 정서에 동조하고 싶지 않다는 의사를 전달하는 데 활용될 수 있다. 예를 들어, 미소를 짓는 사람에게 미소로 응답하지 않는 것은 '나를 내버려두라'는 효과적인 메시지이고, 울고 있는 아이 앞에서 슬픈 얼굴을 하지 않는 것은 아이에게 '진정하라'는 메시지를 주는 효과적인 방법이다.

신체행동과 얼굴표정의 관찰은 모두 전운동피질을 활성화한다. 이 둘은 외현적 모방을 야기할 수 있으나, 반드시 그럴 필요는 없다. 이러한 유사성에도 불구하고, 외현적 모방은 근육 활동을 측정하기 위해서 TMS 자극이 필요한 목표 지향적인 손동작보다는 얼굴표정에서 더 자주 나타난다. 왜 이런 차이가 날까? 답은 매우 간단할 것이다. 당신과 내가 식당에서 각자 다른 테이블에 앉아 식사를 하고 있는데, 잘난 체하는 밉살스런 손님에게 웨이터가 실수로 스프 접시를 쏟는 장면을 보고 내가 웃자 당신도 따라 웃는다면, 우리는 서로

'연결되었다'고 느낄 것이다. 그와 같은 안면모방은 내가 당신과 더 상호작용하도록 격려하고, 일반적으로 당신을 더 긍정적으로 생각하게 만든다. 하지만 당신이 웨이터의 행동을 외현적으로 모방하여 당신의 스프를 다른 사람에게 쏟는다면 더 부정적인 효과를 초래할 것이다. 일반적으로, 관찰하면서 목표 지향적 행동을 모방하는 것은 종종 부정적인 효과를 낳는다. 왜냐하면 그것이 관찰자 자신의 행동을 방해하기 때문이다. 얼굴표정은 보통 그런 방해를 유발하지 않는다.

개인 간의 경계 흐리기

서구사회는 개인과 행복추구권을 중심으로 이뤄졌다. 결혼, 가족, 국가라는 가치는 점점 더 개인적 성취 추구로 대체되고 있다. 연로한 부모는 자녀들이 원하는 삶을 살 자유를 침해하지 않기 위해서 양로원으로 간다. 경제이론은 인간을 경제인homo economicus 즉 자기에게 가장 좋은 것을 추구하는 합리적 존재로 가정한다.

신경과학은 우리에게 개인 간의 관계가 어때야 하는지, 또는 개인주의가 선인지 악인지 말해줄 수 없다. 신경과학은 우리 본성이 어떤지, 수백만 년에 걸친 진화가 우리 두뇌를 다른 사람들과 관계 맺도록 어떻게 만들어놓았는지만 말해줄 수 있다. 이 설명에서, 공유회로의 발견은 개인의 마음과 우리 주변의 사람들 간의 연계에 대한 우리의 이해를 바꿔놓았다.

공유회로가 발견되기 전에는, 두뇌에 대한 우리의 시각은 본질적으로 개인주의적이었다. 우리 주변의 사람들을 포함한 '바깥세상'은 두뇌의 감각영역에서 표상되었다. '자아'와 그 자유의지는 엄격하게 구분된 두뇌영역에 존재했다. 이러한 후자의 '개인적' 두뇌영역은 개인의 기능들을 처리했다. 수많은 대안들 중에서 어떤 것을 믿거나 실행할 것인가, 주의를 어디에 집중할 것인가, 어떤 기억을 저장하거나 끄집어낼 것인가를 결정하는 것 같은 것들이었다. 물론, 우리를 둘러싼 외부환경도 이러한 개인적인 두뇌영역에 영향을 미칠 수 있었다. 하지만 이러한 영향은 간접적이었으며, 초단위로 변화하는 개인적인 두뇌영역과는 엄밀하게 구분되었다. 개인은 사회와 두뇌 모두에서 명확한 경계를 가졌다.

최근 연구에 의하면, 우리 주변 사람들은 더 이상 두뇌의 감각영역에 국한된 '바깥세상'의 일부가 아니다. 우리 주변의 사람들 그리고 그들의 행동과 정서는, 공유회로를 통해서, 이전에는 우리 정체성의 안전한 피난처였던 우리 두뇌의 많은 영역 즉 운동체계와 느낌에 스며든다. 개인 간의 경계는 무너지고, 사회적 세계와 개인적 세계는 서로 뒤섞인다. 정서와 행동은 전염된다. 공유회로라는 보이지 않는 끈이 우리의 마음을 서로 연결하여, 개인을 넘어선 유기적 체계를 만들어낸다.

우리는 수백 년 동안 타인의 행동과 느낌이 우리의 행동과 느낌에 영향을 미칠 수 있음을 알고 있었다. 우리의 실수는 바로 우리가 얼마나 직접적으로 연결되어 있느냐라는 개념에 있었다. 신경과학은 우리가 우리의 사고를 통해서뿐 아니라, 혹은 우리가 이를테면 타인의 몸으로 들어가서 그들이 겪는 동일한 고통을 겪는다고 상상하려고 노력하기 때문이 아니라[67], 우리 두뇌의 성향을 통해서, 의식적인 노력의 개입 없이도 간단하고 자연스럽게 행동과 정서를 연결한다는 것을 보여주었다. 두뇌는 우리가 고도의 사회적이고 공감적인 동물이 되도록 배선되어 있다.

7

감각

어느 날 저녁 8시, 아직 식사준비가 덜 되었는데 벌써 첫 번째 손님이 도착한다. 손님과 빠르게 인사한 후 발레리아와 나는 다시 요리에 집중한다. "고마워요. 안 사오셔도 되는데"라고 발레리아가 손님에게 정중하게 말한다. "크리스, 이걸 꽃병에 꽂아줄래요?" 발레리아는 선물로 받은 튤립 꽃다발을 나에게 건네면서 양파를 자르려고 50센티미터나 되는 날카로운 일식 요리사용 칼을 잡는다. 꽃병이 어디 있는지 묻자, 그녀는 정신없이 양파를 다지기 시작하면서 눈을 돌려 거실 선반을 훑어본다. 그녀가 양파 대신 자신의 손가락을 베는 것을 보고 나는 충격을 받는다. "아야!"라고 누가 먼저 소리를 질렀는지 기억나지 않는다. 상처에서 붉은 피가 금세 나오기 시작한다. 그녀는 자신의 손가락을 감싸고, 나는 내 손가락을 감싼다. 나는 상처를 감싸주기 위해 키친타월을 가지러 달려간다.

우리 대부분은 타인의 신체적 고통이 우리를 신체적으로 불편하게 느끼도록 만드는 이와 같은 이야기를 경험한 적이 있다. 고통을 목격하는 우리의 경험은 단지 이해를 넘어서, 우리 자신의 손가락이 베인 것처럼, 생생하고 집중적인 방식으로, 말 그대로 그 고통을 느낀다. 지금까지 우리는 행동과 본능적인 정서를 어떻게 타인과 공유하는지 살펴보았으나, 아직 감각에 대해서는 살펴보지 않았다. 어떤 사람의 발바닥에 깃털이 닿는 것을 볼 때 우리는 간지러움을 느끼고, 선인장을 쥐는 사람을 보면 고통을 느낀다. 촉각이 정서와 다른 점은 우리 신체의 특정 부위에서 촉각을 느낀다는 것이다. 내가 발레리아의 손이 베이는 것을 봤을 때 내 손가락도 아팠다. 그리스어 soma(몸)와 라틴어 sensus(지각능력)의 합성어인 체성감각somatosensation은 보통 우리 몸을 감지함으로써 생기는 지각이다. 누군가가 우리 어깨를 두드리면 접촉을 느끼고, 손가락을 베이면 고통을 느낀다. 얼음조각이나 라디에이터를 만질 때는 차가움과 뜨거움을 느끼고, 모기에 물렸을 때는 가려움을, 위가 뭉칠 때는 우리 신체 내부에 대한 감각을 느끼고, 잠에서 깨었을 때는 몸의 위치를 느끼고, 보지 않고도 자신의 사지와 몸의 각 부위를 지각할 수 있다. 하지만 앞의 사례에서 우리가 본 것은 특정한 자극에 노출된 다른 사람의 신체다. 그가 어떤 신호를 주지 않아도 우리는 그 사람이 느끼는 것을 느낀다. 발레리아의 얼굴표정이 아니라 그녀가 손을 베인 광경이 나를 아프게 한다.

이제 당신은 당연히, 우리 자신의 감각을 담당하는 뇌영역을 활성화시킴으로써 우리가 타인의 감각을 공유하는 것이라고 생각할 것이다. 이 장에서는 그것이 사실인지 살펴보고, 공유의 문제를 사회적 영역을 넘어서 다음과 같은 질문으로까지 확장할 것이다. 금속이 콘크리트에 긁히는 소리를 들을 때, 그 금속이 바로 우리가 새로 장만한 차이고 콘크리트가 우리 집 차고 벽이라는 것을 아는 경우에 왜 우리는 아픔을 느끼는가? 마지막으로, 우리는 왜 전통적으로 남성만 전쟁에 보내고 여성은 보내지 않는가라는 흥미로운 질문을 살펴볼 것이다.

접촉을 본다는 것은 말 그대로 접촉하는 것이다

손가락이 베이는 것을 보는 것에 대한 거울체계가 있는지 검사하는 것은 명백히 실행 불가능하다. 지원자를 찾기가 어려울 것이다. 대신에 나는 파르마에 있는 나의 동료 비토리오 갈레세와 마르세유에 있는 나의 친구 브루노와 함께, 다른 누군가가 접촉을 당하는 것을 보는 것이 자신의 신체에 접촉을 경험할 때와 동일한 뇌영역을 활성화하는지 검사해보기로 했다. MRI로 참가자의 뇌 활성화를 기록하는 동안, 내 다리를 브러시로 쓸어내리는 영상을 보여주고, 내 다리에서 브러시를 30센티미터 정도 떨어뜨린 상태에서 쓸어내리는 영상을 보여주었다. 그런 다음 참가자의 다리를 뻣뻣해서 불쾌할 수 있는 브러시 대신 목욕용 장갑으로 직접 쓸어주었다. 분석 결과 스캐너 안에서 참가자들이 직접 접촉을 경험했을 때, 우리의 촉감을 담당하는 것으로 알려진 네 개의 뇌영역이 활성화되었다. 바로 양 반구의 상단 부분과 실비우스 열sylvian fissure(두정엽과 측두엽을 구분하는 수평으로 접힌 부분)의 양 측면이다. 상단 부분의 활성화는 일차체성감각피질primary somatosensory cortex 또는 SI(체성감각의 S와 로마자 I의 합성어)이 라고 불리는 영역에 해당한다. 왼쪽 다리를 만지면 오른쪽 SI 부위 가 활성화되고, 반대로 오른쪽 다리를 만지면 왼쪽 SI이 활성화된 다. 다리와 반대쪽의 뇌가 활성화되는 이유는 신체에서 뇌로 올라가 는 신경이 반대쪽으로 교차하기 때문이다. 이와 유사한 교차가 운동 체계에서도 발생하는데, 신경이 뇌에서 근육으로 갈 때 몸의 반대쪽 으로 지나가기 때문이다. 그래서 왼쪽 두뇌에 뇌졸중이 일어난 환자 는 몸의 오른쪽 절반이 마비된다.

활성화되는 또 다른 영역은 두뇌 양 반구의 실비우스 열 내부에 위치한다. 이 부위를 '이차체성감각피질' 또는 SII라고 부른다. SI과 다르게, 두 개의 SII는 신체 양쪽 모두의 접촉에 반응한다. 원숭이의 해부학적 연구에서 SII는 주로 SI으로부터 정보를 받는다는 사실이 드러났다. 따라서 SII는 양쪽 반구의 SI으로부터 정보를 통합하는 것으로 보인다. 결과적으로 SII는 촉각자극의 처리 단계에서 SI보다 한 단계 위다.

그렇다면 다리를 브러시로 쓸어내리는 장면을 보는 것과 다리 위 로 브러시를 30센티미터 떨어뜨린 상태에서 동일한 동작을 하는 장 면을 보는 것 사이에는 어떤 반응의 차이가 있을까? 두 영상은 모두 동일한 분량의 동작을 담고 있다. 우리는 움직임을 볼 때 활성화되 는 두뇌의 시각영역에서는 별다른 차이를 발견하지 못했다. 하지만 접촉이 있느냐 없느냐를 직접적으로 분석하는 두뇌영역에서는 브러 시로 다리를 직접 쓸어내리는 영상을 볼 때 더 많이 반응할 것이라 고 예상했다. 우리는 또한 우리 자신의 촉각 경험을 관장하는 두뇌영역이 이 과정 동안 활성화될 것이라고 예상했다. 우리는 두 영상 간에 가장 신뢰할 만한 차이를 보여주는 영역을 발견했는데, 그곳은 바로 SⅡ였다. SⅡ는 참가자 자신이 직접 접촉을 경험했을 때에도 활성화되었다. 마치 파르마의 팀이 처음 거울뉴런을 관찰했을 때 느꼈던 것처럼, 우리도 우리의 결과를 믿을 수 없었다. 왜냐하면 연구자들은 30년 넘게 이 영역, SⅡ영역을 연구해오며 직접적 신체 접촉 경험과 관련 있다고 상당히 상세하게 설명했기 때문이다. 하지만 이 영역이 타인이 접촉을 당하는 것을 볼 때에도 활성화된다는 사실을 밝힌 연구는 아직까지 하나도 없었다. 이 영역은 체성감각이라는 믿음이 이 영역의 시각적 특성을 보지 못하게 만든 것이다.

이러한 발견의 장점은 다음과 같은 사실에 있다. 우리가 자신의 행동을 계획하는 데 사용하는 동일한 두뇌영역에서 타인의 행동을 지각하고, 또한 우리 두뇌의 정서적인 영역을 통해 타인의 정서를 이해한다는 것을 인식한다면, 미러링은 개별 뇌영역의 특수한 속성이 아니라 두뇌 기능의 일반적 원리라고 결론내릴 수 있다. 물론 우리에게는 시각피질이라는 세상을 바라보는 데 특화된 두뇌영역이 있지만, 타인에게 무슨 일이 일어나는지 느낄 때 단 하나의 특화된 두뇌영역에 의존하지 않는다. 대신에 우리는 행동이든, 정서든, 감각이든 동일한 상태를 경험하는 데 사용하는 두뇌영역들을 활용하는 것 같다. 행동과 관련해서는 운동영역, 정서와 관련해서는 정서영역, 감각과 관련해서는 체성감각영역으로, 활성화되는 두뇌영역은 달라지지만 그 원칙은 동일하다.

자동차 손상에 왜 아픔을 느낄까

자신의 차가 긁히는 것을 느끼면, 마치 자동차와 공감한 듯 우리는 얼굴을 찡그린다. 스틱을 움직여 기어를 변경할 때 기어박스에서 잡음이 들리면, 마치 기어박스의 고통을 느끼는 것처럼 얼굴을 찌푸린다. 그러나 우리는 보통 무생물보다는 인간에게 더 공감한다. 칼에 손이 베이는 것을 보는 것은 고통스럽지만, 빵을 자르는 것을 보는 것은 그와는 매우 다른 느낌이다. 이러한 경우에 촉각거울체계는 어떻게 반응할까? 우리의 체성감각피질은 사물이 경험하는 것을 과연 느낄까?

발레리아는 이 문제를 연구하기로 했다. 우리는 브러시로 내 다리를 직접 쓰다듬는 모습 그리고 내 다리에서 30센티미터 정도 브러시를 떨어트린 상태에서 동일하게 쓰다듬는 모습을 촬영했다. 그런 다음 이번에는 내 다리를 촬영했던 침대 위에 링 바인더와 두루마리 종이타월을 두었다. 우리는 정확히 동일한 접촉 동작을 촬영했지만, 이번에는 내 다리가 아닌 링 바인더와 종이타월을 브러시로 쓰다듬었고 그런 다음에는 30센티미터 떨어져서 쓰다듬었다. 우리는 새로운 참가자들에게 이 영상들을 보여주면서 두뇌의 활동을 측정했다. 브러시로 사물을 쓰다듬는 영상을 보는 것은 내 다리를 쓰다듬는 영상을 보는 것만큼이나 강하게 SII영역을 활성화시킨다는 사실을 발견했다. 따라서 우리의 촉각 공유회로는 무엇을 만지느냐와 상관없이 접촉을 보는 것을 촉감으로 변환시키는 것 같다.

4장에서 본 바와 같이, 행동에 대한 거울체계는 로봇을 관찰할 때에도 사람을 관찰할 때처럼 활성화된다. 따라서 행동과 접촉 모두에서 공유회로는 사람, 로봇, 사물을 구별하지 않는다. 거울체계는 본 것을, 비슷한 행동을 하거나 비슷한 방식으로 접촉될 때의 느낌으로 단순히 번역한다. 타인이 어떤 행동을 하는 것을 관찰하면, 우리의 전운동피질과 두정엽에서 일어나는 거울뉴런의 활성화는 우리가 유사한 행동을 할 때의 활성화와 동일할 뿐 아니라 우리가 관찰하는 사람의 전운동피질의 활성화와도 동일해진다. 그 경우, 관찰자의 전운동피질과 두정엽의 활성화는 피관찰자의 활성화를 충실하게 반영한다. 같은 일이 우리가 타인의 촉각을 관찰할 때에도 일어난다. 관찰자의 체성감각의 활성화는 피관찰자의 활성화를 충실하게 반영한다.

원숭이를 관찰하는 인간이나 인간을 관찰하는 원숭이의 경우, 사정은 좀 더 복잡해진다. 인간과 원숭이 모두 전운동피질과 체성감각 피질을 가지고 있고, 원숭이가 인간이 움켜잡는 모습을 볼 때 활성화되는 두뇌영역은 관찰대상인 인간의 두뇌영역과 거의 유사하다. 하지만 이들 뇌영역의 정확한 조직은 다르기 때문에 작은 불일치가 발생한다. 우리가 살펴보았듯이, 팔 또는 손이 없이 태어난 참가자가 타인의 손동작을 관찰할 때에도 차이가 나타난다. 그들은 관찰되는 사람들이 사용했던 손 표상과는 다른 방식으로 발 표상을 활성화한다. 인간이 로봇의 행동을 관찰할 때 그 차이는 더 커진다. 인간 관찰자의 전운동 활성화는 로봇의 중앙처리장치의 전기적 활성화와 다를 뿐 아니라, SⅡ 내의 활성화는 우리가 만든 영상에서 접촉당하는 링 바인더의 상태와도 다르다.

역사적인 이유로, 우리는 공유회로가 하는 일을 설명하기 위해 계속해서 미러링 혹은 시뮬레이션이라는 용어를 사용할 것이다. 하지만 거울체계가 실제로 하는 일은 우리가 관찰하는 사람의 신경상태를 미러링하는 것이라기보다는 우리가 본 것을 우리가 그 상황에서 했거나 느꼈을 것의 언어로 번역 혹은 재해석하는 것이다. 인간을 이해하는 과정에서, 이러한 번역은 관찰자와 피관찰자 간의 유사성에 따라 다양하고 진정한 신경거울처럼 효과적으로 작용한다. 로봇이나 종이타월 두루마리처럼 근본적으로 다른 실재를 다룰 때에는, 이러한 번역은 관찰자 자신의 경험을 그가 관찰하는 사물에 투사하는 프로젝터처럼 작용한다. 우리의 공유회로는 다른 유기체가 우리와 다를 바 없다는 것을 깨닫게 해준다. 공유회로는 본질적으로 우리 모두가 같은 것을 경험한다고 가정한다. 혹은 보완적인 관점에서 봤을 때, 공유회로의 활동은 마치 우리 주변의 모든 것들이 우리가 느끼는 것처럼 느낀다고 느끼게 만든다. 공유회로는 우리가 직관적으로 우리 주변의 세계를 의인화하거나 자기화하도록 만든다.

칼로 빵을 자르는 것을 보는 것과 인간의 손이 베이는 것을 보는 것이 왜 그렇게 다르게 느껴지는지 우리는 아직 그 이유를 전혀 모른다. 감각 거울체계는 비슷한 방식으로 접촉당할 때와 유사한 신경상태를 체성감각피질에서 만든다. 그러나 우리 자신의 촉각 경험은 체성감각피질의 활성화에 의해서만 전적으로 결정되는 것은 아니다. 따뜻하고 부드러운 동물의 털이 우리 다리를 쓸어내리는 경험은 SⅡ 영역을 활성화시킬 것이다. 만약 이러한 접촉을 일으키는 것이 무엇인지 확인했을 때, 그것이 우리 집 고양이였다는 것을 알게 되면, 이 감각은 유쾌하게 느껴진다. 만일 그것이 처마 밑 홈통에서 기어나온 길 잃은 쥐였다는 것을 알게 되면, 동일한 체성감각의 활동이지만 매우 다르게 느껴진다. 따라서 체성감각영역에서 일어나는 비슷한 활동은 접촉하거나 접촉되는 것이 무엇인지 알려주는 다른 두뇌영역의 두뇌활동의 맥락에 따라 아주 다른 감정을 유발할 수 있다. 우리가 사람에 비해서 사물에 대한 공감능력이 상대적으로 결여되어 있는 것은 체성감각영역에서 미러링의 부재 때문이 아니라, 미러링에 대한 적극적인 재평가에 달려 있는 것으로 보인다. 전두엽영역이 이러한 재평가에서 핵심적인 역할을 하는 것으로 보인다.

공유회로의 본질적인 부분은 아마도 타인과 대상물(생물이건 아니건)에게 일어나는 일을 감지하는 것일 것이다. 그러나 그 시뮬레이션의 결과는 세상에 대한 우리의 지식과 통합되고, 그 지식에 근거해서 다르게 해석된다. 때때로 영아들은 대상물이 망가지는 것을 보면 놀랄 정도로 고통스러워한다. 그것은 그들의 공유회로가 이미 접촉의 광경에 반응하고 있다는 사실을 반영하지만, 그들의 인지적 해석은 아직 이 공유된 감각을 자신에게 유리하게 재해석하지 못한다.

처음에는 우리의 두뇌가 그렇게나 심하게 인간중심적이라는 게 이상해 보일 것이다. 인간의 상태를 다른 유기체에 귀속시키는 것은 큰 실수일 수 있으나, 그렇지 않을 수도 있다. 우리의 두뇌는 유기체의 적합성을 극대화하는 데 성공적이도록 진화했다. 사냥꾼은 토끼를 사냥할 때 자신의 공유회로를 활성화시킨다. 토끼의 뇌와 인간의 뇌는 많은 면에서 다르지만 마치 토끼가 자신과 똑같은 두뇌를 가진 것처럼 여기고 사냥하기 시작한다. 사냥꾼의 공유회로는 토끼가 어느 방향으로 달아날지를 정확하게 예측하고, 토끼를 전략적으로 위협해서 덫으로 몰아넣는다. 토끼를 포획하는 행위는 결국 우리를 생존하게 한다. 토끼의 정신적 삶이 실제로는 상당히 다를 것이라는 사실에 대한 철학적 통찰은 흥미롭지만, 우리의 저녁식사를 해결하는 데는 도움이 되지 않는다.

이러한 실용적인 요구에 따라서, 만일 토끼가 우리와 비슷한 정서를 가지고 있다고 가정하는 것이 토끼를 더 빨리 잡을 수 있게 한다면, 그 가정이 옳건 그르건 우리는 계속 그렇게 할 것이다. 마찬가지로 당신의 차가 접촉했을 때 뭔가를 느낀다고 가정하는 것이 차가 충돌하는 것을 막아준다면, 우리는 계속 그렇게 할 것이다. 우리 자신의 행동과 감각이 우리가 진정으로 알고 있는 유일한 것들이다. 모든 것을 미러링하는 데 그것들을 이용하는 것은 교만이 아니라, 자신의 것을 제외하곤 타인의 행동이나 감각을 전혀 모르는 사람의 겸손한 자기중심적 고충이다. 그런 다음 우리의 더 지적인 마음은 이 자기중심적 미러링의 결과를 더 현명하게 해석할 수 있다.

우리가 사물과 감각을 공유하는 것은 우리의 삶과 많은 동물들의 삶에서 사물이 갖는 중요성과 관련이 있다고 추측할 수도 있다. 나무에서 나무로 뛰어다닐 때, 영장류는 나뭇가지가 안전하게 구부러질 때와 부러질 때를 이해해야 한다. 그들은 이전에 어떤 나뭇가지가 자신의 몸무게를 지탱했고 어떤 나뭇가지가 부러졌는지를 기억해냄으로써 경험적 규칙을 개발할 수 있다. 하지만 이러한 학습은 갈비뼈가 부러지거나 생명을 잃는 희생으로 얻어질 것이다. 그 대안으로, 그들은 자신의 신체 경험을 나뭇가지와 같은 무생물에게까지 확장함으로써 비틀림과 부러짐에 대한 직관적인 감각을 도출해낼 수 있다. 우리는 자신의 손가락을 구부릴 때마다 고통스럽지 않은 긴장, 고통스러운 긴장, 그리고 때로는 부러짐에 대한 풍부한 내성적 개념을 얻는다. 이러한 느낌은, 나뭇가지가 부러지기 전 어느 정도까지 잘 구부러질까 같은 직관적인 개념과 풍부하게 연관된다. 현대에 와서는, 그같은 공감이 우리의 값비싼 자동차를 포함하여 우리가 사용하는 많은 귀중한 장비들을 손상시키지 않게 해줄 것이다. '물건'을 고장내서는 안 된다는 직관적인 감각이 없는 현대문화를 떠올리기란 힘들다. 사물에 공감하는 공유회로는 이러한 역량을 촉진시킨 진화의 기본 요소일지 모른다.

한 걸음 더 나아가, 우리의 재산에 대한 감각과 공감 간의 관계를 살펴볼 수도 있다. 다른 누군가의 자동차가 긁히는 것을 볼 때와 비교해서 자신의 자동차가 긁히는 것을 볼 때 우리는 더 공감하고 우리의 체성감각피질을 더 활성화시킬까? 우리의 행동에 대한 실험에서 로봇이나 감각에 대한 실험에서 사물이 모두 참가자의 소유물이 아니었다는 사실은 재산이라는 느낌이 없어도 그러한 공유가 일어난다는 것을 시사한다. 재산에 대한 감각은 이러한 공유를 더욱 증가시킬수 있고, 그 반대도 마찬가지일 것이다. 사물에 대한 우리의 애착감정은 우리가 그 사물과 감각을 얼마나 강하게 공유하는지와 관련 있을 것이다. 그러나 우리는 여전히 이러한 생각을 검사할 필요가 있다.

타인의 고통이 어떻게 나의 고통이 되는가

우리가 촉각거울체계를 연구하고 있을 때, 독일의 심리학자 타니아 싱어는 런던에서, 발레리아의 손가락이 베이는 것을 보고 내가 고통을 느꼈던 현상을 직접적으로 연구하기 시작했다.

나중에 이탈리아 중부 토스카나에서 열린 컨퍼런스를 마친 후 우리가 함께 빌린 농가 민박집 수영장 가에서 타니아가 내게 들려준 이야기는 이랬다. 그녀는 다음과 같은 간단한 문구의 광고를 냈다. "공감에 관한 fMRI 실험에 참여할 커플 구함." 그녀는 흥미를 보인 젊은 커플을 첫 면담에 초대했고, 앞으로 있을 연구에 대해 설명했다. 여성은 스캐너 속에 누워 있을 것이고, 그 옆에 파트너가 앉을 것이다. 남녀 파트너 모두 손에 조그만 전극을 부착하여 그것을 통해서 전류가 간헐적으로 보내지고, 이는 가벼운 통증을 유발할 것이다. 타니아는 그 전극을 그들의 손에 부착해서 어떤 느낌인지 알 수 있게 했다. 전기충격은 아팠지만 꼬집는 수준으로, 참지 못할 정도는 아니었다. 실험하는 동안, 여성은 스캐너 안에 누워서 조그만 화살표가 나타나는 화면을 보게 된다. 만약 화살표가 그녀의 손을 가리키면, 그녀가 전기충격을 받을 것이다. 하지만 화살표가 어두운 색이면 통증이 있는 전기충격일 것이고, 화살표가 밝은 색이면 통증이 없는 전기충격일 것이다. 화살표가 파트너의 손을 향하면 그는 통증을 유발하거나 유발하지 않은 자극 중 하나에 노출된다. 하지만 거기에는 그의 통증 여부를 알 수 있는 어떠한 신호도 없다. 일단 스캐닝이 시작되면, 참가자들은 언어적 혹은 비언어적 방식으로 파트너와 의사소통하는 것이 금지된다. 하지만 화살표의 색깔이 그녀의 파트너가 언제 통증을 느끼는지 참가자에게 알려줄 것이다.

타니아와 그녀의 동료들은 참가자 자신이 통증을 경험했을 때 활성화되었던 전섬엽과 전대상회anterior cingulate cortex 영역이 파트너가 통증을 경험하고 있다는 것을 알았을 경우에도 활성화된다는 사실을 발견했다[58]. 다시 한 번, 다른 개인에게 일어나는 것이 우리 자신의 경험을 처리하는 영역과 직접 연관된다는 것이 드러났다. 흥미롭게도, 그녀의 섬엽이 활성화된 위치는 우리가 역겨움을 관찰하고 경험했을 때 활성화를 발견했던 섬엽의 위치와 놀랄 만큼 가까웠다. 이것은 실제로 섬엽이 음식과 관련된 역겨움과 즐거움에서부터 신체적 통증에 이르기까지 다양한 신체감각을 나타낼 수 있음을 시사한다[51,58,59].

타니아는 또한 개인 간의 공감 차이를 측정하기 위해 데이비스 척도(부록 참고)를 참가자들에게 작성하게 한 첫 연구자였다. 그녀는 데이비스 척도의 하위척도인 '공감적 관심'에서 가장 높은 점수를 받은 참가자들이 자신의 통증을 느끼는 영역도 가장 강하게 활성화한다는 것을 발견했다. 그 하위척도는 "나는 내 자신을 매우 부드러운 마음을 가진 사람이라고 설명할 것이다" 혹은 "나는 종종 나보다 불행한 사람들에게 상냥하고 염려하는 마음을 갖는다"와 같은 진술들로 구성된다.

아는 것은 보는 것에 못지않을까?

수많은 실험자들이 다양한 배경과 이유에서, 공감의 신경학적 기초를 밝히기 위해 노력해왔다. 우리 모두는 각각 독립적으로 유사한 결론에 도달했다. 행동의 실행 그리고 접촉과 역겨움과 통증의 경험 구조가, 타인이 유사한 행동을 실행하거나 유사한 사건을 경험하는 것을 보거나 알 때 활성화된다는 것이다.

이러한 연구들 간의 중요한 차이는 참가자들이 타인의 정서를 지각하는 방법에 있다. 접촉과 정서에 관한 우리의 연구에서, 참가자들은 다른 사람들에게 일어나는 일을 명확하게 볼 수 있었다. 그들은 다리에 막대가 닿는 것을 보았고, 유리잔의 내용물을 마신 후 역겨움으로 얼굴을 찡그리는 것을 보았다. 타니아의 연구에서, 참가자들은 파트너가 고통을 겪고 있다는 것을 알려주는 파트너의 손을 가리키는 색깔 있는 작은 화살표를 보았다. 연구실에서 우리가 수행한 대부분의 연구는 타인에게 일어난 일을 참가자가 직접 목격할 때 무슨 일이 일어나는지를 시뮬레이션한 것이다. 반면 타니아의 연구와 지난 장에서 음벰바의 역겨운 이야기에 대한 연구는[64], 마치 당신의 파트너가 손을 베었다는 이메일을 읽을 때처럼, 그러한 사건을 직접 볼 수 없는 상황에서 다른 사람이 겪고 있는 것을 아는 상황을 시뮬레이션한 것이다. 모든 경우에 자신의 경험에 대한 신경표상이 활성화된다는 사실은 공유회로를 활성화하는 데는 한 가지 이상의 방법이 있다는 것을 확인해준다. 타인에게 일어나는 일을 직접 목격하는 것은 이 사회 시스템에서 가장 오래되고 가장 자연스러운 입력 형태다. 그러나 타인에게 일어나는 일을 아는 것만으로도 충분히 유사한 시스템을 활성화할 수 있다. 그 지식은 임의의 기호에서 도출되거나 언어적 지시로 설명될 수 있다. 이렇듯 우리의 공감 공유는 상당히 유연하다.

직접 접촉은 왜 접촉을 보는 것과 다른 느낌일까

파트너가 손을 베이는 것을 단순히 보는 것만으로도 우리가 육체적으로 고통을 느낀다는 사실은 공감이 얼마나 강력할 수 있는지 알려주는 놀라운 사례다. 하지만 우리는 누가 실제로 접촉되었는지 혹은 다쳤는지 절대로 혼동하는 법이 없다. 우리가 보았듯이, SII의 극히 한정된 영역만이 접촉의 관찰과 그것과 유사한 접촉 경험을 공유한다. SII의 대부분은 우리 자신의 감각을 위해 예비된 것으로 보인다. 게다가 SI은 우리의 실험에서 접촉을 경험하는 동안에는 강하게 활성화되었지만, 접촉을 관찰하는 동안에는 아주 미약하게만 활성화되었다. 이러한 차이는 접촉을 보는 것과 경험하는 것이 왜 그토록 다른지를 설명한다. 시각은 오로지 우리의 경험에서 관련된 뉴런의 한 부분만을 활성화시킨다.

사라 제인 블랙모어는 촉각 공유회로의 존재에 흥미를 느꼈다. 나는 런던에서 열린 작은 모임에서 그녀가 촉각거울체계의 함의에 대해 논의하는 것을 들었다. "누군가가 접촉당하는 것을 볼 때, 우리는 직관적으로 그 사람의 접촉 경험을 이해한다. 우리의 체성감각체계가 '마치' 우리 자신이 접촉당하는 것처럼 활성화된다는 것이 밝혀졌다"라고 그녀는 설명했다. 동료연구자는 놀란 것처럼 보였다. "'마치'나 '이해한다'는 게 무슨 의미죠? 나는 정말 피부로 그런 접촉을 느껴요!" 사라 제인은 그 연구자의 말을 어떻게 받아들여야 할지 몰랐다. 하지만 회의가 끝난 후, 그녀는 그 여성이 경험한 접촉의 대리 경험에 특별한 뭔가가 있다는 확신을 갖게 되었다.

그녀의 익명성을 보호하기 위해 사라 제인은 그녀를 'C'라고 언급했지만, 우리는 그녀를 '디에나'라고 부르기로 하자. 디에나는 다른 사람이 접촉당하는 것을 볼 때, 특히 얼굴이 접촉당하는 것을 볼 때, 직접적으로 촉각을 경험하는 것처럼 접촉을 경험한다. 우리 모두에게, 접촉을 목격하는 것은 접촉 시뮬레이션을 활성화시키지만 실제로 경험하는 것보다는 약하다. 하지만 디에나의 경우에는, 이 시뮬레이션이 너무나 강해서 실제로 경험하고 있다고 착각하는 것으로 보인다. 사라 제인은 fMRI를 이용하여 이러한 가능성을 연구했다. 두뇌의 활성화를 측정하는 동안, 그녀는 디에나의 몸을 만졌다. 그리고 다른 사람이 접촉을 당하는 영상을 보여주었다. 그런 다음 그녀는 12명의 자원자들에게 동일한 실험을 했다. 그들은 대부분의 우리처럼, 접촉당하는 것을 볼 때 진짜 촉감을 느끼지는 않는다고 보고했다. 이후 그녀는 디에나의 체성감각영역의 활성화 정도와 집단 구성원의 활성화 정도를 비교했다. 디에나는 접촉을 관찰하는 동안 SⅠ과 SⅡ 모두에서 상대적으로 강한 활성화를 보였다. 그래서 누군가가 접촉당하는 것을 보는 것이 그녀 자신이 실제로 접촉당하는 것처럼 촉감을 느끼게 되었던 것이다. 실제와 시뮬레이션 사이에 정상적인 분리가 사라져 있었다. 그녀의 SⅡ와 SⅠ 영역 모두에서 활성화가 통제 집단보다 상대적으로 강했기 때문에, 그 두 영역 중 어느 것이 지각의 차이에 더 중요한지 알아내기는 어렵다. 어쩌면 두 영역 모두에서 일어나는 더 광범위하고 강한 활성화가 관찰된 접촉을 실제처럼 느끼는 데 필요할지 모른다.

사라 제인의 사례에서 가장 중요한 결론은, 만일 시뮬레이션이 극도로 강렬할 경우, 타인에게 일어난 일을 목격하는 것과 자신의 경험 사이에 정상적인 구분이 모호해질 수 있다는 것이다. 대부분의 사람들에게, 진화는 이러한 거울체계에 브레이크를 달아주었다. 이 연구에서 참가자들 간의 편차는 그들이 본 것과 경험한 것의 차이를 명확하게 경험한다는 것을 보여주는 범위 안에 있었다. 흥미롭게도 데이비스 척도 검사 결과, 디에나처럼 타인이 접촉당하는 것을 목격할 때 누가 접촉당하는지 혼란을 느끼는 참가자는 그렇지 않은 사람보다 더 공감적인 것으로 나타났다[68]. 이것은 다른 사람이 접촉을 당하는 것을 목격할 때 자신의 접촉표상을 활성화하는 것이 실제로 공감으로 가는 관문일지 모른다는 생각에 힘을 실어준다. 반면에 냉혹한 살인자들은 이 연속선상의 정반대 극단에 있을 것이다.

남자는 공정한 사람에게만 공감하고, 여자는 그렇지 않다

지금까지 우리는 타인이 경험하는 것을 목격할 때 공유회로가 자발적으로 활성화되는 것을 보았다. 타니아의 연구에서처럼 상대방이 아는 사람이건, 우리의 연구에서처럼 모르는 사람이건 상관없이 말이다. 타니아는 만약 우리가 만난 사람이 비열한 사람이라는 사실을 알게 된 후, 그가 고통을 느끼는 것을 보게 된다면 과연 어떤 일이 일어날지 궁금했다. 만약 그가 당신에게 불공평했다면 어떨까?

여전히 토스카나의 수영장 가에서, 그녀는 내게 고통에 관한 두 번째 실험을 들려주었다. 그녀는 참가자를 스캐너에 혼자 있도록 했다. 거기에서 참가자는 자기처럼 실험참가자로 보이는 두 명의 배우를 만났다. 스캐닝을 하기 전 참가자와 두 배우는 순차적으로 반복되는 '죄수의 딜레마'라는 게임[iv]을 했는데, 이것은 협력을 연구하기 위해 실험경제학에서 사용하는 방법이다. 규칙은 복잡하지만, 개념은 간단하다. 게임참가자가 다른 참가자에게 돈을 맡긴다. 다른 참가자는 공정하게 그 돈의 일부를 처음 참가자에게 돌려줄 수도 있고, 부당하게 그 돈을 전부 자기가 가질 수도 있다. 타니아의 실험에서 중요한 점은 참가자들이 이 게임에 대해서 매우 정서적이 된다는 것이다. 만일 다른 참가자가 매번 많은 돈을 당신에게 돌려준다면, 당신은 그 사람을 좋아하게 될 것이다. 반대로 당신이 맡긴 돈을 매번 모두 가져간다면, 당신은 그를 싫어하게 될 것이다.

실험참가자의 절반은 여성, 절반은 남성이었다. 여성참가자의 절반은 남자 배우 둘을, 나머지 절반은 여자 배우 둘을 상대했다. 같은 규칙이 남성참가자에게도 적용되었다. 참가자들은 자신들이 두 개의 무관한 실험에 참여한다고 생각했다. 첫 번째 실험에서, 참가자들은 두 연기자와 함께 일련의 죄수의 딜레마 게임을 했다. 두 연기자 중 한 명은 '좋은 사람'으로 미리 정해진 각본에 따라서 참가자에게 많은 돈을 계속 돌려주었다. 다른 배우인 '나쁜 사람'은 참가자들에게 적은 금액을 돌려주면서(가끔은 한 푼도 안 돌려주면서) 불공정하게 행동했다. 게임 종료 후 참가자들은 매우 감정적이 되었으며, 좋은 사람을 재미있고 매력적인 사람이라고 평가했고 나쁜 사람은 불쾌하고 매력적이지 않다고 평가했다.

게임 후에 타니아는 참가자들에게 이제 완전히 다른 실험인 fMRI 스캐너에 들어갈 차례라고 말했다69. 그녀의 첫 번째 실험에서 파트너들에게 한 것과 비슷하게, 참가자 자신의 손 그리고 좋은 사람과 나쁜 사람의 손에 작은 전극을 부착했다. 참가자는 다시 스캐너로 들어갔고 참가자 위에 있는 스크린의 작은 화살표는 참가자, 좋은 사람, 나쁜 사람 중 한 명이 작은 고통 혹은 고통이 없는 전기자극을 받게 된다는 것을 보여주었다.

그런 다음 타니아는 이 실험방법을 이른바 '통증매트릭스'라고 불리는, 참가자가 통증을 경험하는 데 관련된 영역을 찾아내는 데 이용했다. 이 영역에서 좋은 사람과 나쁜 사람의 통증을 목격할 때의 차이를 측정할 수 있었다. 16명의 여성에서 실제로 자신이 통증을 경험할 때와 배우가 전기충격을 받을 때 모두 전대상회와 섬엽 부위가 강하게 반응했다. 또한 좋은 사람과 나쁜 사람이 전기충격을 받을 때에도 사실상 차이가 없었다. 하지만 남성의 경우에는 전혀 달랐다. 남성은 좋은 사람이 충격을 받을 때는 자신의 통증영역을 활성화시켰다. 이러한 공감적인 공유의 크기는 여성참가자와 비슷했다. 하지만 남성의 경우 나쁜 사람이 충격을 받는다는 것을 알게 되었을 때는 그들의 통증영역이 활성화되지 않았다. 여성과 달리 남성은 공정하지 않은 사람의 운명에 대해서는 전혀 개의치 않는 듯했다. 심지어 남성의 경우에는 보상과 관련 있는 두뇌영역이 활성화되었다. 즉 그들은 말 그대로 나쁜 사람이 벌을 받는 것을 즐기는 것 같았다.

이 연구가 특히 중요한 것은 우리 관심을 공감의 두 가지 중요한 측면으로 이끌기 때문이다. 첫 번째는 공유회로의 활성화는 자발적으로 일어날 수 있으나, 사람들이 서로를 어떻게 느끼는지에 따라 조절될 수 있다는 것이다. 두 번째는 남성과 여성은 공유회로를 조절할 수 있는 요인이 다르다는 것이다.

전쟁을 위해서는 공감의 억제가 필요하다

공감을 조절하는 능력 또는 경향의 이러한 차이가 전쟁과 같은 갈등상황과 특히 관련이 있을 수 있다. 대부분의 나라는 전쟁에 주로 여성이 아닌 남성을 보낸다. 친구에게는 공감적이나 적에게는 그렇지 않은 일반적인 남성들의 이중전략은 남성들을 전쟁에 아주 적합하게 만든다. 적의 고통을 공유할 수 없는 능력은 적을 죽여야 하는 병사의 임무를 더 견딜 수 있게 해주고, 동료에게 공감을 느끼는 능력은 그 군대를 단결시킬 것이다. 적군 측의 손실은 견딜 만한 반면, 아군 측의 손실은 고통스러우며, 복수를 하고자 하는 마음이 더욱 강해질 것이다.

여성의 경우에는 상황이 매우 다를 것이다. 적군의 고통은 보상의 감각이 아닌, 공유된 고통의 감각을 일으킨다. 물론 이러한 사실이 여군들은 적군을 해칠 수 없다는 것을 의미하지 않는다. 하지만 그들은 그렇게 함으로써 남성보다 더 많은 고통을 느낄 것이다. 또한 적군에 대한 고통의 공유는 전쟁에서 매우 중요한 신념인 '아군 대 적군'이라는 흑백논리를 받아들이기 어렵게 만들 수 있다. 이 모든 결론은 타니아가 수행한 연구와는 동떨어진 것이지만, 군인들의 공감에 대한 더 직접적인 연구는 병사들이 어려운 임무수행을 위해 갖추어야 할 심리적 방어기제에 성차가 있다는 중요한 통찰을 제공할 것이다.

여성과 남성의 사회적 두뇌는 다를 수 있다

우리 대부분은 남성/여성의 차별이 '정치적으로 옳지 않다'는 문화에서 자랐으며, 그 핵심 명제는 "우리는 모두 같은 인간이며, 차별은 존재하지 않아야 한다"라는 것이었다. 1980년대에 미국 페미니스트이자 뉴욕 대학의 윤리학자인 캐럴 길리건Carol Gilligan은 성별에 따라 남녀의 윤리의 근거가 근본적으로 다를 가능성을 받아들였다. 고전적인 예가 하인츠와 약사의 딜레마다. 하인츠 씨의 아내는 죽어가고 있으며, 생명을 구할 수 있는 유일한 약은 매우 비싸다. 약사는 하인츠 씨가 약을 사서 아내의 생명을 구할 수 있도록 약값을 깎아주지 않는다. 그는 어떻게 해야 할까? 더 중요한 질문은 이것이다. 왜 그렇게 해야 할까? 이와 같은 딜레마를 제시했을 때 전 세계의 남성들은 목숨을 살리는 것의 가치와 재산 존중의 가치를 추상적인 관점에서 비교하며 자신들의 결정(약을 훔치거나 훔치지 않거나)을 정당화했다. 여성들은 그러한 결정이 사람간의 개인적이고 정서적인 연결에 어떠한 영향을 미칠 것인가의 관점에서 더 자주 논쟁했다. 그것은 마치 두 성별이 조금 다른 내면의 목소리에 귀 기울이는 것처럼 보였다[70]. 여성의 경우에 결정의 계기가 다른 사람에 대한 돌봄이었다면, 남성의 경우에 추동력은 좀 더 추상적인 정의감이었다. 이러한 견해는 여전히 논란의 여지가 있다. 많은 페미니스트들은 길리건의 견해가 착하고 돌보는 어머니 대 공정하고 현명한 아버지라는 진부한 비교를 되살리지 않을까 우려했다. 그러나 공정함이 남성의 공유회로에는 영향을 미치나 여성의 공유회로에 영향을 미치지 않는다는 타니아의 발견은 길리건의 견해를 매우 현대적으로 보이게 하고, '내면의 목소리'의 이러한 차이에 신경학적인 근거를 제공할지 모른다. 타니아의 실험과 점증하는 연구자들의 연구 결과는 남성과 여성의 두뇌가 실제로 다르다는 것을 보여준다. 문제는 왜 다른가이다.

우리 선조들의 사회적 실상을 알기는 어려우나, 현대의 수렵채집 문화들은 우리가 진화해온 과정에서 선조들의 삶에 대한 최적의 추정으로 받아들여진다. 그런 문화들에서 성역할 간의 분명한 차이가 존재하며, 남성들은 공감이 그다지 도움이 안 되는 상황에 직면한다. 사냥하는 동안 그리고 적 부족에 대한 전투행위에서 공감은 방해가 되지만, 서로 협력해야 하는 사냥을 할 때 그리고 자기 부족 내 사회적인 활동에서는 공감이 중요하다. 공감이 있을 수도 있고 없을 수도 있는 이 같은 이중전략은 남성에게 최상의 전략이다. 한편, 여성들은 보통 전쟁과 사냥 같은 폭력적인 활동에는 참여하지 않는다. 그들은 아이들, 환자, 노인을 돌보고 견과류와 과일과 채소를 수집해 가족에게 음식을 제공한다. 그래서 남성만큼 공감을 억제할 필요가 없다. 그러한 조건하에서 수백만 년의 진화가 이루어진 후에, 그러한 성별의 차이가 우리 두뇌에 유전적으로 깊이 새겨졌을 수 있다. 그러나 중요한 점은 남녀 간의 이러한 차이가 단순히 공감 수준의 차이가 아니라는 것이 아니라, 평균 공감 수준은 조금 차이가 날지라도 대부분의 남성은 대부분의 여성만큼이나 공감적이라는 것이다. 이들의 진정한 차이는 공감을 조절하는 상황적 요인에 있다. 우리는 남성과 여성 뇌에서 공감에 대한 연구를 이제 막 시작했고 아직도 발견해야 할 것이 많지만, 공감의 차이가 존재한다는 것은 확실하다.

그러한 차이가 남성과 여성이 서로 다른 직업을 가져야 한다는 것을 의미하지는 않는다. 의사결정에서 지적인 역량이 우리가 지금까지 언급한 공감기제를 보완한다. 예를 들어, 비록 남성은 불공정한 사람의 고통을 여성만큼 공유하진 않지만, 그럼에도 타인에게 상처를 입히는 것은 용납할 수 없다는 지적 신념 때문에 고통을 주지 않기로 결정한다. 마찬가지로 여성은 불공정한 사람의 고통을 공유할 수 있지만, 그럼에도 그 대상이 벌을 받아야 하는 말 안 듣는 아이거나 유죄판결을 받아야 하는 범죄자이기 때문에 처벌한다.

비록 신경학적 차이가 우리에게 누가 어떤 일을 해야 한다는 것을 말해주지는 않지만, 직업훈련을 개선하는 데 이용할 수 있는 성별에 따른 내적 삶에 대한 통찰을 우리에게 줄 수 있다. 직업교육과정에서 성별간의 심리적 차이를 무시하는 것은 마치 패션산업에서 성별간의 해부학적 차이를 무시하는 것만큼이나 불합리하다. 남성과 여성 모두 청바지를 입었을 때 멋져 보일 수 있지만, 남성과 여성의 특정한 해부학적 차이를 염두에 두고 청바지를 재단한다면 훨씬 더 편하게 입을 수 있을 것이다.

당신의 움직임을 나는 느낄 수 있다

2008년, 우리는 2006년에 수집했던 자료를 다시 살펴보고 있었는데, 그때 발레리아가 나의 관심을 어떤 흥미로운 발견으로 이끌었다. 조이스를 포함한 우리 연구의 참가자들은 스캐너 안에서 사물을 조작했고 그리고 다른 사람들이 같은 일을 하는 것을 관찰했다. 지금까지, 우리는 참가자 자신의 행동을 프로그래밍하는 것과 관련된 전운동피질과 두정엽 부위가 타인의 행동을 관찰하는 동안에도 활성화된다는 사실에 관심을 집중했다. 내가 간과했던 것은 타인의 행동을 목격할 때 두정엽의 활성화가 일차체성감각피질의 가장 뒤쪽 부분까지 연결된다는 것이었다[71]. 이 부위는 참가자 자신의 행동을 프로그래밍하는 것과 관련된 영역이 아니라 참가자가 몸을 움직이거나 사물을 접촉할 때의 느낌과 관련된 영역이다. 우리는 지금까지 발표된 다른 모든 fMRI 연구를 체계적으로 살펴보았다. 그 결과 참가자가 행동을 수행하고 타인의 행동을 관찰한 모든 연구가 체성감각피질의 이 영역에서 두 경우 모두에 활성화를 보고했음을 발견했다. 하지만 놀랍게도 연구 결과에서 이 부분을 언급한 사람은 아무도 없었다. 참가자가 손동작을 관찰하거나 직접 수행할 때 동일한 체성감각 부위가 활성화된다는 사실은, 다른 사람의 행동을 보는 동안 참가자의 뇌가 마치 유사한 행동을 프로그래밍하는 것처럼 운동영역을 활성화할 뿐 아니라, 마치 관찰한 방식대로 자신의 몸을 움직이고 사물의 접촉을 느끼게 하는 체성감각영역도 활성화함을 시사한다. 운동 및 체성감각 시뮬레이션은 별개의 과정이 아니라 행동을 관찰하는 동안 동시에 일어나는 것으로 보인다. 그러나 이 두 가지 형태의 시뮬레이션을 통해 우리는 타인의 행동에 대해 서로 다르지만 보완적인 통찰을 얻을 수 있다. 운동 시뮬레이션은 우리가 상대방의 의도를 느끼고 그들이 다음 순간에 무엇을 할지를 추측할 수 있게 하는 데 적합하다. 왜냐하면 의도 그리고 미래에 대한 프로그래밍이 우리 운동체계가 하는 전부이기 때문이다. 반면에 체성감각 시뮬레이션은 그러한 방식으로 행동하는 것이 어떤 느낌일지에 대한 통찰을 우리에게 주는 것 같다. 예를 들면, 그 물건은 들기에 무거울까? 그 행동을 하면 우리 몸에 무리가 될까? 아니면 기분이 좋아질까?[72]

요약

거울뉴런이 발견되었을 때 대부분의 사람들은 회의적이었다. 어떤 개인이 특정한 행동을 할 때와 유사한 행동을 다른 누군가가 수행하는 것을 관찰할 때 모두에 반응하는 뉴런은, 세상에 대한 관찰이 유기체 자신의 행동을 프로그램하는 뇌영역과는 완전히 다른 뇌영역에 의해 이뤄진다는 기존의 관점과 맞지 않았다. 해가 거듭될수록 행동에 대한 거울체계의 증거가 축적되었고, 이에 따라 두뇌에 대한 기존의 관점도 우리 자신의 행동을 프로그래밍할 때 활성화되는 동일한 두뇌영역을 이용하여 타인의 행동을 이해한다는 더 통합적인 체계로 바뀌었다.

뇌에 대한 이 새로운 관점은 처음에는 운동체계에 국한되었으나,

지난 수년간에 걸쳐 그 범위가 확장되었다. 첫째, 타인의 정서가 공유회로에 의해 처리되고 유사한 얼굴운동프로그램과 본능적인 정서를 활성화시켜 시뮬레이션된다는 것이 밝혀졌다. 둘째, 타인의 촉감조차 사람들이 단순히 접촉당하는 경우와 그들이 신체를 움직이는 것을 관찰할 때 모두에서 공유회로를 사용하여 처리되는 것으로 보인다. 단 하나의 원리가 그렇게 많은 서로 다른 사회인지 영역을 설명할 수 있다는 증거를 볼 때, 우리가 진정으로 두뇌구조의 기본 원리를 발견했다는 데 의심의 여지가 없다[52,53].

8

공유의 학습

공유회로는 어느 영역에나 존재하는 것 같다. 우리는 타인의 행동, 감각, 정서를 보면서 우리 자신의 행동, 감각, 정서를 활성화한다. 이것은 거울뉴런이 어떻게 발달하는지에 대한 간단하면서도 중요한 질문을 제시한다. 다시, 우리는 단 하나의 뉴런이 물리적으로는 거의 공통점이 없는 다음의 세 가지에 어떻게 모두 반응할 수 있는지를 질문해야 한다. 어떤 행동을 할 때 발생하는 근육의 수축, 유사한 행위를 목격할 때 우리 눈에 들어오는 빛의 광자 그리고 우리가 그러한 행동의 소리를 들을 때 귀에 들려오는 음향파.

공유회로에 기반한 사회인지에 대한 신경과학적 설명의 타당성은 어떻게 그러한 공유회로가 출현할 수 있었는지에 대해 우리가 얼마나 그럴듯한 설명을 제시할 수 있는지에 따라 성패가 좌우될 것이다. 이번 장에서 우리는 시냅스 연결이라는 미시세계로 들어가서 '헤브학습hebbian learning' 이론을 기반으로 설명할 것이다. 이번 장은 이전 장들보다 뇌가 실제 어떻게 작동하는지에 관해 좀 더 상세한 내용을 담고 있어 어려울 수 있지만, 참고 읽어주기 바란다. 이 장이 끝날 무렵에 여러분은 공유회로가 마술적인 것이 아니라 정말로 불가피한 우리의 생물학적 결과라는 사실을 이해하게 될 것이다.

헤브학습: 두뇌는 어떻게 연합하는 방법을 배우는가

도널드 헤브Donald Hebb(1904~1985)는 캐나다의 심리학자이자 신경과학자였다. 그는 몬트리올의 신경외과의 와일더 펜필드 밑에서 잠시 동안 일했다. 앞에서 보았듯이, 와일더 펜필드는 간질 원인으로 보이는 뇌 부분을 제거하여 간질환자를 치료했다. 그는 이후에 환자들의 정신상태를 조사하기 위해 도널드 헤브를 고용했다. 그는 특정 부위를 제거하면 특정 기능에 장애가 생기는지가 궁금했다.

헤브는 펜필드가 나이 어린 간질환자의 뇌 조직을 다량으로 제거할 경우, 아이들이 매우 잘 회복되고 비교적 정상적으로 지능이 발달한다는 점에 주목했다. 반면, 어른의 뇌에서 비슷한 양을 제거할 경우에는 파국적인 결과를 초래했다. 이러한 발견은 그를 매우 당혹하게 만들었다. 그는 동일한 두뇌영역의 제거가 왜 연령대에 따라 이러한 극적인 차이를 보이는지 그 원인에 대해 연구하기 시작했다. 그는 우리의 지적인 역량이 특정 두뇌영역과 불가역적으로 연결된 것은 아니라는 의심을 하게 되었다. 대신에, 어린 시절의 경험이 특정한 두뇌영역이 특정한 기능을 다루도록 형성하는 것일지 모른다고 생각했다. 만일 뇌 조직이 학습이 일어나기 전에 제거된다면, 학습은 뇌의 다른 어딘가에서 일어날 수 있다. 만약 학습이 일어난 후에 뇌 조직이 제거된다면, 지적인 능력은 손상될 것이다. 어떤 의미에서, 뇌는 스포츠 팀과 유사하다. 특별한 기술이 없는 아이들이 팀에 가입한다. 코치는 각 선수들을 공격, 수비 등 특정 역할에 맞게 훈련시킨다. 만약 어떤 선수가 훈련과정 초기에 그만둔다 해도, 그 팀은 공격이나 수비에서 특별한 결함 없이 발전할 것이다. 그러나 만약 동일한 선수가 훨씬 나중 단계에서 빠지게 될 경우, 그가 훈련을 받은 특정 기능은 위태롭게 될 것이다. 수년에 걸쳐서, 헤브는 경험이 두뇌영역의 기능을 어떻게 결정하는지가 핵심 질문이라는 것을 깨달았다. 이 질문의 답을 얻기 위해서, 그는 학습과정에서 뇌에 정확히 어떤 일이 일어나는지를 알아낼 필요가 있었다.

당시는 과학적 발견의 급증 속에서 두뇌의 수많은 중요한 특성들이 막 확인되던 중이었다. 스페인 신경생리학자인 산티아고 라몬 이 카할Santiago Ramon y Cajal은 뇌가 모든 신경을 함께 엮는 단일 망상조직이 아니라 시냅스를 통해 정보를 교환하는 개별 뉴런들로 구성된다는 것을 발견하여 1906년 노벨상을 받았다. 1932년에 에드거 에이드리언Edgar Adrian은 최초의 단일 세포 기록을 이용하여 실무율悉無律의 전기적 활동성을 가진 소위 활동전위를 입증했고 이러한 방출의 빈도는 자극의 강도를 나타낸다는 것을 입증하여 노벨상을 받았다. 그는 또한 시냅스 효율에 차이가 있다는 가설을 세웠다. 즉 만일 뉴런1이 뉴런2와 특정한 수의 시냅스에 의해 연결되어 있다면, 시냅스가 강할 경우에는 뉴런1의 활성화가 뉴런2에 강한 충격을 줄 수 있지만, 시냅스가 약하다면 상대적으로 더 작은 영향을 미친다는 것이다. 또한 두뇌의 시냅스 수는 뉴런의 수보다 훨씬 많으며, 원칙적으로 두 개의 뉴런 사이에 많은 연결이 있을 수 있다고 믿었다.

에이드리언의 뇌 생리학 관점은 헤브의 이론에 기초가 되었다. 이와 병행하여 러시아의 심리학자이자 생리학자인 이반 파블로프와 미국 심리학자 버러스 스키너를 포함한 행동주의자들은 우리의 학습능력을 두 개의 잘 연구된 구성요소로 세분함으로써 심리학을 엄격한 과학으로 전환하는 데 성공했다. 첫 번째는 고전적 조건화classical conditioning 즉 두 가지 자극을 연합시키는 능력이었고, 두 번째는 조작적 조건화operant conditioning 즉 부적 강화와 정적 강화를 통해서 특정 자극을 특정 행위와 연합시키는 학습이었다. 고전적 조건화의 유명한 예는 먹이와 먹이에 선행하는 종소리를 연합하는 것을 학습한 파블로프의 개다. 조작적 조건화의 예는 비(자극)가 올 때 머리 위로 우산을 펼치는 것(행동)을 학습하는 것이다. 그렇게 하는 것이 비로 인해 당신이 젖고 비참하게 느끼는 것을 막아주기(부적 강화 즉 불쾌한 자극을 제거하기) 때문이다. 이러한 생리학과 심리학의 발전의 맥락에서, 당시는 뇌구조에 대한 신생 지식과 행동주의자들이 설명하는 학습법칙들 간의 간극에 누군가 다리를 놓기에 적기였다.

상당한 숙고 끝에, 헤브는 1949년에 펴낸 그의 책《행동의 조직The organization of behavior》[73]에서 매우 간단하면서도 강력한 생각에 이르렀다. 그는 뇌의 기능을 두 개의 인과관계로 연결되어 있는 차원에서 파악해야 한다고 제안했다. 즉 일시적인 활성화의 패턴과 지속될 수 있는 기억의 흔적이다. 양들의 걷기 패턴에 대한 비유가 이러한 부분을 명료화하는 데 도움이 될 것이다. 산에 A, B, C, D라고 불리는 4개의 풀밭이 있다고 상상해보자. 한 무리의 양들이 A에서 B로, B에서 C로 걷다가 다시 A로 되돌아온다. 하지만 어떤 이유에서인지 D로는 가지 않는데, 이것은 우리에게 별로 중요하지 않다. 그들의 통행은(그림8.1의 왼쪽 위) 그들이 지나간 길을 따라 풀들을 약간 짓밟았으며, 흔적의 시작이라고 부를 수 있는 것을 남겼다(그림8.1의 오른쪽 위). 흥미로운 것은 그들의 통행은 그 흔적의 원인일 뿐 아니라 그 흔적은 이제 그들 미래의 통행에 원인이 될 것이라는 사실이다. 다음번에 양떼들이 걷기 시작하면 이전과 같은 길을 따라 걸을 가능성이 훨씬 높아진다. 왜냐하면 그 길로 가는 게 더 쉽기 때문이다. 이것은 점점 그 길을 더욱 명확하게 가시적으로 만들며, 그들이 앞으로도 같은 길로 걸어갈 가능성을 더욱 높일 것이다. 따라서 우리는 그들의 걷기 패턴을 두 가지 수준에서 설명할 수 있다. 첫 번째는 그들이 이번 주에 어떻게 걷고 있는지에 대한 일시적인 설명 그리고 두 번째는 산속 경로에 가시적으로 나타나는 흔적에 대해서 더 지속적이고 구조적인 설명으로, 이 두 설명 사이에는 상호인과적인 관계가 존재한다.

헤브는 두뇌의 상황도 이와 유사하다고 제안했다. 우리가 태어나서 처음으로 개를 보게 되면 귀, 코, 꼬리와 같은 개의 다양한 특성을 나타내는 수많은 시각 뉴런들이 동시에 활성화된다. 바퀴와 같이 개에게 없는 특성을 나타내는 뉴런은 불활성화 상태로 남으며(그림8.1의 왼쪽 아래), 우리는 개를 구성하는 것들에 대한 임시 규칙을 갖는다. 헤브는 우리가 태어날 때는 이러한 모든 뉴런들은 상대적으로 임의적인 형태로 상호 연결되어 있지만, "함께 발화되는 뉴런은 서로 연결된다if neurons fire together they wire together ∨"라고 가정했다. 개를 볼 때는 귀와 코, 꼬리에 반응하는 뉴런은 동시에 발화되는 반면, 바퀴에 관한 뉴런은 발화되지 않는다(그림8.1의 왼쪽 아래). 귀, 코, 꼬리 뉴런들은 함께 연결될 것이고, 이전에는 뉴런들 간의 약했던 연결이 강화될 것이다. 바퀴뉴런은 이러한 강화된 연결패턴의 일부가 되지 못할 것이다(그림8.1의 오른쪽 아래).

개를 여러 차례 본 후에는, 개의 서로 다른 특성들을 나타내는 뉴런들로 연결된 시냅스 연결이 매우 강해져서 두뇌는 개에 대한 지속적인 기억흔적을 갖게 된다. 그런 다음 벽 뒤에서 쫑긋한 귀가 있는 코를 본다면, 개의 나머지 부분이 벽 뒤에 숨겨져 있다고 생각할 수 있게 된다. 왜냐하면 코와 귀의 뉴런들의 활성화가 강화된 연결을 통해서 퍼져나가 꼬리뉴런을 활성화시켜, 결국 효과적으로 개에 대한 우리의 정신적 이미지를 완성하기 때문이다.

"함께 발화되는 뉴런은 서로 연결된다"는 헤브법칙은 신경과학의 진정한 승리다. 왜냐하면 고전적 조건화와 패턴 완성 같은 복잡한 심리적 현상을 기계론적인 국지적 관점으로 설명하기 때문이다. 개에 대한 어떤 추가적인 지식도 없이 코와 꼬리를 나타내는 뉴런은 연결되었다. 이러한 두 개의 뉴런이 반복적으로 동시에 발화된다는 단순한 사실은 코와 꼬리 사이의 연합의 출현을 설명한다. 헤브법칙은 행동주의 심리학자들이 발견한 고전적 조건화 현상을 생리학적으로 설명할 수 있는 최초의 설득력 있는 이론을 제공했다.

그의 책이 출판된 지 거의 60년이 지난 지금에는 헤브의 기본적인

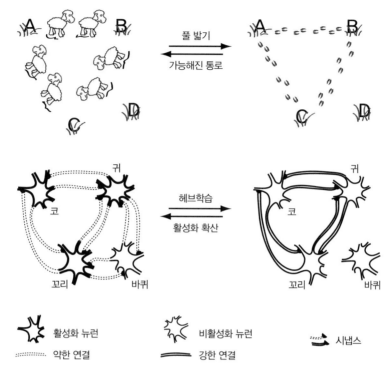

그림8.1 양들이 D를 제외하고 A → B → C → A 길을 따라 걸을 때, 풀들이 밟히면서 지속적인 흔적을 만든다(오른쪽 위). 이것은 향후에도 양들이 같은 길을 따라 걷도록 만든다. 이와 유사하게 우리가 개를 볼 경우에, 우리의 귀, 코, 꼬리 뉴런이 활성화되지만(뉴런에 번개가 치는 것으로 그림에 표시됨), 우리의 바퀴뉴런은 비활성화된다(왼쪽 아래). 이것은 활성화된 뉴런간의 연결은 강화하지만 바퀴뉴런과의 연결은 감소시킬 것이다(오른쪽 아래). 이는 향후에 유사한 활동패턴을 띠도록 만든다.

가정이 옳다는 엄청난 양의 증거가 쌓여 있다. 신경계 전체에서, 시냅스전 뉴런presynaptic neuron(즉 시냅스를 통해 신호를 보내는 뉴런)이 다른 뉴런에 의해서 활성화되는 시냅스후 뉴런postsynaptic neuron과 동시에 발화되거나 직전에 발화되면 뉴런은 시냅스 연결을 증가시키는 것으로 밝혀졌다74. 버클리에 있는 캘리포니아 대학의 분자생물학자인 군터 스텐트Gunther Stent는 헤브의 기존 학습규칙을 확장했다. 그는 뉴런들의 발화가 정적 상관이 있을 때(즉 함께 발화될 때)는 동시에 연결되고 그 발화가 부적 상관이 있을 때(즉 A뉴런이 발화될 때 B뉴런은 발화되지 않고 그 반대도 마찬가지일 때) 연결은 감소한다고 말했다[75]. 앞서 본 개의 예에서, 바퀴뉴런은 코나 꼬리가 존재하지 않을 경우 더 발화되기 쉬우며, 한편으로 바퀴뉴런과 코와 꼬리 뉴런 사이의 시냅스 연결을 감소시켜야 하는 부적 상관관계가 만들어진다.

헤브는 인간행동의 복잡한 구조를 뉴런간 상호작용을 지배하는 단순한 법칙을 통해 얼마나 멋지게 설명할 수 있는지를 보여주었다.

두뇌 내의 연합이 어떻게 거울뉴런을 생성하는가

행동에 대한 거울체계의 특성은 이전 장에서 논의했다. 마카크원숭이의 경우에 그러한 특성은 최소한 세 개의 상호 연결된 대뇌피질 부위로 축약된다. 바로 측두시각피질, 후두정엽, 전운동피질이다(도표 참조)[76]. 시각피질의 뉴런은 다른 사람의 신체 움직임을 볼 때 반응한다. 후두정엽의 뉴런은 원숭이가 특정한 행동을 할 때와 다른 개체가 이와 유사한 행동을 하는 것을 보았을 때 모두 반응한다. 전운동피질의 뉴런은 목표 지향적 행동의 실현을 담당하며 또한 이 뉴런의 10~20%는 원숭이가 유사행동을 관찰하거나 들을 때에도 반응한다[39,40]. 시각피질은 전운동피질과 직접적으로 연결되어 있지 않지만 두정엽과는 상호 연결되어 있고, 두정엽은 다시 전운동피질과 상호 연결되어 있다.

거울체계 수수께끼의 핵심은 이 세 두뇌영역에서 동일한 행동에 대해 선택적인 뉴런간의 연결이 어떻게 강화되는지 그리고 다른 선택성을 가진 뉴런을 연결하는 교차연결이 어떻게 제거되는지 이해하는 것이다.

자신의 행동을 타인의 행동과 연결하기

헤브학습 관점에서 이것은 수수께끼가 아닐 수도 있다[76,77]. 자신의 행동을 관찰할 때는 특이한 상황이 우리 두뇌 안에서 발생한다. 행동을 유발하는 전운동뉴런의 활성화는 행동을 보거나 행동의 소리에 반응하는 감각영역 내 뉴런의 활성화와 동조된다. 왜냐하면 자신의 신체 움직임을 볼 수 있고 자신의 행동의 소리를 들을 수 있기 때문이다. 거울체계에 대한 우리의 도표에서 보면, 이것은 시각피질의 뉴런이 동일한 행동으로 표상되는 두정엽과 전운동뉴런의 발화와 동조됨을 의미한다.

그림8.2는 헤브학습이 거울체계가 작동하는 데 필요한 선택적인 연결을 이끌어낼 수 있다는 것을 보여준다. 아기의 전운동피질에 있는 네 개의 뉴런을 상상해보자. 이들 중 두 개는 A행동을 할 때 활성화되므로 A행동이라고 부르고, 나머지 두 개는 B라는 행동을 할 때 활성화되므로 B행동이라고 부르자. 만약 A뉴런이 활성화되면, 아기는 A행동을 하게 된다. A행동의 소리와 장면은 이제 B행동보다 A행

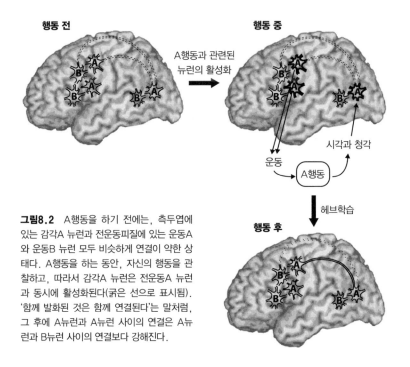

행동 전

행동 중

A행동과 관련된
뉴런의 활성화

시각과 청각

운동

A행동

헤브학습

행동 후

그림8.2 A행동을 하기 전에는, 측두엽에 있는 감각A 뉴런과 전운동피질에 있는 운동A 와 운동B 뉴런 모두 비슷하게 연결이 약한 상태다. A행동을 하는 동안, 자신의 행동을 관찰하고, 따라서 감각A 뉴런은 전운동A 뉴런과 동시에 활성화된다(굵은 선으로 표시됨). '함께 발화된 것은 함께 연결된다'는 말처럼, 그 후에 A뉴런과 A뉴런 사이의 연결은 A뉴런과 B뉴런 사이의 연결보다 강해진다.

동에 더 반응하는 측두엽의 뉴런을 자극한다. 이는 그림8.2에서 A라는 문자로 표시되었다. 신생아의 시각·두정·전운동 피질은 다소 약하긴 하지만 임의적으로 상호 연결되어 있다고 가정할 수 있다. 측두엽 A뉴런의 활성화는 전운동피질의 A와 B 뉴런 모두에게 전달되지만[vi], 상황은 매우 다르다. A뉴런은 현재 활성화되어 있고, 시냅스는 헤브학습규칙(함께 발화되는 것은 함께 연결된다)에 따라 강해지고 더 효율적이게 될 것이다. 반대로 B뉴런은 현재 활성화되어 있지 않다. 왜냐하면 아기는 A행동을 하는 동안 B행동을 동시에 할 수 없기 때문이다. 따라서 이 시냅스는 약화된다. A행동을 실행하는 동안 자기관찰을 반복한 후에는, 시각A와 전운동A 뉴런 간의 시냅스가 매우 강해져서 행동을 보거나 듣는 것만으로도 전운동피질에서 두 개의 A뉴런 중 하나를 활성화시키는 데 충분할 것이다. 그 뉴런이 바로 거울뉴런이 된다. 반면 측두엽 A뉴런으로부터 입력을 받지 않았던 전운동피질의 A뉴런은 거울뉴런의 특성이 없는 순수한 운동뉴런으로 남게 된다.

따라서 헤브학습은 어떻게 우리가 자신의 행동을 보는 것과 그러한 행동의 실행을 연합하는지를 설명해준다. 그러나 그것이 어떻게 우리가 타인의 행동을 이해하는 데 도움이 되는 것일까. 타인의 행동을 볼 때는 우리 자신과는 아주 다른 관점으로 바라보는데 말이다. 그 해답은 "관점의 불변성view-point invariance"에 있다. 두정엽과 전운동영역으로 입력을 보내는 고차시각피질의 많은 뉴런들은 사물 또는 사람이 다른 관점에서 보여질 때에도 유사하게 반응한다[78]. 그러므로 이들 뉴런은 자신의 행동과 타인의 행동에 대해 유사하게 반응하고, 자기관찰 중에 학습한 연합을 타인의 행동으로 일반화하게 된다. 소리에서 이러한 일반화는 더 단순한데, 왜냐하면 당신이 종이를 찢는 소리와 내가 종이를 찢는 소리가 아주 유사하기 때문이다.

따라서 손동작에 대한 거울뉴런의 출현은 자기관찰 과정에서 발생하는 헤브연합의 단순한 결과로 볼 수 있다. 헤브연합이 발생하기 위해서 아기는 자기 자신의 행동을 주의 깊게 볼 필요가 있을 것이다. 정말로 그런가? 정말로 그렇다. 아기는 생후 첫 몇 개월 동안 자신의 행동에 매료되어, 깨어있는 시간의 대부분을 자신의 손동작을 반복하고 그것을 주의 깊게 관찰하며 보낸다[79]. 아기들이 왜 그러는지가 궁금하다면 그 답은 아마도 그것이 헤브학습을 위한 완벽한 상황을 제공하기 때문일 것이다.

이러한 관점의 강점은 헤브의 원래 목적과 마찬가지로 거울뉴런에는 신비스러운 어떤 것도 존재하지 않는다는 것을 보여주는 데 있다. 유일하게 필요한 것은 두뇌의 감각영역과 전운동영역 사이가 약하게 연결되어 있고 아기가 자신의 행동을 관찰하는 것이다. 원칙적으로, 진화과정은 우리에게 거울체계를 제공할 수 있는 두 가지 방법을 제공했을 것이다. 우리의 부모로부터 물려받은 유전자 코드가 측두엽과 그에 상응하는 전운동영역의 신경을 연결하는 데 필요한 모든 정보를 포함하도록 진화했을 수 있고, 그럴 경우 우리는 완벽하게 기능하는 거울체계를 가지고 태어났을 것이다. 인간이 지각하고 실행하는 수많은 행동을 감안하면, 엄청나게 상세한 지침이 유전자 속에 저장되어 있어야 할 것이다. 대안적인 방법으로, 유전자는 시냅스를 이용하여 전운동영역에 다소 임의적인 방식으로 감각영역을 연결하도록 진화되었을 수 있다. 이것은 헤브학습 규칙에 따라 학습할 수 있게 하고, 아이들에게는 행동을 실행하고 그것을 바라보는 본능을 부여할 수 있다. 자신의 행동에 매료되는 아동의 성향은 진화가 후자의 경로를 밟아왔음을 증명하는 것으로 보인다. 결과적으로, 아동은 거울체계를 발달시킬 뿐 아니라 자신의 행동 모습을 전운동피질과 연결한다. 이는 자신이 해야 하는 방식으로 맞게 하는지 여부를 관찰하여 자신의 행동을 통제하는 데 필수적일 수 있다[vii]. 이런 관점에서 후자의 운동제어기능은 진화가 거울뉴런을 가진 두뇌를 선택하는 핵심 이유일 수 있으나, 일단 두뇌에 거울뉴런이 있게 되면 타인을 이해하는 데에도 유용할 수 있다.

자신과 타인 간의 차이를 학습하기

공유회로는 타인의 행동을 자신의 행동과 관련짓게 해준다. 하지만 만일 내가 당신에게 와인 한 잔을 건네주고 당신이 그것을 받는다면, 어떤 행동이 내 것이고 어떤 행동이 당신 것인지를 이해해야 한다. 우리의 두뇌는 내가 유발하는 시각적인 움직임과 당신이 유발하는 시각적인 움직임을 어떻게 구별할까?

앞에서 언급했듯이, 시각피질과 전운동피질 간의 연결은 상호적이다. 비록 시각뉴런에서 전운동뉴런으로의 정보 흐름은 거울뉴런에게 시각적인 정보를 제공할 수 있지만, 반대로 전운동뉴런에서 시각뉴런으로의 정보 흐름은 외부적인 사건에 의해 발생한 행동과는 별개로 자기 자신의 행동의 결과를 구분하는 데 필수적일 수 있다.

A행동을 실행할 때 반응하는 전운동피질 내 뉴런이 그와 동일한 행동에 반응하는 시각피질 내 일부 뉴런에게 억제연결 신호를 보내는 것 같다. 헤브학습이 양방향(전운동 시각과 시각 전운동)으로 비슷한 속도로 이루어져야 한다는 점을 감안할 때, 이러한 평행한 움직임은 완벽한 주의 조절이 필요하다. 거울체계가 올바른 연결을 선택하기 위해서 집중적인 자기관찰이 필요한 발달 초기에는, 역방향으로의 억제는 아직 일어나지 않으며, 따라서 유아에게는 자신의 행동이 가장 눈에 띄고 주의를 사로잡는 것이 된다. 훈련에 의해서 거울체계

가 점차적으로 조율되면서, 역방향으로의 억제도 점점 효과적이게 되고, 자연스럽게 자기관찰에 대한 주의집중도 줄어들게 된다. 거울체계가 완전히 조율되고 나면, 역방향으로의 억제는 최고조에 이르고, 아이는 자신의 행동에서 주의를 거두게 된다. 그 조절은 행동 특정적인 것으로서, 만일 아동이 새로운 행동을 습득하게 되면 그 행동은 더 강화되고, 헤브학습을 가장 필요로 하는 그 행동에 주의가 집중된다.

성인의 경우, 자신의 행동에 대한 억제는 두 가지 추가적인 결과를 가져온다. 첫째, 타인의 행동과 자신의 행동을 어떻게 구분하는지에 대한 답을 제공한다. 타인의 행동은 시각피질에서 전운동피질로의 입력이 억제되지 않은 결과인 반면, 우리 자신의 행동은 억제된 결과다. 둘째, 운동체계 내의 오류에 대해 경고를 제공한다. 우리 앞에 플라스틱 컵이 있는데 그 컵 안에는 물이 가득 차 있을 것이라 예상한다고 상상해보자. 그럴 경우, 우리는 상당한 힘을 들여서 컵을 들어 올릴 것이며 컵이 느리게 서서히 들어 올려지는 것을 보리라 예상할 것이다. 우리의 시냅스 연결은 느린 상향 움직임이라는 억제 표상에 의해 우리 자신의 움직이는 모습을 상쇄시킬 것이다. 그런데 만일 그 컵이 비어 있음을 알게 된다면 그 컵은 매우 쉽게 들릴 것이다. 결과적으로 우리는 컵이 매우 빠르게 올라가는 것을 보게 될 것이다. 이런 움직임은 억제되었던 움직임과는 확연히 다르며, 우리에게 컵을 천천히 들어 올리라고 지시하는 오류 메시지에 적색 깃발을 흔드는 역할을 하는 중요한 입력신호로 이어진다[viii].

우리는 할 수 있는 것만 미러링할 수 있다

만일 거울체계가 정말로 헤브학습을 통해서 발달된다면, 우리는 아주 어린 유아의 경우에는 그 행동을 스스로 수행할 수 있기 전까지는 특정한 행동에 대한 거울체계를 가지고 있지 않을 것이라 예상할 수 있다. 예를 들어 움켜쥐는 동작은 대략 6개월부터 발달하기 시작한다. 따라서 생후 3개월의 아기는 쥐는 것에 대한 거울체계를 아직 가지고 있지 않을 것이며 다른 사람이 쥘 때 그 사람이 무엇을 하는지를 진정으로 이해하지 못할 것이다. 하지만 생후 6개월 된 아기가 그러한 사실을 말해주기에는 너무 어리다는 것을 감안한다면, 그들이 어떤 행동을 이해할 수 있다는 것을 우리가 어떻게 알 수 있을까?

시애틀에 위치한 워싱턴 대학의 발달심리학자 제시카 서머빌Jessica Sommerville, 아만다 우드워드Amanda Woodward 그리고 에이미 니드햄 Amy Needham은 단순하지만 기발한 심리학적 방법을 이용하여 그 질문을 연구했다[83]. 그들은 쥐는 경험이 있는 유아들과 경험이 없는 유아들이 쥐는 것을 얼마나 잘 이해하는지를 비교했다. 아이들에게는 아무런 질문도 하지 않고 진행했다. 이 두 그룹을 대표하는 평균적인 유아를 각각 앨리슨과 앤이라고 부르기로 하자. 앨리슨은 생후 3.5개월이며, 자기 혼자 장난감을 쥐기에는 너무 어린 나이다. 그녀의 두 뇌는 쥐는 데 필요한 동작의 순서를 잘 조절할 수 없다. 앨리슨은 엄마의 무릎에 앉아 꼭두각시인형 무대를 보고 있다. 무대 위의 실험자는 벨크로 장갑을 끼고 있고, 그 무대 왼쪽에는 테디베어와 오른쪽에는 공이 있다. 무대 뒤에는 숨은 관찰자가 작은 구멍을 통해 앨리슨이 어디를 바라보는지를 관찰하고 있다. 먼저 실험자는 벨크로 장갑을 끼고 공에 손을 뻗는다. 그러면 공이 장갑에 달라붙는다. 그리고 앨리슨이 실험자를 보는 동안 혹은 2분 동안은 무슨 일이 일어나든지 간에 실험자는 움직이지 않고 그 자리에 그대로 있다. 처음에 앨리슨은 2분 가운데 30초 동안 그 사건을 쳐다본다. 그 이후로 실험자는 똑같은 행동을 몇 차례 반복한다. 약 10회 정도 반복하면, 앨리슨은 지루해져 겨우 10초 정도만 쳐다본다. 이러한 관찰시간의 감소를 과학 용어로는 습관화, 일상생활에서는 지루함이라고 부른다. 다음 실험에서 실험자는 두 장난감의 위치를 바꾼다. 실험자는 몇 번 오른쪽으로 손을 뻗는다. 하지만 지금은 오른쪽에는 새로운 목표인 테디베어가 있다. 다른 몇 번은 왼쪽으로 손을 뻗는데, 이는 이전과 동일한 대상인 공에 대한 새로운 경로다. 앨리슨에게는 새로운 행동 모두가 동등하게 흥미로워 보인다. 앨리슨은 그 두 동작 모두를 30초간 쳐다본다. 이는 두 행동 모두를 앨리슨이 처음 봤던 행동만큼 관심을 기울일 만한 새로운 자극으로 인식했다는 것을 말해준다. 앨리슨이 새로운 목표와 새로운 경로를 동일한 시간 동안 바라보았다는 사실은 성인의 거울체계와는 달리 그 아이에게는 목표에 대해서 아직은 특별한 것이 존재하지 않는다는 것을 보여준다. 물론 이 아이는 스스로 장난감을 쥐어본 적이 없다. 그러므로 우리는 그 아이가 실험자가 팔을 뻗는 목표를 이해하기 위한 거울뉴런을 가지고 있을 것이라고 기대하지 않는다.

하루 뒤에 앤이 왔다. 그녀는 앨리슨과 같은 연령이며 마찬가지로 쥐어본 경험은 없지만, 실험자가 쥐는 것을 보기 전에, 장난감을 가지고 놀 기회를 주었다. 앤은 엄마 무릎에 앉아서 그녀 앞 탁자 위에 놓인 공과 테디베어를 보았다. 이는 앤이 나중에 꼭두각시인형 무대에서 보게 될 내용의 작은 버전이다. 앤은 장난감에 손을 대지만 장난감을 쥘 수는 없다. 장난감을 가지고 3분간 놀게 한 후, 실험자는 앤의 오른쪽 손에 벨크로 장갑을 끼운다. 앤이 벨크로 장갑을 낀 손으로 테디베어를 만지면, 달라붙어서 마치 자신이 그것을 쥐는 것처럼 테디 베어를 움직일 수 있게 된다. 몇 초 후에, 실험자는 장난감을 벨크로 장갑에서 떼어내어 탁자 위 뒤쪽에 올려둔다. 앤이 공을 향해 손을 뻗으면 마찬가지로 공은 장갑에 달라붙는다. 약 4 분간 이 작은 게임은 계속된다. 이제 앤은 사물을 쥐는 것이 어떤 느낌인지 경험했기 때문에, 만약 헤브학습이 옳다면, 어떤 사물을 향해 손을 뻗는 것을 보는 것은 장난감을 쥐는 행동과 연합될 것이다.

꼭두각시인형 무대 앞에 앤을 데려가서 앨리슨에게 수행했던 것과 같은 절차를 진행한다. 실험자는 처음에는 공 쪽으로 손을 뻗는다. 30초간 보았던 앨리슨과 달리 앤은 약 60초간 그것을 응시한다. 사물을 쥐어본 경험이 그 행동을 훨씬 더 흥미롭게 만드는 것 같다. 앨리슨과 마찬가지로 10번 정도 반복하자 앤은 10초 동안만 바라보는데, 이는 그녀가 지루해졌다는 것을 의미한다. 이제 두 장난감 위치를 바꾼다. 그러면 실험자가 공 쪽으로 손을 뻗는 것이 기존의 방향과는 반대가 된다. 엘리슨과 마찬가지로 앤도 30초간 쳐다보았다. 이는 새로운 경로가 그 행동을 더 흥미로운 것으로 만들었음을 보여준다. 이제 실험자는 새로운 목표인 테디 베어로 손을 뻗는다. 와우! 이때 앤은 그 자극을 60초 동안 쳐다본다. 그녀는 아마도 새로운 경로보다는 새로운 목표가 더 흥미롭다고 느끼는 것 같다. 몇 분 동안 벨크로 장갑으로 쥐는 것을 경험한 것은 앤의 두뇌에 엄청난 차이를 만들어냈다. 왜냐하면 앤은 이제 목표가 특별하다는 것을 깨달았기 때문이다. 자신의 손이 어떤 사물에 접촉하는 장면과 그 사물을 자기 맘대로 한 일이 짝지어지는 경험은 타인의 행동에 대한 앤의 인식을 어느 정도 바꿔놓았다. 이는 헤브이론이 예측한 것과 같은 결과다[ix].

벨크로 장갑 없는 6개월에서 8개월 이전 아이들은 쥐는 것이 어떤 것인지 경험하지 못한다[84]. 흥미롭게도 달라붙는 장갑 훈련을 경험하지 않은 아동 역시 그 연령에 이르면 새로운 목표자극을 특별한 것으로 인식하기 시작한다. 이는 우리 모두에게 우리 자신이 어떤 사물을 쥐는 것을 보는 것이 팔을 뻗는 행동의 뒤에는 어떤 목표가 있다는 것을 이해하는 핵심임을 의미한다. 이러한 이해는 타인의 행동에 대한 우리의 이해로 즉각적으로 전환된다[x].

옹알이는 언어에 대한 거울체계를 구축한다

헤브학습은 단순한 손동작뿐 아니라 더 많은 것에 적용할 수 있다. 그것은 말하기 발달에서 공유회로의 출연을 설명할 뿐 아니라 우리의 감각과 정서의 이해도 설명한다. 거울체계는 동작의 소리, 특히 입동작의 소리에도 존재한다[8,9,38-41,52]. 입동작의 소리는 구어의 습득에서 특히 중요하다. 왜냐하면 귀로 듣는 말소리를 유사한 소리를 만드는 운동프로그램으로 전환해야 하기 때문이다. 유아들은 옹알이라는 특별한 행동을 가지고 있다. 생애 첫 달에 아기들은 자발적으로 까르륵, 구구구와 같은 모음('아' '우')을 닮은 소리를 낸다. 4개월이 되면 자음('가가' '다다')을 추가하기 시작한다. 6개월부터 12개월에서는 음성발성으로 장난을 하기 시작하면서, 자신이 만들어낼 수 있는 소리를 찾는다. 옹알이는 의사소통의 시도는 아니지만 어떤 목적에 기여할 것이다. 그렇지 않다면 우리는 옹알이를 하지 않을 것이다.

헤브학습의 관점에서, 옹알이는 자기관찰과 같은 것이다. 아기가 옹알이를 할 때, 음성을 생성하는데 관여하는 전운동피질의 뉴런은 행동의 음향에 반응하는 감각피질의 뉴런과 상호작용한다. 위에서 설명했듯이, 이것은 감각피질의 특정한 음성을 코딩하는 뉴런과 전운동피질 및 두정엽에서 이러한 소리들을 만들어내는 데 관여하는 뉴런을 연결시킨다. 그 결과 유아는 특정한 소리를 생성하는 데 적합한 운동프로그램을 찾도록 자신의 두뇌를 적극적으로 훈련시킨다. 만약 나중에 아이가 성인이 이러한 소리를 내는 것을 듣게 되면, 이에 상응하는 운동프로그램이 활성화되고 그 소리를 재현하는 기관이 갖춰지게 된다. 게다가 아이는 또한 우리가 언어에 관한 장에서 봤던 발성지각에 대한 운동이론을 갖추게 된다.

성인의 경우에는, 언어의 음향이 운동프로그램을 활성화시킬 뿐 아니라 다른 누군가가 말하는 것을 보는 것 또한 전운동피질의 뉴런을 활성화시킨다. 그러한 시각적 반응은 흥미로운데, 왜냐하면 일반적으로 아이들은 옹알이를 하는 동안 자신을 볼 수 없기 때문이다. 발달심리학자들은 그것을 불투명한 행동opaque action이라고 부른다. 아기가 자기 자신이 말을 만들어내는 것을 볼 수 없다면 어떻게 헤브학습이 일어날 수 있을까?

유아들은 다른 사람들의 얼굴을 쳐다보는 것에 매우 강한 선호를 가지고 있으며, 그들은 성인들이 말할 때 매우 집중해서 쳐다보고 듣는다. 부모의 말하는 소리는 입, 입술, 목구멍의 움직임과 동시에 일어나고, 헤브연합은 청각적·시각적 입력 모두를 받아들이는 감각영역에서 일어난다. 앞에서 언급한 바와 같이, '시각피질'로 불리는 측두엽의 뉴런은 실제로 원숭이의 음성발성에 대한 청각 및 시각 반응을 결합한 적이 있다[85]. 따라서 옹알이를 하는 동안, 유아는 청각적 표상을 말소리에 대한 운동표상과 연합한다. 그리고 다른 사람의 얼굴을 관찰하면서 특정한 입의 움직임의 시각적 표상과 그것이 어떤 소리를 내는지와 연합한다. 이러한 이중연합을 통해서, 다른 사람이 말하는 것을 보는 것은 측두엽 내의 청각-시각 표상을 활성화시키고, 이것은 다시 상응하는 운동프로그램을 활성화시킨다[xi]. 이러한 경우에 하나가 아닌, 두 개의 헤브학습 활성화가 필요하다. 그러나 그 원칙은 동일하다.

자신의 감각을 타인의 감각과 연합하기

감각에 대한 공유회로는 공감의 신경학적 기초가 어떻게 헤브학습에 의해 규정될 수 있는지에 대한 또 다른 예다. 어떤 사물이 접근하여 우리 몸에 닿는 것을 볼 때마다, 접촉하는 장면과 감각이 동시에 일어나면서, 접촉하는 장면을 표상하는 뉴런과 접촉의 경험을 표상하는 뉴런의 연결이 강화된다. 그러한 연결은 접촉의 장면을 목격하는 것이 체성감각 두뇌영역을 활성화시키는 것으로 보인다[86]. 비록 그것이 참가자 자신의 신체가 아니라 하더라도 말이다. 접촉을 보는 것과 경험하는 것 사이의 더 강한 헤브연합을 확립한 참가자들은 더 강하게 체성감각이 활성화될 것이다. 이럴 경우 앞에서 예로 든 디에나처럼 관찰하고 있는 실험참가자의 접촉이 자신에게 일어나는 실제 접촉인지 아니면 단지 보기만 한 것인지에 대해 혼란스러워하는 극단적인 사례들이 생길 수 있다[87].

'고무손 착각'이라는 흥미로운 현상은 새로운 시각-촉각 연합을 형성하는 데 시간이 별로 걸리지 않음을 보여준다[88]. 장갑 한 켤레 중 오른쪽 장갑은 오른손에 끼게 하고, 왼쪽 장갑은 오른손 근처 탁자에 놓는다. 왼손은 방금 왼쪽 장갑을 올려두었던 탁자 바로 아래에 둔다. 그러한 상황에서 대부분의 사람들은 자신의 왼손이 탁자 위에 놓인 빈 장갑 안에 있지 않고 탁자 아래에 있다는 사실을 확실히 느낀다. 이제 한 친구에게 도움을 부탁하자. 먼저 그에게 리드미컬하게 빈 장갑을 두드리면서 동시에 탁자 밑에 있는 당신의 왼쪽 손도 두드리다가 30초 후에 멈추라고 부탁한다. 당신은 이제 장갑이 당신 신체의 일부라는 이상한 감각을 느끼는가? 만약 당신의 친구가 똑같은 일을 하되, 동조화되지 않은 상태로 시간 간격을 다르게 해서 당신의 손과 장갑을 두드리면 그 효과는 더 이상 일어나지 않는다. 이는 동조가 연합을 가져온다는 헤브학습의 근본적인 전제를 반영하는 것이다.

부모들은 왜 자기 자녀의 얼굴표정을 모방하는가

왜 부모들이 자기 아이의 얼굴표정을 모방하는지 궁금해본 적이 있는가? 정서적인 얼굴표정은 공유회로에 대한 헤브식 관점에 특별한 난제를 제기한다. 왜냐하면 우리는 정서를 경험하는 동안 자신의 얼굴표정을 볼 수 없기 때문이다.

1970년대 말, 멜트조프Meltzhoff와 무어Moore는 어른이 자신의 혀를 내미는 것을 신생아가 볼 경우, 그들은 어른의 행동을 따라 자신의 혀를 내민다는 것을 보여주었다[22,89]. 이것은 신생아에게 얼굴표정을 모방하는 능력이 있다는 최초의 증거이며, 헤브 개념이 얼굴표정에는 적용되지 않는다는 뜻으로 해석되었다. 좀 더 최근의 연구들은 혀 내밀기는 신생아가 쉽게 모방할 수 있는 유일한 얼굴동작이라는 것을 보여준다[90]. 따라서 혀 내밀기의 모방은 실제 얼굴 모방과는 다른 특정한 선천적 기제를 가진 특별한 경우로 볼 수 있다. 아마도 다른 형태의 얼굴표정 모방은 헤브학습이라고 할 수 있는 다른 기제에 의존하는 것 같다.

헤브학습 방식으로 유아 자신의 정서와 다른 사람의 특정 얼굴표정을 연합할 수 있는 세 가지 기제가 존재한다.

첫째, 거울이나 기타 반사면이 주변에 많이 있다면 사람들은 얼굴을 찡그리거나 진정한 정서를 표현할 때 자기 자신을 볼 수 있다. 그러한 신체적인 반영은 헤브학습의 이상적인 조건을 제공한다. 왜냐하면 완벽하게 동조화된 시각적 피드백을 받기 때문이다. 이 과정에서 얼굴표정의 모습을 코딩하는 뉴런은 그러한 표정을 만들어내는 운동프로그램과 그러한 방식의 얼굴 움직임이 어떻게 느껴지는지에 대한 체성감각적인 결과를 연합한다. 비록 신체적인 반영이 현대사회에서 아동발달에 어떤 역할을 하지만 얼굴표정에 대한 공유회로의 발달에 필요조건은 아닌 것 같다. 반영이 매우 제한된 사회에서 성장한 사람도 얼굴표정에 대해서는 정상적인 인식패턴을 보여주기 때문이다[91].

둘째, 부모들이 자기 아기의 얼굴표정을 모방하는 경향은 아이가 모방한 얼굴표정에 집중할 수 있게 한다. 이러한 행동이 때로는 부모들을 다소 우스꽝스러워 보이게 할 수 있지만, 그것은 본질적으로 거울의 역할을 함으로써 유아에게 매우 중요한 기능을 제공하고, 얼굴표정에 대한 거울체계가 발달하도록 적합한 조건을 제공한다. 아이가 행복감, 슬픔, 구역질 또는 고통과 같은 진정한 정서를 느끼는 동안 부모의 얼굴표정은 아이의 임의적인 얼굴표정을 모방할 뿐 아니라, 아이가 행복해할 때 미소를 지어주거나 아이가 울 때는 걱정스러운 표정을 짓거나 아파하는 모습도 보이면서 아이의 상태를 공감적으로 공유한다. 이와 같은 방식으로 얼굴표정에 대한 공유회로는 세대 간 대물림을 통해 부모로부터 아이에게 전달된다. 아이는 부모가 자신의 얼굴표정을 모방함에 따라 얼굴표정에 대한 공유회로를 발달시키고, 아이가 성장해서 자신이 부모가 되면 이러한 능력을 다시 자기 자녀에게 전달한다.

동일한 내용이 눈의 움직임에도 적용된다. 눈은 매우 중요한 사회적 단서다. 사람의 눈을 들여다봄으로써 그들의 관심이 어디로 향하는지 알 수 있고, 그럼으로써 그들의 생각의 초점을 추론할 수 있다.

그럼에도 우리는 눈을 움직이는 동안 자신의 눈의 움직임을 보지 못한다. 이것은 헤브학습에 또 하나의 난제를 제시한다. 응시 따라가기 Gaze following는 자신과 마주보는 사람이 바라보는 방향을 따라 보는 자연스러운 경향이다. 당신이 누군가와 대화할 때 그가 갑작스레 당신의 오른쪽을 응시하면, 당신은 거의 확실하게 그 방향을 볼 것이고 상대방이 무엇을 보고 있는지를 알아내려고 할 것이다. 만일 아기가 특정한 방향을 응시할 경우, 부모는 아이의 응시를 따라갈 것이고, 아이가 다시 부모를 쳐다보게 되면, 아이는 자신의 눈의 움직임이 부모의 시선의 변화와 동시에 일어났다고 본다. 그러한 움직임의 순서는 아이가 자신의 주의의 초점의 이동과 자기 부모의 홍채의 이동을 연합할 수 있게 해준다.

하지만 부모가 자기 자녀의 얼굴표정을 매우 자주 모방하더라도, 많은 경우에 아이는 부모의 얼굴표정을 모방하지 않는다고 주장할 수도 있다. 그럴 경우 잘못된 헤브연합으로 귀결될 수 있다. 그러나 이와 같은 잘못된 연합이 일어나지 않는다고 믿을 만한 이유가 있다. 아기는 자신의 행동과 동시에 일어나는 자극에 더 많은 주의를 기울인다[92][xii]. 즉 성인의 얼굴이 아기 자신의 얼굴과 반응하는 경우에 더 많은 주의를 기울인다는 뜻이다. 이러한 행동은 아이와 부모의 얼굴표정 사이에 어떠한 인과관계도 없는 사례의 충격을 줄여준다. 게다가 모방하는 동안 일치하는 얼굴표정을 보는 광경은 다른 어떤 얼굴표정을 보는 것보다 훨씬 더 많이 발생한다. 그럼으로써 그와 일치하는 시냅스 연결을 강력하고 선택적으로 증진시킨다. 모방 외에도 아기가 특정한 정서를 경험하는 동안 많은 다른 모습의 얼굴표정이 유

사하게 자주 발생한다. 따라서 어떤 특정 얼굴표정이 아이의 내부 상
태와 잘못된 연합일 것이라고 믿을 만한 이유가 없다. 두 번째 요인
에 대한 몇 가지 중요한 예외가 존재한다. 예를 들어 화가 난 부모는
아이를 더 거칠게 다룰 것이며, 화가 난 부모의 얼굴표정은 아이의
분노 상태가 아니라 고통 상태와 연결될 것이다. 이러한 예외는 우
리의 가설을 확실하게 해주는 것으로 보인다. 왜냐하면 화난 얼굴표
정에 대한 우리의 반응은 종종 분노와 고통이 복합된 모호한 느낌을
가지고 있기 때문이다.

　헤브학습을 촉진하는 세 번째 요인은 아기와 아기를 둘러싼 사람
들에게도 유사한 방법으로 영향을 미치는 외부적 요인의 존재다. 역
겨운 냄새는 사람들을 동시에 역겹게 느끼도록 만들 것이며, 큰 소음
은 사람들을 동시에 놀라게 하거나 겁먹게 만들 것이다. 이러한 공유
된 경험으로 인해 아기 주변에 있는 사람들의 얼굴표정은 아기의 정
서를 반영하게 된다.

체성감각과 운동 미러링의 연합

　헤브학습은 개인이 자신의 행동, 느낌, 정서를 다른 사람의 행동,
느낌, 정서와 연합하는 다양한 사례를 설명할 수 있게 한다. 또한 우
리 자신의 행동과 정서의 서로 다른 내적 측면을 서로 연관지을 수
있게 한다. 우리가 어떤 행동을 할 때, 그 행동을 실행하는 전운동프
로그램이 활성화되고, 우리 자신의 행동을 보고 듣는다. 그러나 우리

는 또한 자신의 행동에 대한 체성감각의 결과를 느낀다. 예를 들어 쥐는 동작을 하는 동안 일차 및 이차 체성감각피질이 활성화된다. 왜냐하면 쥐는 동안 몸속에 있는 관절과 근육이 움직이고 손가락 사이에 있는 사물을 느끼기 때문이다. 이러한 체성감각 결과는 행동을 실행하는 운동명령 그리고 행동의 소리 및 행동을 보는 것과 바로 연결되어 있다. 그럼으로써 우리가 다른 사람의 행동을 보거나 듣는 동안, 자신의 전운동피질뿐 아니라 체성감각피질도 활성화시키고, 그런 행동을 하는 것이 어떻게 느껴지는지를 운동 및 체성감각 관점 모두에서 공유한다. 우아한 연속 실험을 통해서 발레리아는 바로 그러한 사실을 보여준 바 있다. 우리가 어떤 사물을 쥘 때, 그 행동을 하도록 하는 전운동피질이 활성화될 뿐 아니라 팔과 손이 어떻게 움직이는지를 느끼고 사물이 어떻게 느껴지는지를 알려주는 일차 및 이차 체성감각피질도 활성화된다. 중요한 것은 다른 누군가가 사물을 쥐는 것을 볼 때에도 마치 자신이 쥐는 것처럼 자신의 운동피질과 체성감각피질이 모두 활성화된다는 것이다. 체성감각피질이 통상적으로 자신의 신체 움직임을 느끼게 하고, 자신의 피부에 닿는 사물의 느낌을 느낄 수 있게 한다는 점을 감안할 때, 이와 같은 체성감각 대리활성화는 다른 사람이 행동을 하는 동안 느끼는 것을 우리도 느낄 수 있도록 하는 데 중요할 수 있다[9,19,72,93].

감각 및 운동 구성요소의 헤브연결은 얼굴표정의 경우에 특히 중요할 수 있다. 자신의 얼굴표정을 조절하는 데 차가운 운동체계와 뜨거운 운동체계라는 두개의 운동체계를 가지고 있음을 고려해볼 때, 우리가 다른 사람의 얼굴표정을 관찰할 때는 과연 둘 중 어떤 시스템이 활성화될지 의문이 든다. 헤브식 관점에서 답을 내리자면, 두 시스템 모두 활성화된다. 정서적인 얼굴표정을 지을 때는 입언저리를 위로 올리는 것의 느낌을 나타내는 특정 체성감각뉴런이 자발적인 미소와 관련된 뜨거운 운동체계의 뉴런과 함께 연결된다. 입언저리를 위로 올리는 수의적인 움직임은 전운동뉴런과 동일한 체성감각뉴런이 함께 연결될 것이다. 수의적 및 정서적 운동프로그램은 이제 체성감각뉴런의 중재를 통해 상호 연결된다. 위에서 설명한 것처럼, 세 가지 모두는 유사한 얼굴표정을 볼 때 그리고 유사한 근본적인 정서를 경험할 때 함께 연결된다. 이와 같은 풍부한 연합의 망은 우리 주변 사람들의 마음속에서 일어나는 것을 우리가 직관적으로 느끼도록 해주고 거울 없이도 자신의 얼굴표정이 어떤지를 알 수 있게 해주는 이유가 될 것이다.

거울체계는 삶을 통해 변화한다

공유회로에 대한 헤브식 설명의 진정한 힘은 바로 고유한 가소성 inherent plasticity에 있다. 만일 공유회로가 오로지 선천적인 기제에만 의존한다면, 그 공유의 범위는 진화 발달과정에서 우리에게 가장 중요한 타인의 삶의 측면만 공유하는 것으로 제한될 것이다. 하지만 현대 사회는 매우 빠르게 변화하고 있으며, 다른 사람의 행동에 대한 우리의 이해 또한 그 속도에 맞춰 따라갈 필요가 있다. 앞서 우리는 유아가 4분 동안 쥐는 경험을 통해 쥐는 것을 이해하는 방법을 학습할 수 있음을 봤다. 성인의 삶에서도 그러한 가소성의 많은 예들이 존재한다. 만일 메시지 도착을 알리는 소리가 들리고 누군가 자신의 휴대전화를 열고 화면을 보면서 행복한 표정을 짓는다면, 우리는 그가 기분 좋은 문자메시지를 받았다고 생각한다. 진화가 어떻게 우리로 하여금 휴대전화의 영향에 공감하도록 준비시켰는지를 상상하기란 어렵다.

피아노 연주는 거울체계의 가소성이 잘 연구된 예다[94]. 하버드 대학의 신경과학자 아미르 라하브Amir Lahav와 그의 동료들은 한 번도 피아노를 연주해본 적이 없는 음악적으로 아주 문외한인 성인 참가자를 모집했다. 그런 다음 참가자들에게 특정한 피아노곡을 연주하도록 훈련시켰다. 그들은 훈련 첫날에는 정확히 30분 동안 연주했다. 훈련은 5일 연속 반복되었다. 그들은 또한 동일한 음표지만 다른 순서거나 아니면 완전히 새로운 음표로 작곡된 두 개의 다른 피아노곡도 들었다. 닷새째 되는 날, 3개의 피아노곡을 청취하는 동안 참가자의 뇌를 스캔했다. 3개의 피아노곡 모두 뇌의 청각영역을 활성화시켰다. 하지만 오직 그들이 훈련을 통해서 연습했던 피아노곡을 들었을 때에만 전운동영역이 강하게 활성화되었다. 이 영역은 행동의 실행과 행동의 음향에서 거울뉴런이 발견된 영역이다[9,39,40].

이 실험은 손가락 움직임이 피아노 소리와 연합되는 5일간의 연습이, 어떻게 피아노 음악의 음향을 표상하는 뇌의 청각영역과 손가락 움직임의 순서를 운동프로그램으로 부호화하는 전운동영역 간의 헤브연합을 형성하는지를 인상적으로 입증했다. 이러한 엄청난 유연성 덕분에 우리의 공유회로는 끊임없이 변화하는 환경의 요구에 빠르게 적응할 수 있는 것이다.

왜 거울뉴런은 두뇌의 모든 곳에 존재할 수 없는가

두 뉴런 간에 일어나는 헤브학습을 위해서는, 두 뉴런이 반복적으로 함께 발화되어야 하고 비록 약할지라도 초기에 연결되어야 한다. 이 두 가지 조건은 두뇌 내 거울뉴런이 발생할 수 있는 곳을 한정시킨다. 만일 두 개의 뉴런이 있는데, 하나는 쥐는 것의 실행을 표상하는 뉴런이고 다른 하나는 쥐는 것의 실행과 무관하게 쥐는 모습을 표상하는 뉴런일 경우, 이 두 뉴런은 우리가 자신의 행동을 관찰하는 동안 거의 항상 함께 활성화될 것이다. 이처럼 헤브학습은 매우 간단하다.

반면에 두 개의 다른 뉴런이 있는데, 하나는 어깨의 특정 근육을 사용할 때 반응하는 일차운동피질 내의 운동뉴런이고 다른 하나는 눈의 특정 부위에서 수직선이 나타날 때 반응하는 일차시각피질 내의 시각뉴런일 경우, 이 두 뉴런이 우연히 함께 발화되는 경우도 물론 있겠지만 대부분의 경우에는 함께 발화되지 않을 것이다. 팔 동작이 시야의 특정 위치를 가로지를 경우에는 함께 발화되겠지만, 대부분의 팔 동작은 시야의 특정 위치를 가로지르지 않는다. 이들 두 뉴런의 활성화 사이에 밀접한 연결이 거의 없다는 것은 헤브학습이 이들 뉴런들을 절대로 연결하지 않을 것임을 의미한다.

망막과 매우 근접한 곳에서 일어나는 시각체계의 단계와는 대조적으로, 타인의 행동을 보는 것은 우리가 그들을 보는 각도에 따라 다른 뉴런을 활성화시킨다. 이전 단계로부터 더 정교한 입력이 받아들여지는 측두엽의 상위 시각피질 내의 뉴런은 보는 각도와 무관하게 특정한 행동을 표상한다. 운동체계에서도 그러한 구분이 존재한다. 쥐는 방향과 쥐는 손이 오른손인지 왼손인지에 따라서 서로 매우 다른 뉴런들이 관여하는 일차운동피질과는 달리, 전운동피질과 후두정엽에서는 유사한 일련의 뉴런들이 쥘 수 있는 많은 다른 경우에 관여한다. 따라서 측두엽 내의 고차시각피질, 두정엽 그리고 전운동피질의 연결 사이에서 거울뉴런이 정확하게 나타나는 것은 헤브학습의 직접적인 결과다.

예측학습

헤브식 시나리오에서 우리는 한 가지 중요한 측면을 간과했다. 바로 시간이다. 전운동피질이 신체에 명령을 내리면 그 명령에 따라 실제로 몸이 움직이기까지는 시간이 걸리며, 이런 움직임이 우리의 눈과 시각피질에 의해 처리되기 위해서도 마찬가지로 시간이 필요하다. 지연되는 시간은 그리 길지는 않지만 측정은 가능한데 대략 0.3초 정도다.

이러한 지연의 결과는 중요하다. 만일 유리컵을 잡기 위해 손을 뻗을 경우, 시각체계가 손을 뻗는 것에 관한 정보를 전운동피질로 전달할 때쯤이면, 전운동피질은 이미 유리컵을 잡고 있게 한다. 함께 발화되는 것은 함께 연결되므로, 쥐는 것에 대한 운동프로그램은 팔을 뻗는 광경과 동시에 일어난다. 물론 쥐는 것 자체는 0.2초 이상 걸리지 않으며, 따라서 쥐는 것을 보는 것의 시작은 쥐는 것에 대한 운동명령의 끝과 중첩된다. 하지만 이 시스템 내의 지연은 행동의 광경이, 일반적으로 그것에 뒤따르는 운동프로그램과 헤브연합이 되었음을 입증하는 것이다.

결과적으로, 거울체계에서 형성되는 헤브연합은 단순히 눈에 들어오는 것을 반영하는 것이 아니라, 우리 주변의 사람들이 다음에 무엇을 할 것인지를 예측한다. 이러한 예측은 두뇌 속에서의 지연에도 불구하고 우리의 행동을 다른 사람의 행동과 일치시킬 수 있음을 보장한다.

보완학습

헤브학습의 예측적인 특성은 더 큰 결과를 가져온다. 당신이 내게 50달러를 준다면 나는 매우 행복하게 받을 것이고 감사해하며 돈을 움켜쥘 것이다. 일반적으로 주는 것은 확실히 받는 것에 선행한다. 따라서 쥐는 것을 표상하는 나의 운동체계는 당신이 내게 어떤 사물을 주는 것에 대한 시각적인 표상과 동시에 일어난다. 이것은 쥐는 것을 실행하는 동안 그리고 주는 것을 관찰하는 동안 모두에서 활성화되는 전운동피질 내 뉴런의 출현을 예측하는데, 그것은 사실이다[24]. 이 뉴런은 더 이상 거울뉴런이 아니다. 왜냐하면 서로 다른 행동을 연합하기 때문이다. 그러나 그것들은 사회적인 상호작용에서 매우 중요하며 아마도 동일한 헤브 원칙에서 비롯된 것으로 보인다.

헤브학습은 공유회로를 놀라울 정도로 단순하게 만든다

헤브는 정신을 두뇌 내의 기계적인 프로세스를 활용하여 설명할 수 있다는 것을 보여줌으로써 심리학을 혁신적으로 변화시켰다. 거울신경과 공유회로는 이러한 메커니즘을 사회인지에 적용한다.

함께 발화되고 함께 연결되는 뉴런은 사람들도 함께 연결시킨다. 두뇌는 보고 듣고 느끼는 것에 기반해서 행동을 계획해야 하기 때문에 시각, 청각, 체성감각, 전운동 영역들을 함께 연결해야 한다. 공감은 이러한 연결에서 헤브식 가소성의 필연적인 결과다.

지금까지도 사회인지에 대한 헤브식 설명은 여전히 하나의 이론에 불과하다. 이 이론의 타당성을 직접적으로 검증하기 위해서는 사람들이 다른 사람과 행동과 느낌을 공유할 수 있는 능력을 발전시키는 동안에 두뇌 내의 시냅스 변화를 측정하는 작업이 필요할 것이다. 그러나 이미 우리는 공감이 원칙적으로 단순한 생물학적 개념으로 설명될 수 있음을 알고 있다. 공감, 공유회로, 거울뉴런은 진정으로 놀라운 잠재력을 가진 연합이긴 하지만 기본적으로는 학습된 연합일 것이다.

9

자폐증과 오해

우리는 우리의 사회적인 직관을 당연한 것으로 생각한다. 영화를 보러가서는 영화 속 주인공에게 일어나는 일을 느낀다. 마치 가장 자연스러운 능력인 것처럼, 우리 주변 사람들의 마음을 조율한다. 그러나 예를 들어 자폐증이 있는 사람들처럼, 어떤 사람은 이러한 능력이 부족하다. 그러한 장애가 없는 사람들도 때로는 공유회로를 이용하여 잘못된 결과를 초래하기도 한다. 이러한 오류를 고려해서, 공유회로의 한계와 함정이 무엇인지를 질문해야만 한다.

의문의 사건: 자폐증에 대한 문학적 소개

마크 해던Mark Haddon의 책《한밤중에 개에게 일어난 의문의 사건》은 자폐증의 사회적 결함에 대해 아주 잘 설명한 소설이다.

"나는 크리스토퍼 존 프랜시스 분입니다. 나는 세계 모든 나라와 그 나라의 수도 그리고 7057까지의 모든 소수를 알고 있습니다.

8년 전 처음으로 시오반을 만났을 때, 그녀는 내게 이 그림을 보여주었습니다.

:-(

그리고 나는 그것이 '슬픔'을 의미한다는 것을 알았고, 그것이 내가 그 죽은 개를 발견했을 때 느낀 것이었습니다.

그런 다음 그녀는 나에게 이 그림을 보여주었습니다.

:-)

그리고 나는 그것이 '행복'을 뜻한다는 것을 알았고, 그것은 내가 아폴로 우주선의 우주비행에 대한 책을 읽었을 때, 또는 새벽 3시나 4시에 여전히 깨어 있으면서 이 세상의 유일한 사람인 것처럼 거리를 이리저리 산책할 때와 같은 것이었습니다.

그런 다음 그녀는 몇 가지 다른 그림들을 그렸습니다.

[행복하고, 슬프고, 혼란스럽고, 놀란 여러 얼굴들]

그러나 나는 이것들이 무엇을 의미하는지 말할 수 없었습니다.

나는 시오반에게 이러한 얼굴들을 많이 그린 다음 그것들이 의미하는 것을 정확하게 그림 옆에 적어달라고 했습니다. 나는 그 종이를 주머니에 보관했고, 어떤 사람이 말하는 것을 이해할 수 없을 때 그것을 꺼내서 봤습니다. 그러나 사람들의 얼굴은 매우 빠르게 움직이기 때문에 그림 중에 어느 것이 그들이 짓는 얼굴과 가장 비슷한지를 판단하기가 무척 어려웠습니다.

시오반에게 내가 이렇게 하고 있다고 말했을 때, 그녀는 연필과 다른 종이 한 장을 꺼내서는 그것이 사람들을 이렇게 만들 것이라고 말했습니다.

[혼란스러운 얼굴]

그러고는 그녀는 웃었습니다. 그래서 나는 원래의 종이를 찢어서 던져버렸습니다. 시오반은 내게 사과했습니다. 지금은 누군가가 하는 말을 알아들을 수 없을 때 그들에게 무슨 뜻이냐고 묻거나 아니면 그냥 그 자리를 떠나버립니다."

가상인물인 크리스토퍼 분은 아스퍼거 증후군Asperger's Syndrome을 가지고 있다. 그는 누군가와 접촉하거나 새로운 사람을 만나는 것을 싫어하고, 잡담을 할 수는 없지만, 확실한 답이 있는 퍼즐을 푸는 것을 좋아하는 수학천재이고 매우 논리적인 뇌를 가지고 있다.

엄격한 의미의 자폐증과 아스퍼거 증후군은 약 150명 중 1명에게 영향을 미치는 '자폐범주성 장애autism spectrum disorders'라 불리는 핵심적인 발달장애군에 속한다[xiii].

자폐증의 생물학적인 원인에 대한 수십 년간의 연구에도 불구하고, 여전히 이 장애에 대한 진단은 전적으로 행동을 기준으로 내려진다. 생후 3년 이내 어느 시점에서 이러한 아동들의 발달경로는 또래 아동들의 전형적인 발달경로에서 벗어난다. 두 유형의 환자 모두 제한된 관심과 반복행동을 보이고, 우리가 가장 관심을 가지고 있는 사회적 상호작용에서도 결핍을 보인다. 게다가 자폐증이 있을 경우 전

형적인 아동 발달기에 일어나는 언어발달에 문제가 생긴다. 외관상
으로 이러한 명확한 문제들이 함께 나타날 때 자폐증 증후군 또는
자폐증의 세 가지 증상이라고 한다.

자폐증이 있는 아동들은 종종 정신지체로 추가적인 고통을 받는
다. 자폐아의 70% 정도는 IQ가 70 이하이며, 이들을 '저기능' 자폐
아라고 한다. 나머지 30% 정도는 IQ가 상대적으로 보통에서부터 매
우 높음까지 이르며 종종 수학, 물리학, 공학 같은 분석적인 사고를
요하는 과목에서 탁월한 능력을 보인다. 이들 30%의 자폐아들은 장
애로 인한 많은 결함을 극복하기 위해서 지적인 전략을 사용하며,
'고기능' 자폐아라고 불린다. 고기능 자폐증 환자는 타인을 이해하는
것이 비사회세계를 이해하는 것과는 정말로 다른 기술임을 보여줄
수 있는 전형적인 예이기 때문에 사회인지를 연구하는 데 아주 매력
적인 대상이다.

자폐증이 있는 사람은 관심이 제한되어 있다

자폐증과 관련된 증상의 첫 번째 영역은 제한적이고, 경직되고,
반복적인 행동이 일어나는 것이다. 저기능 자폐아들은 앞뒤로 몸
을 흔들고 손을 파닥이는 것 외에는 거의 행동하지 않는다. 고기능
자폐아들은 앞에서 본 크리스토퍼 분처럼, 예를 들어 우주비행이
라든지 수학에 제한적인 관심을 보인다. 어떤 경우는 달력과 연도
의 날짜에 매료된다. 내 친구이자 벨기에 심리학자인 마크 티오Marc

Thioux는 도니의 사례를 보고했다. 도니는 스물한 살의 자폐증 환자이고 IQ는 70 정도다. 만일 당신이 도니에게 1973년 6월 27일 태어났다고 말하면, 당신이 수요일에 태어났다고 도니가 대답하는 데 약 100만분의 7초가 걸릴 것이다(내가 구글로 찾아봤을 때 10분이 걸렸다). 그는 97%의 정확도를 보였다95. 도니처럼 일반적인 지적 능력보다 탁월한 능력을 가지고 있는 사람들을 '대학자'를 뜻하는 프랑스어를 따라서 '서번트savant'라고 부른다.

자폐증이 있는 사람은 사회세계를 무시한다

자폐증이 있는 사람들의 두 번째 특징은 우리에게는 당연한 것이 결여되어 있다는 것이다. 바로 사회적 직관이다. 우리에게 다른 사람의 얼굴은 아주 어린 유아시절 때부터 매력적인 자극이다. 자폐증이 있는 사람은 다른 사람의 얼굴에 상대적으로 관심이 적으며, 사회세계에서 우리 대부분이 전형적으로 경험하는 서로 연결되어 있다는 느낌을 발달시키는 데 실패한다.

예일 아동연구센터의 아미 클린Ami Klin과 그의 동료들의 우아한 작업은 자폐증이 있는 사람들이 사회적인 단서를 이용하는 방법이 얼마나 다른지를 뚜렷하게 보여주고 있다96. 그들은 매우 인위적이고 차가운 실험실 상황에서 사회인지를 연구하는 대신에, 〈누가 버지니아 울프를 두려워하랴〉라는 고전적인 할리우드 사회극을 시청하는 더 복잡하고 자연스러운 자극을 사용하기로 결정했다. 우리 대부분에게 다른 사람의 눈은 가장 가치 있는 사회적인 단서 중의 하나다. 우리는 종종 상대방의 시선이 흔들리는 것을 보고 그가 거짓말을 하고 있음을 간파한다. 남자는 여자의 시선이 평소보다 오래 자신의 눈을 응시하는 것을 보고 그녀가 자신에게 반했다는 것을 알 수 있다. 아미는 자폐증이 있는 사람들이 이러한 눈에 대한 선호를 공유하지 않을 것이라고 생각했다. 그들이 발견한 결과는 그들의 이러한 생각을 확인해주었다. 일반적인 사람들은 드라마 전체 시간의 약 70%를 배우들의 눈에 고정했고, 다양한 배우들의 시선과 얼굴 사이를 오갔다. 하지만 자폐증이 있는 사람들은 배우들의 눈을 바라보는 데 겨우 20%의 시간을 썼고, 배우의 입과 화면상의 다양한 사물들을 현저하게 더 많이 쳐다보았다.

얼굴과 눈에 대한 자폐아들의 관심의 결핍은 발달기간 동안 헤브 학습의 기회가 그만큼 줄어든다는 것을 의미하고, 결국 그것은 아동 자신의 정서 및 주의력 상태와 다른 사람들의 얼굴표정 및 시선 방향의 연합 발달을 지연시킬 수 있다. 5시간의 훈련이 음악 소리와 피아노 연주 사이의 연합에 미치는 막대한 영향을 고려하면[94], 일치된 사회적 신호에 대한 노출에서 체계적인 차이가 평생을 걸쳐 미칠 수 있는 영향이 얼마나 클지 우리는 단지 상상만 할 수 있을 뿐이다.

자폐증은 공유회로가 손상된 것일까?

한동안 '냉정한' 부모, 이른바 '냉장고 엄마'가 자녀를 자폐성향을 갖도록 만든다고 많이들 생각했다. 오늘날에는 쌍둥이 연구를 통해 유전적 요인이 자폐증의 주된 원인임이 입증되었다. 쌍둥이 연구를 주로 시행하는 이유는 쌍둥이는 동일한 난자에서 발생하여 동일한 DNA를 갖거나 혹은 두 개의 난자에게 발생할 경우에는 일반 형제들처럼 DNA의 절반만 공유하기 때문이다. 만약 자폐증의 원인이 오직 환경 때문이라면, 일치성 즉 쌍둥이 중 하나가 자폐증일 때 다른 한 명도 자폐증일 확률이 일란성과 이란성 쌍둥이에서 매우 유사해야 한다. 만일 원인이 유전적인 것이라면, 일란성 쌍둥이에서 훨씬 높은 일치성을 보여야 한다. 자폐증의 경우, 일란성 쌍둥이들의 일치성은 90% 이상이지만 이란성 쌍둥이들은 10% 미만이다. 이러한 극적인 차이는 자폐증이 있는 사람의 DNA에서 무언가 뇌를 비정상적인 방식으로 발달하게 만들어 우리에게는 당연한 사회적인 직관을 발달시키지 못하게 한다는 것을 시사한다.

　나 자신을 비롯해서 많은 연구자들에게 흥미로운 질문은 거울뉴런과 공유회로의 장애가 자폐증의 생물학적인 원인을 이해하는 데 도움을 줄 수 있을지의 여부다[97-103]. 이러한 가능성을 살펴보는 데 두 가지 접근법이 있다. 첫째, 만약 공유회로가 자폐증에 영향을 준다면, 자폐증이 있는 사람들은 자신의 목표 지향적인 신체 행동과 자신의 얼굴표정을 포함해서 다른 사람의 행동을 모방하는 능력에서 명백한 비정상성을 보일 것이라고 예상할 수 있다. 두 번째로, fMRI나 다른 방법들을 이용해서 공유회로의 활성화를 측정하는 실험에서, 일반인 참가자와 비교했을 때 자폐증이 있는 참가자의 공유회로의 활성화는 감소를 보일 것이라고 기대할 수 있다.

자폐증이 있는 사람은 모방을 덜 한다

모방은 자폐증이 있는 아동과 성인을 대상으로 지금까지 매우 광범위하게 연구되어왔다. 연구의 모든 결론은 자폐증이 있는 아동은 상대적으로 덜 모방적이라는 것이다. 일반적인 아동의 경우에는 자신의 놀이친구가 새 장난감을 가지고 부릉부릉 소리를 내면서 앞뒤로 미는 것 같은 특정한 방법으로 노는 것을 보면 자신이 관찰한 행동을 자발적으로 반복하는 경향을 보인다. 하지만 자폐증이 있는 아동은 덜 그렇다.

동일한 내용이 얼굴표정에도 적용된다. 우리 대부분은 타인의 얼굴표정을 볼 때 그들의 표정과 일치하는 표정을 자신도 따라서 짓게 되는데, 이것을 일명 '일치하는 얼굴근육 반응'이라고 한다. 즉 화가 난 얼굴표정을 보게 되면 자신도 얼굴을 찡그리고, 웃는 얼굴표정을 보게 되면 자신도 따라서 미소 짓는다. 불일치 반응은 그 반대다. 일반적인 아동에서는 대략 70% 정도가 일치 반응을 보인다. 하지만 자폐증이 있는 아동에서는 35%만이 일치 반응을 보인다.

따라서 자폐증이 있는 사람은 타인의 신체적인 행동과 얼굴표정에 우리들보다 영향을 덜 받는다. 우리가 타인과 연결되어 있다는 느낌은 타인이 우리의 행동과 정서적인 얼굴표정을 얼마나 강하게 반영하는지에 따라 영향을 받는다. 이런 점을 감안하면 이러한 감소된 경향은 자폐증이 있는 사람들의 사회관계망에 부정적인 영향을 미칠 것이다.

그렇다면 자폐증이 있는 아동은 왜 신체적인 모방과 얼굴표정의 모방을 덜 하는 것일까? 두 가지 가능한 대답은 모방을 할 수 없거나, 아니면 모방할 수 있는 능력을 덜 사용한다는 것이다. 전반적으로 그들의 모방능력은 어느 정도 보존되어 있는 것으로 보인다. 직접 얼굴표정을 따라하라고 요청할 경우, 일반 아동이나 자폐증이 있는 아동 모두 일관되게 일치하는 얼굴표정을 지었다[104].

동일한 내용이 신체행동에도 적용되는데, 그것은 영국의 인지심리학자 안토니아 해밀턴Antonia Hamilton과 그녀의 동료들에 의해 입증되었다. 그들은 나의 동료인 네덜란드 심리학자 해롤드 베커링 Harold Bekkering[103,105]이 개발한 과제를 사용했는데, 자폐증이 있거나 없는 아동들을 실험자와 함께 탁자 앞에 앉도록 했다. 탁자 위에는 디스크 모양의 4개 표적이 있었으며 아동에게 실험자가 하는 것을 따라하도록 했다. 우선 실험자는 표적 가운데 하나를 만졌다. 만일 실험자가 오른쪽 표적을 오른손으로 만지거나 왼쪽 표적을 왼손으로 만지면 자폐증이 있거나 없는 아동 모두가 대부분의 경우에 손의 방향과 일치하는 표적에 손을 뻗었다. 그 다음, 실험자가 왼쪽의 표적을 오른손으로 또는 오른쪽의 표적을 왼손으로 만질 때에도 자폐증이 있는 아동이나 그렇지 않은 아동이나 대부분의 경우에 정확하게 표적을 만졌으며, 이것은 그들이 성인의 행동 목적을 잘 이해한다는 것을 의미한다. 하지만 그들의 절반 정도는 실험자가 사용한 손의 방향과는 다른 손을 이용해서 표적을 만졌다. 주로 표적에 가장 가까운 손을 이용했다. 그들은 행동의 목적은 정확하게 재현했으나, 시연자의 수단과는 다른 수단을 사용했다. 목적을 달성하는 데 더 적절한 수단을 사용했다.

목표가 달성되는 방식을 모방하는 것보다 관찰한 목표를 성취하는 것을 더 선호하는 것은 우리의 특성이다. 우리는 이미 팔 없이 태어난 참가자가 다른 사람의 손동작을 관찰할 때 그들의 발의 표상이 활성화된다는 사실을 발견했다. 그것은 그들이 관찰한 것과 일치하지 않을지라도 그들을 위해 가장 적합한 수단을 사용한다는 것을 시사한다93. 자폐증이 있는 아동이 목표의 선호에 영향을 받기 쉽다는 사실은 그들의 뇌가 다른 사람의 목표 지향적 행동을 분석하는 방법에서는 자폐증이 없는 아동과 근본적으로 다르지 않음을 시사한다.

비록 표적을 잡는다거나 미소를 보이는 것과 같은 의미 있는 행동을 모방하는 능력은 온전하지만, 많은 실험들은 어린 자폐아들이 복잡한 의미 없는 행동(예를 들어, 손바닥을 위로 한 상태로 팔을 벌리면서 엄지와 새끼손가락을 뚜렷한 목표 없이 위로 굽힘)에 대해서 미묘한 손상을 보인다고 보고한다. 그러나 그런 손상은 종종 나이가 들면서 사라진다101,106-108.

따라서 우리는 자폐증이 있는 사람이 행동과 얼굴표정을 모방할 능력을 가지고 있으나 자발적으로 덜 하는 것이고 그러한 문제는 나이가 들면서 줄어든다는 이중 메시지에 직면하게 된다.

자폐증의 거울체계 활성화를 측정하기 위한 신경촬영법

다양한 방법을 이용하여(뇌전도EEG, 뇌자도MEG, fMRI) 연구자들은 행동의 거울체계의 작용이 자폐증이 있는 사람들에게서 덜 반응적인

지를 연구해왔다. 그들은 자폐증이 있는 사람들이 반복적이고 임의적인 행동을 관찰할 경우에는(예를 들어, 반복적으로 계속 손을 오므렸다 폈다 하는 것[99]) 일반인들보다 운동체계를 덜 사용하고, 특정 시행에서 특정한 손가락을 들어 올려야 하는 비교적 덜 반복적인 행동을 관찰할 경우에는 일반인들과 크게 차이가 나지 않는다는 사실을 발견했다[100]. 이러한 발견의 의미는 목적 지향적인 행동(사물을 조작하기)의 관찰에서는 자폐증이 있는 사람도 일반인만큼 자신의 운동체계를 사용한다는 것이다[109,110].

UCLA의 미렐라 다프레토Mirella Dapretto와 그녀의 동료들은 자폐증이 있는 아동들이 얼굴표정을 보고 모방하는 동안 두뇌의 운동 및 정서 영역에서 활성화가 덜 보이는지를 관찰했다[97,98]. 얼굴표정을 관찰하는 동안 일반 아동들은 고차시각영역과 함께 전운동피질 및 섬엽 부위가 활성화됨을 발견했으며, 이는 어른들을 대상으로 한 우리의 연구 결과와도 일치한다[51,59,61]. 그러나 자폐아의 경우에는 이러한 부위들이 강하게 활성화되지 않았다. 이는 자폐증이 있는 아동은 또한 자발적인 얼굴모방에 덜 참여한다는 관찰과 부합하는 발견이다.

그들이 의도적인 얼굴모방은 가능하다는 사실에 따라, 스캐너 안에서 얼굴표정을 모방해달라고 요청을 하면 연구에 참여한 자폐아들은 일반 아동과 매우 유사하게, 그들의 시각피질, 하두정피질inferior parietal cortex, 전운동피질을 활성화시켰다. 하지만 섬엽과 배측전전 운동피질ventral anterior premotor cortex은 덜 강하게 활성화되었다. 이것은 그들의 운동시뮬레이션과 정서적 반응의 특정한 측면이 일반 아동들보다는 덜 강하다는 것을 시사한다.

나와 나의 박사과정 학생 중 하나인 조제닉 바스티안슨Jojanneke Bastiaansen과 내 연구실 동료들은 자폐증이 있는 성인에 대해 유사한 실험을 했다111. 참가자에게 역겨움을 포함한 다양한 얼굴표정을 담은 영상을 보도록 한 다음, 스캐너 안에서 정서적인 상태를 유도하기 위해 불쾌한 맛을 경험하게 했다. 표정을 만들어내는 뇌영역의 지도를 그리기 위해 그들에게 얼굴표정을 지어보라고 부탁했다. 다프레토와 그의 동료들이 자폐증이 있는 아동에게서 발견한 것과는 대조적으로, 대체적으로 자폐증이 있는 성인은 최소한 일반 참가자만큼 강하게 그들의 섬엽과 운동영역이 활성화됨을 우리는 발견했다(일부 자폐증이 있는 노인의 경우에는 실제로 일반 참가자보다 더 많이 활성화되었다). 심지어 다른 사람을 의식적으로 반영하는 것과 관련된 내측전전두영역medial prefrontal regions이 우리들 대부분보다 훨씬 더 강하게 활성화되었다. 흥미로운 점은 일반 참가자의 경우에는 세월이 지남에 따라 운동영역의 활성화가 감소되는 반면, 자폐증이 있는 참가자의 경우에는 그 반대라는 것이다. 자폐증이 있는 사람의 거울체계 활성화의 경우 우리가 연구한 약 18세의 젊은 참가자들은 비정상적으로 낮았지만, 나이가 많아짐에 따라 꾸준히 증가하여 30세에 이르면 정상 수준을 보였다. 이러한 나이 효과는 다프레토의 연구에서는 자폐증이 있는 아동의 거울체계에서 감소된 활성화를 발견했는데, 왜 우리 연구에서는 자폐증이 있는 중년의 성인에게서 동일한 결핍을 발견하지 못했는지에 대한 이유를 설명해준다. 자폐증의 거울체계는 망가진 것이 아니라 단순히 지체된 것으로 보인다. 이런 생각과 일치하여 우리 연구의 자폐증이 있는 참가자들은 연령에 따라 거울체계의 활성화도 증가했고, 따라서 그들의 사회적인 기능 역시 높아졌다. 거울체계가 더 많이 활성화되는 나이든 사람은 더 많은 친구가 있었고 직업도 가질 수 있었다. 이것은 자폐증의 모방 문제 역시 연령이 높아짐에 따라 사라진다는 다른 집단의 연구 결과와도 일치한다[101,106-108]. 자폐증이 있는 참가자가 언제 그들의 공유회로에 덜 강력한 활성화를 보이는지 그리고 이러한 차이가 나이에 따라 어떻게 사라지는지를 정확히 밝히기 위해서 향후 연구가 더 필요하다.

자폐증의 거울체계 활동과 사회적 기능의 정상화와 관련된 연령의 문제에서 나를 가장 흥분시키는 것은 고기능 자폐증이 있는 두뇌가 자폐증이 있는 사람을 향상된 사회통합의 길로 되돌려놓는 기제를 가지고 있음을 보여준 것이다. 거울체계 활동을 정상화하는 기제의 본질을 조사함으로써 우리는 자폐증이 있는 사람들의 삶을 향상시키기 위해 여러 치료법들이 가속화하려 하는 자연적 과정을 정확히 알아낼 수 있을 것이다.

자폐증은 망가진 거울보다 더 복잡하다

현재로서는 자폐증이 있는 사람의 뇌가 정확히 무엇 때문에 그들의 사회적인 환경을 덜 매력적으로 생각하고, 직관적으로 이해할 수 없도록 만드는지에 대해서 여전히 추측만 가능하다. 하지만 자폐증이 있는 사람의 두뇌가 거울체계를 넘어서 더 일반적인 문제를 가지고 있음을 보여주는 많은 연구 결과가 있다.

훌륭한 유전학 연구에서 자폐증이 있는 사람은 뉴렉신neurexins과 뉴로리긴neuroligins이라는 두 가지의 단백질 군에 문제가 있음이 밝혀졌다. 이 분자들은 세포접착단백질cell-adhesion proteins로 두 개의 뉴런이 시냅스에서 서로 연결되어 의사소통을 할 수 있도록 도와준다. 두 개의 뉴런이 시냅스를 통해 얼마나 강하게 의사소통하는지의 여부는 헤브학습이 일어나는데 필수적인 요소이다.112. 뇌의 기능 면에서 서로 다른 두뇌영역이 얼마나 강력하게 상호 연결되어 있는지를 조사한 결과 자폐증이 있는 두뇌는 일반 두뇌에 비해 상대적으로 덜 강하게 상호 연결되어 있는 것으로 나타났다113-115. 두뇌의 통합이 적어지면 뇌 기능의 여러 측면에 광범위한 영향을 미친다. 또한 두뇌의 감각영역에 표상되는 타인의 행동, 정서, 감각이 자신의 행동, 정서, 감각과 통합될 수 있는 정도에도 영향을 미칠 것이다.

자폐증이 있는 사람은 사회적인 자극을 다르게 처리할 뿐 아니라 그러한 자극에 대한 관심도 적다. 우리와는 다르게 그들은 다른 사람의 눈을 덜 보고96, 사람의 언어보다는 인공적인 음향을 더 좋아한다116. 흥미롭게도, 측두엽에 위치하고 있는 편도체라는 뇌 구조는 일반인의 경우에는 주의를 사회적인 자극으로 돌리는 데 핵심적인 역할을 한다117. 하지만 자폐증이 있는 사람은 편도체가 비정상적으로 발달하는 것으로 보인다.

이러한 증거들을 종합해볼 때, 자폐증이 있는 사람은 두 가지 핵심적인 결함이 있는 것으로 보인다. 그들의 두뇌는 사회세계에 대한 관심이 낮으며, 서로 다른 두뇌영역에서 발생하는 과정 간의 연합을 더 적게 한다. 헤브학습은 망가지고, 그 결과 아동은 사회적으로 덜 연결되며, 아동의 거울체계는 지체된다. 그 과정은 자녀의 반응 부족으로 좌절한 부모가 아동과의 모방게임에 참여할 동기가 더 낮아지면서 더욱 악화된다. 결과적으로, 자기 자녀들이 사실상 더 많은 학습기회가 필요한 상태임에도 불구하고 학습경험의 기회를 더 적게 제공하게 된다. 유사한 논리를 언어발달에도 적용할 수 있다.

우리는 전운동에서 시각 방향으로의 억제적인 헤브연합이 아동의 행동을 덜 두드러지게 만드는 데 책임이 있다는 것을 살펴보았다. 하지만 이러한 연합에서 헤브학습이 지연된다면, 아동의 행동은 비정상적으로 두드러지게 된다. 때때로 자폐증에서 관찰되는 손을 파닥이고 몸을 앞뒤로 흔들어대는 동작들은 이러한 현상을 반영한다. 자폐증이 있는 사람은 그들의 뇌가 이러한 행동의 감각적인 결과를 상쇄하지 못하기 때문에 자신의 행동을 더 보상적으로 경험하는 듯하다.

만일 자폐증의 사회적 결함이 공유회로 내의 문제 때문이냐고 묻는다면, 솔직히 아직 잘 모르겠다고 나는 대답할 것이다. 자폐증에는 전반적으로 두뇌에 상당한 영향을 미치는 주의력과 연결 문제를 포함한 다양한 주요 원인이 있음을 시사하는 증거들이 많다. 이러한 원인들의 현저한 출현은 일반적인 공유회로의 출현을 위해 필요한 헤브연합의 발달을 지연시킬 수 있다. 그러한 발달의 지연은 모방능력의 습득 지연을 설명하고, 그것은 다시 타인도 나처럼 똑같이 느끼고 행동한다는 직관적인 느낌에 의존하는 사회인지의 많은 측면에 영향을 미칠 것이다. 그러한 지연은 자폐범주에서 공통적인 사회적 장애의 일부를 초래할 수 있으며, 또한 일반적인 언어발달도 지연시킬 것이다. 이 같은 생각에 따라, 자폐증은 공유회로가 결여된 것이 아니라 완벽하게 기능하고 있지 않다고 말할 수 있다. 자폐증에서 공유된 행동, 정서, 감각의 거울은 따라서 망가진 것이 아니라 구름이 조금 끼어 있고 지연될 뿐이다. 자폐증 두뇌가 더 강한 공유회로를 조기에 발달시키도록 돕는 것을 목표로 하는 치료법은 자폐증이 있는 사람들의 정상적인 사회기능의 발달에 매우 유익할 수 있다.

헤브식 치료법은 자폐증에 도움이 될 수 있다

적어도 일부 자폐증이 있는 사람들에게서 시냅스의 가소성과 연결성이 손상되었다는 증거는, 자폐증이 있는 유아가 일반적인 공유회로의 발달에 필요한 헤브학습 수준에 이르기 위해서 다른 사람의 경험과 행동에 자기 자신의 경험과 행동을 연결시키는 경험이 더 필요하다는 것을 시사한다. 자폐증이 있는 아동들이 그들의 공유회로를 발달시킬 수 있도록 여러 가지 접근법을 따를 수 있다.

우선, 모방이 강화되어야 한다. 자폐증이 있는 유아와 아동은 행동 수반성이라는 측면에서 풍부한 사회적 환경을 제공받아야 하는데, 예를 들어 부모가 자녀의 행동을 더 자주 모방하도록 격려함으로써 가능하다. 또한 아동이 모방을 하도록 격려함으로써 타인의 행동, 얼굴표정, 정서에 관심을 기울이도록 동기를 부여할 수 있다.

미시건 주립대학의 아동심리학자 브룩 잉거솔Brook Ingersoll과 그녀의 동료들은 비록 얼굴표정이 아닌 신체적인 행동이지만, 이러한 문제를 목표로 하는 자연스러운 행동치료를 개발했다. 두 주가 걸리는 치료의 첫 단계에서, 치료자는 수반성을 확립하기 위해 아동의 놀이행동을 모방한다. 만일 아동이 장난감 자동차를 가지고 논다면, 부모 또는 치료자도 그 자동차를 가지고 동일한 방법으로 논다. 나중에 치료자는 아동에게 아동이 현재 가지고 노는 장난감에 대해 새로운 용도를 시연하여 아동이 모방할 수 있는 기회를 제공한다. 만일 아동이 그런 행동을 모방한다면 치료자는 그 행동을 강화하기 위해 아동을 칭찬해준다. 치료자는 또한 아동이 자신의 행동을 언어와 연합할 수 있도록 계속 말로 설명하면서 아동의 놀이에 함께한다. 몸짓도 알려줘서 그것에 대한 아동의 모방도 강화된다118. 이런 모든 요인들은 합쳐져서 아동이 사회적인 상황에서 스스로 공유회로를 활용하는 경향을 강화한다.

이런 형태의 치료는 아직 초기 단계에 있지만 공유회로에 관한 헤브이론이 목표로 하는 바로 그 영역을 정확하게 겨냥한다. 소규모 연구에서 이 치료는 긍정적인 결과를 보였다. 아동이 더 빈번히 자발적인 모방을 할 뿐 아니라 더 많은 언어를 사용하고 자신의 관심을 부모의 것과 같은 것에 더 집중시켰다(이른바 이것을 '함께 주목하기'라 한다). 이러한 치료법은 치료자의 숙련도에 따른 제한이 없을 경우에 특히 유망하다. 부모에게도 이러한 기법을 따라하도록 훈련 가능하고, 따라서 아동의 가정에서의 경험이 풍부해질 수 있다119. 이는 자폐증이 있는 사람을 대상으로 하는 치료가 모방과 공유회로의 문제를 넘어서 인지와 행동의 다양한 영역을 목표로 해야 한다고 생각할 경우에 특히 중요하다. 또한 사회적 영역을 넘어서 그들의 직업적인 성공에 필수적인 지적 능력을 육성해야 한다. 브룩과 그녀의 동료들은 현재 60명의 아동이 참여하는 대규모 연구를 실행하고 있는데, 그 결과는 이 치료 접근법의 효과에 대한 소중한 증거를 제공할 것이다.

대인관계 상호작용을 위해 그 밖에 추가할 수 있는 방법은 큰 거울을 아동의 놀이 환경에 설치하는 것이다. 부모는 아이가 긍정적이거나 부정적인 정서를 경험할 때 거울을 통해 자신의 얼굴표정을 볼 수 있도록 아이의 관심을 끌 수 있다. 자폐증이 있는 아동은 눈을 쳐다보지 않기 때문에 특히 얼굴의 위쪽 부분에 주의를 두게 한다.

시각운동 수반성visuomotor contingencies을 개발하기 위해 컴퓨터를 활용할 수 있다. 컴퓨터게임을 이용해서 얼굴표정을 보여주는데, 만약 아동이 700~1000밀리초msec 내에 제시된 표정을 모방하면 만화 비디오를 볼 수 있는 포인트를 받게 된다. 웹캠을 이용해서 아동에게 자신의 얼굴표정을 실시간 동영상으로 또는 이전의 얼굴표정을 재생해서 보여주면서 특정한 얼굴표정을 짓도록 요청한다. 그런 다음 아이에게 방금 본 것이 재생 영상인지 실시간 영상인지 물어본다. 실시간 영상은 특히 얼굴표정의 위쪽 절반만 볼 수 있도록 배열할 수 있다. 이러한 비디오게임을 이용한 개입의 함정은 모방에 대한 의도적인 기술을 개발하는 데는 도움이 될 수 있으나 게임 밖에서는 아동의 자발적인 모방을 향상시키기가 쉽지 않다는 것이다. 따라서 이 방법은 주로 의도적인 모방에 문제가 있는 경우에만 사용하고, 모방은 터득했으나 단순히 자발적으로 모방을 하지 못하는 경우에는 사용하지 않는 것이 좋다.

자폐아뿐 아니라 일반 아동에게도 가장 중요한 요인은 진정성 있고 자발적인 사회적 상호작용이다. 불행하게도 아동들은 하루의 많은 시간을 텔레비전 앞에서 보낸다. 아동 정서와 행동에 반응하게 될 실제 사람과는 달리 텔레비전 화면은 그렇게 할 수가 없다. 가장 우려되는 부분은 텔레비전 자체가 발달에 부정적인 영향을 미친다기보다는 텔레비전 앞에서 보내는 시간이 반응하는 사람 앞에서 보내는 시간보다 더 많다는 것이다. 이것은 관찰된 얼굴과 신체동작이 아동 자신의 것과 일치한다고 경험할 수 있는 기회를 상당히 줄이며, 헤브학습을 통한 공유회로의 정상적인 발달을 방해할 수 있다. 자폐증이 있는 사람의 경우에, 그들의 뇌는 연합을 시냅스 연결로 전환하는 데 덜 능숙하기 때문에, 이들에게 학습 기회의 상실은 매우 해로울 수 있다. 자폐증이 있는 사람이 본능적으로 사회적인 자극에 덜 매료된다는 사실은 이러한 상황을 더 악화시킨다. 왜냐하면 그들은 사회적인 만남을 적극적으로 구하지 않을 것이고, 따라서 사회적인 상호작용을 비수반적이고 비사회적인 활동들로 더 많이 대체하려고 할 것이기 때문이다.

거울이 망가진 것은 심장이 망가진 것인가?

우리는 일반인이 얼마나 자발적으로 공유회로를 활성화시키는지 그리고 자폐증이 있는 사람이 얼마나 그렇게 못하는지를 살펴보았다. 공유회로의 역기능은 자폐범주성 장애에만 해당되는 것은 아니다. 정상적인 삶 속에서 공유회로가 우리에게 거짓말을 하는 경우도 있다. 이와 관련된 나의 개인적인 사건을 기억한다.

2000년 여름, 당시 여자친구였던 안토넬라와 나는 친구 결혼식에 가는 길이었다. 피에몬테는 뜨거운 여름이었고 평소처럼 늦었지만 함께 웃고 있었다. 나는 낡은 자동차의 창문을 열었고, 기분 좋은 따듯한 바람을 느꼈다. 매미소리는 부드럽게 마음을 어루만지는 듯했다. 나는 행복했다. 하지만 이 행복은 오래가지 않았다. 난데없이 안토넬라와 나는 심각한 말다툼을 하게 되었다. 그녀는 내게 나와는 정말로 멋지게 싸울 수가 없어서 지겹다고 했다. 그녀는 항상 조화롭지만은 않은 것이 잘못된 것은 아니라고 말하며, 때로는 불만을 표시할 수 있는 남자가 필요하다고 했다. 그녀는 모든 것을 예전처럼 계속할 수 없다고 결론지었다.

나는 놀랐다. 나는 이런 다툼이 일어날 것이라고 전혀 생각하지 못했다. 완벽하게 훌륭한 날을 보내고 있다고 생각했고, 나처럼 그녀도 흥겨워 보였다. 꽤 오랫동안 그녀의 내부에서 무엇인가가 부글거리고 있었던 것이다. 나의 행복은 갑자기 고통으로 바뀌었다. 나는 그녀의 마음속에서 일어나는 많은 것들에 직관적으로 접근할 수 없다는 사실을 뒤늦게 깨달았다. 그러한 사건들은 점점 더 늘어났고, 나의 동조감[xiv]은 천천히 허물어져 갔다. 결국 우리는 헤어졌다.

그날을 포함해 그때와 똑같은 느낌을 받았을 때 무언가 잘못되었다고 내가 의심한 것은 바로 공유회로였다. 공유회로는 내가 안토넬라의 마음을 읽기 위해서 내 자신의 느낌과 행동에 사용했던 사회적 직감과 동조감의 근간이다. 나의 공유회로는 차 안에서의 행복감, 내가 좋아하는 따뜻한 날씨, 매미의 울음소리와 연합된 마음을 어루만지는 느낌에 비추어 그녀의 반응을 해석했다. 나의 실수는 그녀의 미소가 단순히 나에 대한 예의에 불과했음에도 직관적으로 행복감을 공유하고 있다고 믿었던 것이다.

그러나 문제는 나의 행복에 대한 순간적인 잘못된 투사보다 훨씬 더 깊은 것이었다. 우리 모두는 자기중심적인 편향으로 고통받는다. 공유회로는 마술이 아니다. 공유회로는 다른 사람들을 우리 자신의 행동, 감각, 정서의 관점에서 해석하게 한다. 만약 우리의 내적인 삶이 근본적으로 우리 앞의 사람과 다를 경우에 공유회로는 다른 사람이 느끼지 못하는 무언가를 느끼게 한다. 이러한 경우에 공유회로라는 거울은 우리에게 거짓말을 한다. 차 안에서 그날 일어난 일처럼, 나의 직관이 그녀의 마음 상태와 너무 동떨어져 있었다는 것을 안토넬라의 행동이 내게 분명하게 말해주었다. 나는 눈앞이 캄캄했고, 무능함을 느꼈으며, 상처를 받았고, 우리가 가지고 있는 가장 예리한 사회적 감각이 박탈당한 것처럼 느껴졌다. 내게 남은 것은 오로지 관계를 헤쳐 나가고 위기를 없애기 위해 노력했던 일련의 추상적인 규칙뿐이었다. 그것은 자폐증이 있는 사람이 그들의 모든 사회적 접촉에서 경험한다고 보고한 것과 매우 근접하게 느껴졌다. 나는 계속해서 안토넬라와 의견을 달리하기 시작했다. 나는 그것이 옳다고 느꼈기 때문에 그렇게 한 게 아니라(나는 개인적으로 분쟁보다는 조화를 더 선호한다), 나의 의식적인 마음이 규칙을 저장해두었기 때문에 그렇게 한 것이다. "안토넬라는 언제나 싸움이 필요하지. 그런데 지난번 싸운 후 시간이 많이 지났어. 이제 싸움을 시작할 때군." 그러한 의식적인 조정은 나를 지치게 했을 뿐 아니라 그녀가 무엇을 좋아하는지 추측하는 것 또한 아무 소용이 없게 만들었다. 내가 규칙에 의존해야 했을 때는 그녀가 원하는 것을 정확하게 감지할 수 없었고, 그녀가 원하는 것을 실현시켜주려면 항상 아주 많은 노력이 필요했다. 다른 사람이 필요로 하는 것을 정확하게 느끼는 능력을 대체할 수 있는 것은 아무것도 없는 것 같았다.

이제 나는 발레리아와 함께 있고, 이러한 동조의 결여가 가까운 관계에서 정상적인 상태라고 믿었던 것이 얼마나 잘못된 생각이었는지 잘 알게 되었다. 나의 직관은 되돌아왔고 발레리아가 언제 행복하고 슬픈지 그리고 왜 그런지를 직관적으로 느낀다. 이제 나의 공유회로는 다시 소중한 정보의 원천이 되었다. 내가 안토넬라와 사귀었을 때 에너지를 고갈시켰던 의식적인 계획 대신에, 이제 나는 즐거움과 슬픔에 대한 자연스러운 공유를 통해 나의 에너지가 충만해짐을 느낀다. 두 개로 분리된 영혼이 재결합되는 사랑의 신화적 이미지는 명백히 공유회로의 완벽한 연결 덕분이다. 그녀는 나의 일부가 되고, 나는 그녀의 일부가 된다. 인간은 공유회로의 강력한 연결에 의해 함께 결합되는 사회적 동물임을 나는 다른 어느 누구에게서도 그렇게 깊게 느끼지 못한다.

유유상종

지난 몇십 년에 걸쳐서 우리가 어떤 배우자를 매력적이라고 생각하고, 어떤 배우자가 결혼생활에 충실할지를 결정하는 요인에 대한 실증적인 작업이 많이 이루어져왔다. 이러한 연구 결과는 독일의 심리학자이자 저술가인 바스 카스트Bas Kast 의 책에서 훌륭하게 검토되었다120. 민간 심리학folk psychology 은 부부관계에 대해 두 가지 상반된 견해를 가지고 있다. 한 가지 견해는 '상보성의 원리'로, 우리는 결국 보완적인 특징을 제공하는 배우자를 구한다고 주장한다. 만약 이 주장이 참이라면, 공유회로는 파트너십에서 영원한 문제를 안게 된다. 직관과 관련해서 사랑은 참으로 맹목적이게 된다. 다른 견해는 '유사성의 원리'로, 우리와 닮은 사람을 파트너로 찾는다고 주장한다. 만약 그렇다면, 우리는 공유회로가 특히 잘 작동하는 파트너를 적극적으로 선택할 것이다. 왜냐하면 파트너의 마음이 자신의 마음과 비슷한 방식으로 작동할 것이고 우리의 시뮬레이션은 대개 맞을 것이기 때문이다.

유사성이 커플에게 도움이 된다는 생각을 분명하게 해주는 두 가지 증거가 있다. 우선, 실험참가자들은 유사한 짝을 더 매력적이라고 보는 것 같다. 미시건 대학의 데이비드 버스David Buss 와 예일 대학의 마이클 반스Michael Barnes 가 팀을 이뤄서 학생들에게 파트너에게서 찾고자 하는 특징을 기술하도록 했다121. 그런 다음 참가자 자신의 다양한 특징을 평가하는 설문지를 돌렸다. 결과는 성격, 태도, 매력, 사회경제적 지위의 측면에서 참가자들은 자기와 유사한 배우자를 구하는 것으로 나타났다. 외향적인 사람은 외향적인 사람을 좋아했다. 신앙심이 깊은 사람은 독실한 사람을 원했다. 다른 많은 연구들도 유사한 결과를 발견했다. 두 번째 증거는 매력적이라고 생각하는 사람을 조사한 것이 아니라, 유사성이 결혼생활 만족 또는 이혼율에 어떤 영향을 미치는지를 조사했다. 영국의 웨이스펠드Weisfeld와 그의 동료들이122 1053쌍의 커플을 조사한 결과 교육 수준, 영리함, 매력이 서로 유사한 커플이 더 행복한 것으로 밝혀졌다. 행복은 낮은 후회율("당신은 당신의 아내/남편과의 이혼을 생각해본 적이 있습니까?" 혹은 "당신이 선택할 수 있다면, 같은 사람과 다시 결혼하겠습니까?"), 배우자가 얼마나 불만족스러운지("얼마나 자주 심각한 다툼을 합니까?" "당신의 남편/아내는 정말로 당신을 싫어합니까?") 그리고 얼마나 성적으로 만족하는지("당신의 결혼생활은 성적으로 만족스럽습니까?" "당신은 당신의 아내/남편이 좀 더 당신에게 성적으로 반응하기를 바랍니까?")로 측정했다.

사람들은 동형배우자생식homogamy이라고 부르는 현상에 의해 유사한 배우자를 찾거나 여러 가지 이유로 인해서 비슷한 사람과 결혼을 할 수 있다. 생물학자들은 유사한 배우자는 유사한 유전자를 가지고 있을 확률이 높을 것이라고 생각한다. 만일 이것이 사실이라면 단순히 엄마에게서 유전자를 물려받을 뿐 아니라 우연하게도 엄마와 일치하는 아빠로부터도(아빠의 관점에서도 같은 내용이 적용된다) 유전자를 받을 것이기 때문에 유사하지 않은 부모의 자식보다는 유사한 부모의 자식이 유전자의 공통성이 더 많을 것이다. 생물학자들은 또한 만일 부부 중의 어느 한 사람이 육체적으로 훨씬 더 매력적일 경우에는 이 배우자가 더 매력적인 배우자를 찾아 교체할 가능성이 더 많기 때문에 사람들은 육체적으로 대략 비슷한 배우자를 찾을 것이라고 생각한다. 우리가 유사한 배우자를 찾는 경향에 대한 진화론적 근거가 무엇이든 간에 이것은 공유회로의 관점에서 보았을 때 부부에게 매우 긍정적 효과를 가져오는 경향이 있다. 자신과 유사한 배우자는 시뮬레이션을 통해서 자신을 정확하게 읽고 예측하게 될 것이고, 그럼으로써 동조라는 즐거운 인상을 만들어내게 된다. 결론적으로, 상반된 사람에게 매력을 느낄 수는 있지만 만약 오래 지속되고 당신을 행복하게 만드는 관계를 추구한다면 유사성의 원리를 생각해보고 시뮬레이션의 기회를 가져보라.

어떤 부부도 완벽한 한 쌍일 수는 없다. 우리가 우리 자신과 결혼할 수는 없기 때문이다. 모든 결혼에서 조금의 놀라움과 얼마간의 차이는 즐거운 도전이다. 그것은 우리에게 세상의 새로운 면을 발견할 기회를 주고, 진화적 관점에서는 근친교배를 예방한다. 근친교배는 분명히 단점으로 작용한다. 안정적이고 만족하는 부부에서는 이러한 차이가 유사성이라는 견고한 기반 위에 안정적으로 자리 잡고 있다. 공유회로의 발견은 배우자와 서로 유사한 영역에서는 우리의 직관을 믿어도 되지만 서로 다른 영역에서는 배우자가 나와 동일하게 느낀다고 잘못된 결론을 내릴 수도 있기 때문에 주의해야 한다는 것을 우리에게 말해준다.

경험이 많을수록 더 잘 이해한다

인간관계란 공감을 통해 놀랄 만한 밀접한 유대로 이어지는 상황이지만, 상대방을 이해하는 데 실패했을 경우에는 가장 견딜 수 없는 상황이 되기도 한다. 그러나 우리가 공감의 한계를 가장 자주 접하게 되는 것은 우리의 관계 밖에서다. 우리는 매일 수영하러 가는 누군가를 보고, 어떻게 수영하려고 매일 아침 5시에 일어날 수 있는지 궁금해할 수 있다. 아침 8시에 완전히 잠에서 깨어 전신에 엔도르핀이 흐르는 전율을 경험해본 적이 없기 때문이다. 그러한 경험 없이는 다른 사람이 왜 이런 행동을 하는지에 대한 우리의 직관은 늘 불완전하다. 만약 우리가 저녁 초대를 받았는데 그 집에 술이 맥주밖에 없다는 사실을 알았다면, 우리는 직관적으로 주인이 좋은 와인을 사지 않았으므로 특별히 우리를 만나고 싶어하는 건 아니라고 느낀다. 그렇게 생각한 이유는 귀한 벨기에 맥주를 사기 위해 2시간이나 운전한 주인의 열정을 우리가 공유하지 않았기 때문이다. 만약 우리가 불가리아에 간다면 불가리아 사람들은 우리가 하는 모든 제안에 매번 고개를 젓는 매우 부정적인 사람들이라고 생각할 것이다. 왜냐하면 우리가 그들의 운동프로그램을 공유하지 않았기 때문이다. 그들에게 '네'는 고개를 젓는 것이고, '아니오'는 고개를 끄덕이는 것이다. 사회적인 직관은 서로가 유사할 때는 항상 올바른 결론으로 이끌 수 있지만 서로 다를 경우에는 점점 더 잘못된 결론을 이끌어내게 될 것이다. 관계와 마찬가지로 성공적인 사회적 기술은 많은 경우에 직관을 이용하지만, 다른 사람이 나와 다르다고 믿을 만한 이유가 있을 때는 그 사람을 해석하는 다른 방법으로 유연하게 전환해야 한다.

공유회로가 우리에게 알려주는 것은 어떤 사회적인 접촉은 가깝고 편안하게 느껴지는 데 반해, 어떤 것은 거리감 있고 긴장되게 느껴지는지에 대한 설명이다. 우리가 직관을 성공적으로 이용하는 경우에 우리는 단순히 다른 사람의 마음속에서 일어나는 것에 대한 느낌을 얼굴표정, 몸짓, 행동과 같은 사회적 단서들과 연합하는 것으로 보이는 공유회로에 의존한다. 이 과정은 의도적인 주의력이 요구되지 않는다. 추상적인 규칙("불가리아에서는 예와 아니오가 바뀐다는 사실을 기억하라")에 의존해야 하는 경우에, 우리는 직관을 억제해야 하고 우리의 주의력이 요구되는 인지로 그것을 해결해야 한다. 이러한 사회적 관계는 이런 내적 긴장을 반영하고 더 긴장되고 더 많은 에너지를 요구하는 것으로 느껴진다. 사회적으로 유능한 사람은 타인과의 효과적인 상호작용을 위해 직관과 인지 모두를 이용할 것이다. 하지만 우리의 직관에는 뭔가 더 특별한 것이 있다. 우리가 언젠가 다른 사람과 경험했던 '주파수가 맞는' 느낌은 우리의 공유회로가 그 사람과 조화를 이루는 정도, 즉 서로가 비슷한 정도를 반영한다고 생각한다.

거울체계는 거짓말을 할 수 있다:
치료자에게 가지는 함의

사회적 직관은 심리치료의 응용에서도 양가적인 성격을 갖는다. 한편으로 내담자의 행동과 감각을 공유하는 것은 내담자에 대한 직관을 획득하는 데 중요하며, 내담자가 치료자에게 마음을 열도록 용기를 줄 수도 있다[49]. 앞서 커플의 맥락에서 살펴본 바와 같이, 공유회로는 다른 사람에 대한 타당한 통찰을 제공할 수 있지만, 이는 치료자가 내담자와 비슷할 경우에만 해당된다. 물론 사람은 기본적인 정서, 감각, 행동패턴의 많은 부분을 서로 공유하므로 대부분의 직관은 타당할 것이다. 마찬가지로 프로이트 이래로 정신분석가들은 우리 자아가 타인에게 잘못된 투사를 하는 경향이 있다는 사실을 인식해왔다. 이혼 경력이 있는 치료자는 비슷한 상황의 내담자에게 자기 자신의 문제를 투사할 수 있다. 이러한 투사는 공유회로의 자연스러운 경향이다. 치료자는 직관은 강력하지만 본질적으로 자신의 상태를 타인에게 투사하는 경향이 있다는 사실을 항상 명심해야 한다.

자신의 거울을 들여다보면 인간이 보일 것이다

가끔 발생하는 오해에도 불구하고, 타인에 대한 우리의 직관적인 이해는 상당히 정확하다. 그것은 인간은 서로 공통점이 많기 때문이다. 99% 이상 같은 유전자를 공유하고, 기본적인 정서적 얼굴표정도 비슷하며[91], 우리가 만나는 대부분의 사람들은 우리와 비슷한 삶의 경험(일하고, 나이 먹고, 숨쉬고, 언어를 말하는 것 등등)을 가지고 있다. 이와는 대조적으로, 동물을 대할 때 우리는 직관의 사용에 주의해야 한다. 동물과 공유하는 부분이 상대적으로 적기 때문이다.

많은 신호는 종의 경계를 잘 넘지 못한다. 예를 들어, 원숭이가 입술을 들어 올리고 다문 이를 보이면서 활짝 웃으면, 이것은 행복의 표시가 아니라 불안으로 인한 복종의 의미다. 그것은 "나를 가만 놔둬" "나는 당신이 무서워" "나는 당신과 싸우고 싶지 않아"라는 신호다. 우리가 가깝다고 느낄 때 짓는 얼굴표정은 미소다. 내가 처음 원숭이 연구를 시작했을 때, 이런 신호의 차이가 상당히 많은 오해를 유발했다. 원숭이가 실제로는 나와의 사회적 접촉을 원하지 않는다는 뜻을 전하려고 할 때 나는 반대로 원숭이가 나와 사회적인 접촉을 하기를 원한다고 생각했다. 그 반대의 경우도 마찬가지다. 나의 친근한 미소는 원숭이를 혼란스럽게 했을 것이다.

공유회로가 우리에게 다른 동물과의 맥락에서 말해주는 것은 우리 두뇌가 그들의 행동을 우리 행동으로 연합시킬 것이라는 점이다. 우리는 사람에게 꼬리를 흔드는 개의 동영상을 보여주었는데, 이것은 인간이 자신의 팔을 흔들 때와 매우 유사한 뇌영역의 활성화를 가져온다는 사실을 알았다. 우리가 원숭이의 얼굴표정을 볼 때에도 사람의 얼굴표정을 볼 때 반응하는 영역과 유사한 영역에서 거울체계가 활성화되었다[20]. 마찬가지로 원숭이들도 사람의 얼굴표정을 볼 때 거울뉴런이 활성화되었다[123]. 이러한 시뮬레이션은 우리 자신의 목표와 정서를 다른 종의 구성원에게 투사하는 것이며, 우리는 필연적으로 그들을 의인화하게 된다. 그러므로 우리는 우리의 편향에 주의해야 하며 동물에 대한 우리의 직관을 의심해야 한다.

10

사회인지의 통합이론

고등학교 시절 선생님 중 한 분이 인간의 경험을 설명하는 방법을 내게 가르쳐주셨다. 그는 내게 "단순히 듣거나 본 것만 설명하지 말고, 느끼는 모든 감각을 설명하라"라고 말씀하셨다. 처음 바닷가에 섰을 때의 느낌을 설명하기 위해 나는 탁 트인 경치, 바람에 밀려드는 파도의 흰 물결, 파도가 들어오고 나갈 때 내는 자갈의 소리 그리고 그 외에도 발에 느껴지는 차가운 물의 느낌, 물이 발가락 사이에서 소용돌이 칠 때의 솔질 하는 느낌, 바람에 날려 얼굴에 마구 부딪히는 머리카락, 입 속의 짠맛, 콧속에서 느껴지는 요오드의 냄새, 공기 중의 습기를 설명할 필요가 있었다. 실로 위대한 시인과 소설가들을 다른 사람들과 구별해주는 것은 시각뿐 아니라 운동, 체성감각, 정서적 영역까지 우리 존재의 모든 측면을 활성화시킬 수 있는 그들의 능력이다.

252

단일 세포기록과 fMRI, 손상연구lesion study 그리고 TMS 같은 현대 신경과학의 모든 고급기술을 통해서, 우리는 두뇌가 실제로 위대한 시인이라는 사실을 발견한다. 두뇌는 주변 사람들의 비밀스런 내적 생활에 대한 훌륭한 설명을 우리에게 제공한다. 두뇌는 우리가 보고 듣는 것을 상대방의 입장에서 우리가 행하고 느끼고 감지할 수 있도록 다차원적인 설명으로 윤색한다.

모든 시인처럼, 두뇌는 주관적이고 개인적인 스타일로 사람들의 진정한 느낌과 의도를 자신의 경험이라는 거울로 왜곡한다. 하지만 그럼에도 다른 사람의 상태를 직관적으로 생생하고 공유할 만한 것으로 표현한다.

이제까지 개별적으로 이야기한 공감의 측면들이 한데 모여 우리의 사회인지를 돕는다. 그러나 다른 사람을 이해하는 일에는 공유회로라는 직관적인 시보다 더 많은 것이 존재한다. 만일 우리가 녹슨 낡은 쉐보레를 갖는 것이 얼마나 멋진 일인지에 대해 활짝 웃으며 열정적인 목소리로 말하는 중고차 판매원을 본다면, 우리의 공유회로는 우리로 하여금 그의 열정을 공유하도록 만들고 결국 그 자동차를 사도록 설득할 것이다. 그러나 더 지적이고 의식적인 수준에서, 우리는 다른 사람들의 씁쓸한 경험을 통해서 중고차 영업사원을 항상 신뢰할 수는 없음을 알고 있다. 우리의 의식적인 사고는 우리의 공감적 직관과 상호작용하여 의사결정에 도움을 주며, 자신의 시행착오에만 의존하지 않고 다른 사람의 경험을 통해 배울 수 있도록 돕는다.

타인을 이해하기 위해서는 사고와 직관 모두 필요하다

지금까지 나는 공유회로와 직관적인 사회인지에 관해서만 설명해 왔다. 하지만 수많은 연구자들은 사회인지의 다른 측면, 즉 우리가 다른 사람의 마음 상태를 어떻게 의식적으로 생각할 수 있는지에 관심을 가졌다. 지금까지 거의 탐색되지 않은 채로 남아 있는 질문은 직관이 어떻게 생각과 상호작용하는가이다124.

우리 자신의 경험에서 시작해보자. 내가 신선하지 않은 초밥을 먹을 경우, 우선 나의 전운동과 운동 영역이 활성화되어 초밥을 먹을 수 있게 한다. 그 다음 식중독이 발생하고, 이러한 내 몸의 바뀐 상태를 체성감각과 섬엽에서 감지하고 결국 구역질을 할 것이다. 아마 처음에는 조금 불편해도 자신의 일에 계속 몰두할 수 있을 테지만, 나중에는 구역질이 내 주의를 장악하게 될 것이고 무엇이 문제인지를 이해하기 위해 내성introspecting을 하기 시작할 것이다.

이런 내성을 하는 동안에 과연 우리의 뇌에서는 무슨 일이 일어나는지 궁금할 것이다. 그것을 알아내기 위해서 우리 스스로가 작은 실험을 해볼 수 있다. 그냥 편안하게 앉아서 손이나 손가락을 대지 말고 가슴이나 손목의 맥박을 느껴보라. 왜냐하면 손이나 손가락을 이용해서 맥박을 느끼게 되면 당신은 더 이상 내성을 하는 것이 아니라 다른 사람의 맥박을 느끼는 것처럼 외부적인 사건을 느끼는 것으로 경험하기 때문이다. 앉아서 당신의 몸 내부의 느낌에 귀를 기울여보라. 런던의 휴고 크리츨리Hugo Critchley와 그의 동료들은 사람들이 이러한 형태로 내성을 할 때 두뇌에서 무슨 일이 일어나는지를 조사했다125. 그는 사람들의 손가락에 산소포화도측정기를 부착하고는 모든 심장박동을 신호로 전환했다. 시행의 절반 정도에서 심장박동과 신호 사이에 약 0.5초 정도의 지연을 보임이 드러났다. 스캐너 안에서 참가자들은 신호가 자신의 심장박동과 동조 상태인지 아닌지를 내성하고 결정해야만 했다. 연구 결과 참가자가 자신의 심장박동을 내성할 때 양측 반구의 전섬엽과 내측전전두피질이 선택적으로 활성화되는 것으로 나타났다. 그들이 발견한 전섬엽의 위치는 우리의 연구에서 역겨움의 경험과 관찰 모두와 관련되었던 영역과 매우 유사했다59. 이는 역겨움의 경험은 정말로 우리의 신체 상태를(역겨움을 '토할 것 같은 느낌'으로) 감지하는 것과 관련됨을 시사한다.

모든 사람이 똑같이 내성을 잘하는 것은 아니다. 감정표현불능증alexithymics을 가진 사람들은 자기 자신의 정서를 설명하고 식별하는 것을 매우 어렵게 느낀다. 그들은 초조한 상태를 느낄 수는 있지만 그 상태가 구체적으로 분노인지, 두려움인지, 불안인지는 확실하게 알지 못한다. 감정표현불능증이 심한 사람은 자신의 정서를 잘 느끼는 사람보다 섬엽과 내측전전두피질의 활성화가 더 낮은 경향을 보인다126.

위의 내용을 가지고 비유하자면, 내가 초밥을 먹었던 경험은 처음에는 운동, 전운동, 체성감각 그리고 섬엽의 활성화로 이뤄졌다. 내성과 내측전전두피질의 활성화를 통해서 이 상태는 나 자신의 상태에 대한 생각으로 전환될 수 있었다. 전자는 내 상태의 저차원적 표상을 만들어내는 반면, 후자는 반성적reflective 사고를 표상한다. 나의 두뇌가 저차원적인 표상을 반성적 사고로 얼마나 잘 전환시키는가는 내가 얼마나 감정표현불능증인지에 달렸다.

만약 우리가 다른 사람의 상태를 인식할 수 있다면 무슨 일이 일어날까? 만약 내 친구가 초밥을 먹고 얼굴이 새파랗게 질리는 것을 보게 되면 어떨까? 공유회로는 내 친구가 초밥을 먹고 구역질을 하는 모습을 나의 섬엽, 전운동, 두정엽 그리고 체성감각피질의 활성화로 전환시켜 마치 내가 초밥을 먹고 기분이 안 좋은 것처럼 느끼게 만든다. 나는 직관적으로 그리고 반성 이전에 그렇게 느낄 것이다. 또한 나는 나 자신의 구역질을 이해할 때 사용했던 것과 같은 경로를 이용해서, 하지만 이번에는 그의 구역질을 이해하기 위해서 내성할 수 있다. 그의 상태를 미러링하는 나 자신의 시뮬레이션 상태를 바탕으로, 마치 내가 나 자신의 상태를 생각하는 것처럼, 자신의 섬엽[51,59]과 자신의 내측전전두피질[127]을 활성화시키는 것이다.

그렇다면 타인에 대한 의식적인 사고는 두 단계로 이루어지는 과정이라고 볼 수 있다. 먼저 우리는 그들의 상태를 미러링한 다음 내성한다. 더 이상 다른 사람에 대해 직접적으로 사고하는 것이 아니라 우리 자신의 상태라는 거울에 비쳐진 그들의 상을 사고하는 것이다. 이러한 관점의 매력은 타인에 대해 생각하는 전용회로가 필요한 것이 아니라 우리 자신에 대해서 생각할 때 이용하는 동일한 회로에 의존하고, 그리하여 자신의 상태와 그 원인에 관해서 그동안 획득해 온 모든 지식을 활용할 수 있다는 것이다. 예를 들어 내가 최근에 불쾌함을 느꼈을 때가 음식 때문이었음을 기억하고, 그러한 개인적인 경험을 통한 지식을 친구의 구역질을 해석하는 데 이용할 수 있다. 앞서 우리가 얘기했던 행동, 정서, 감각에 대한 공유회로와는 달리,

이와 같은 사회적 내성의 단계는 훨씬 더 분명하고, 따라서 그의 상태에 대한 나의 생각을 실황중계할 수도 있다.

모든 정신화가 공유회로의 결과에 의존하는 것은 아니다. 우리는 때로 우리와는 다른 사람에 대해서도 생각해야 한다. 앞 장에서 언급한 바와 같이, 공유회로는 이러한 상황에서 우리를 오도할 확률이 높다. 그런 경우에 우리 두뇌는 시뮬레이션을 억제하고 다른 방식의 사고에 의존한다.

하버드 대학의 제이슨 미첼Jason Mitchell과 그의 동료들이 실행한 실험 결과는 다른 사람을 이해하는 데 두 가지 경로가 있다는 우리의 생각을 지지한다. 두 가지 경로란 시뮬레이션에 의존하는 것과 그렇지 않은 것이다128. 실험에서는 참가자에게 두 가공의 인물 사진과 그들에 대한 간략한 설명을 함께 보여주었다. 한 가공인물에 대해서는 자유주의적인 사회정치적 관점을 가지고 있고, 북동부의 자유주의적 예술대학 학생들이 일반적으로 참여하는 활동들에 참여하고 있는 것으로 묘사했다. 또 다른 가공인물에 대해서는 근본주의적 기독교인으로 보수적인 정치사회적 관점을 가지고 있고 종교 및 공화당 단체가 후원하는 중서부 대학교의 다양한 행사에 참여하는 것으로 묘사했다.

뇌를 스캔하는 동안 참가자들은 두 인물사진 중 하나를 보았고, "나는 추수감사절에 집으로 가기를 고대한다" "나는 전적으로 환경적인 이유 때문에 작은 차를 운전한다" "나는 문화적 다양성이 중요한 국가적 사안이 되어야 한다고 믿는다"와 같은 문구들 중 하나를 보았다. 그런 다음 참가자는 그 사람이 그 진술에 얼마나 동의할지 결정해야 했다. 실험의 3분의 1에서는 그러한 진술에 참가자 자신은 얼마나 동의하는지도 표시하도록 했다.

일부 참가자는 자유주의적 인물과 자신을 동일시한 반면, 다른 참가자는 자신이 보수주의적 인물과 더 비슷하다고 느꼈다. 모든 경우에서 지각된 유사성이 두뇌 활성화의 패턴을 결정했다. 두 집단의 참가자 모두 내측전전두피질의 배측ventral 부위가 활성화되었다. 이 부위는 타인과 자신의 유사성에 대해 생각할 때 활성화되는 부위다. 이 배측영역은 위에서 설명한 시뮬레이션 과정을 통해 사람들을 이해하는 것으로 보인다. 비슷하지 않은 대상에 대해 정신화할 때에는 배측 시뮬레이션 영역의 활성화를 줄이고 추상적 사고와 관련 있다고 여겨지는 등측dorsal영역에 전적으로 의존한다.

이러한 결과는 실제로 사회인지에 두 가지 경로가 있음을 시사한다. 배측 경로는 우리 자신의 의견, 행동, 감각, 정서에 의존해서 자신과 비슷한 개인을 시뮬레이션하며, 다른 사람에 대한 가장 풍부한 통찰을 제공한다. 그러나 그 효과는 우리가 다른 사람(공감)과 그리고 우리 자신(감정표현불능증)과 얼마나 동조화되어 있는지에 따라 결정된다. 반면에 등측 경로는 우리가 자신에 대해 알고 있는 것에 의존하지 않고 다른 사람의 마음 상태에 대해 추론할 수 있게 해준다. 이 과정의 추상적인 특성은 우리 자신의 마음을 타인의 마음과 분리시키고, 자기중심적인 편향의 함정으로부터 우리를 보호한다. 우리 두뇌는 우리 앞에 있는 사람이 우리와 얼마나 다르다고 느끼는지에 따라서 두 경로 사이를 왔다 갔다 하는 것 같다[xv]. 불행하게도, 우리가 등측 경로를 더 많이 이용할 때는 다른 사람에 대해 우리 머릿속에 저장해놓은 진술에 의존해야만 한다(예를 들어 "중고차 판매원은 항상 진실을 말하지는 않는다"). 하지만 그러한 규칙들은 우리 자신에 대한 지식만큼 풍부하지는 않을 것이다.

의식적인 반성과 자동화된 직관 사이의 차이는 운전의 비유로 가장 잘 설명된다. 우리가 처음 운전을 배울 때를 떠올려보자. 그때는 완전히 집중한 상태다. 모든 것에 주의를 두는 것은 거의 불가능한 상태다. 기본적으로 해야 하는 활동들로 우리의 정신은 이미 꽉 찬 상태여서 다른 생각을 할 공간은 전혀 남아 있지 않다. 운전연습이 끝나고 나면 완전히 녹초 상태가 된다. 이와 같은 집중 상태는 자신과 유사하지 않은 타인의 마음에 관해 생각할 때 요구되는 외현적인 과정과 유사하다. 우리가 배우자와 살면서 직관적으로 그 사람의 마음을 읽는 것이 어렵다고 느끼는 것은 첫 운전연습에서 지쳤던 것처럼 아주 당연한 것이다. 일단 능숙한 운전자가 되면 모든 기초적인 과정들은 자동화되고, 우리의 정신은 다른 문제들을 자유롭게 생각할 수 있게 된다. 운전하면서 대화도 할 수 있고, 잠재적인 교통 위험도 감지할 수 있다.

시뮬레이션이라는 사회적 직관은 이런 과정과 매우 유사하다. 시뮬레이션 또한 자동적으로 발생하며 쉬고 있거나 다른 사람에 관해 의식적으로 생각해야 할 때에도 마음을 자유롭게 하여 우리의 사회적인 행동을 조율한다.

우리의 발달과정에서 직관적인 시뮬레이션 경로는 추상적인 등측 경로보다 훨씬 앞서 작용하는 것으로 보인다[129]. 말하기를 배우기도 전에 엄마가 장난감을 좋아하는 반응을 보이면 아기도 그 장난감을 좋아할 것이다. 만약 엄마가 장난감을 두려워하는 반응을 보이면 아기도 그 장난감을 싫어하게 될 것이다. 이는 아기의 공유회로가 이미 다른 사람의 정서에 의해 '감염'될 수 있음을 보여준다130. 4세부터 6세 사이의 아동은 다른 아이들이 자신과는 다른 생각과 신념을 가지고 있다는 것을 배운다. 아동이 다른 사람들이 별개의 정신을 가지고 있다는 사실을 이해한다는 것을 확인하기 위한 한 가지 간단한 방법은 허위 신념 테스트131를 이용하는 것이다.

아동에게 어린 소년 맥시와 그의 어머니가 등장하는 짧은 일련의 삽화를 보여준다. 맥시는 초콜릿 바를 가지고 있고 외출하기 전 파란색 서랍에 넣어둔다. 그의 엄마가 들어와서 그것을 녹색 서랍으로 옮긴다. 맥시가 돌아오고 그는 초콜릿을 먹고 싶어한다. 그런 다음 아동에게 이렇게 질문한다. "맥시는 맨 처음 어디에서 초콜릿을 찾으려고 할까요?"

아동이 할 일은 맥시가 찾게 될 곳을 지적하는 것이다. 5세 이상의 아동은 보통 파란색 서랍을 가리킨다. 왜냐하면 파란색 서랍이 맥시가 초콜릿이 있을 것이라고 잘못 믿고 있는 곳이기 때문이다. 4세 미만의 아동은 녹색 서랍을 가리키는 경향이 있다. 녹색 서랍은 지금 실제로 초콜릿이 있는 곳이기 때문이다. 이러한 반응의 차이는 5세가 되는 어느 시점에 아동에게, 초콜릿의 현재 위치를 알고 있는 자신의 마음과 초콜릿을 넣어두었던 곳에 여전히 초콜릿이 있다고 믿는 맥시의 마음을 분리시키는 능력이 발달함을 시사한다.

자폐증이 있는 아동은 시뮬레이션 그리고 자기 자신과 다른 사람의 마음을 분리해서 생각할 수 있는 능력 모두에 결함이 있는 것으로 보인다. 우리는 이미 그들의 자발적인 모방에 관한 문제를 확인한 바 있다. 이에 더해서, 8세가 되면 일반 아동은 다른 사람의 마음이 자신과는 다르다는 것에 매우 편안해하지만, 자폐증이 있는 아동은 허위 신념 테스트에서 여전히 틀린 위치를 지적한다. 마치 모든 사람이 자신처럼 실제로 초콜릿이 어디에 있는지를 알고 있다고 생각한다[103,132]. 실제로 자폐증이 있는 성인의 일부도 이 부분을 이해하지 못한다. 버터쿠키 상자에 색연필이 있다는 사실을 자신이 알고 있기 때문에 다른 사람도 알 것이라고 생각한 물리학자 제롬의 경우에서 본 것처럼 말이다.

이러한 증거로부터 다른 사람의 마음을 이해하는 우리의 능력은 유연한 두 가지 보완적 경로를 가지고 있다고 결론내릴 수 있다. 한 가지 경로는 시뮬레이션에 의존하는 것이다. 그것은 타인의 내부에서 일어나는 일에 대한 직관적인 육감을 제공할 수 있으며, 우리의 공유회로 거울에 비친 타인의 상태에 대한 반성을 나타내는 더 명시적인 언어적 형태로 흘러갈 수 있다. 이 경로에서 직관의 세계는 사고의 세계와 함께 양립할 수 있으며, 이러한 강력한 조합은 특히 남녀 관계에서 매우 중요하다[133]. 또 하나의 더 추상적인 경로는 자신과 다른 사람의 차이를 다룰 수 있게 한다. 하지만 덜 풍요롭고 나중에 발달된다.

이 두 경로는 앞에 있는 사람이 자신과 얼마나 유사한지 믿는 정도에 따라 하나가 다른 것을 억제하는 식으로 서로 맞춘다. 이러한 사회인지의 두 가지 측면이 합쳐져서 우리의 사회적 유능함의 진정한 힘을 보여준다.

나는 당신이 학습한 것을 학습한다

다른 사람에게서 배운다는 것은 지식을 얻기 위한 가장 안전하고 가장 효과적인 방법이며, 현대인들은 이러한 기술이 뛰어나다. 대부분의 동물은 특정 서식지에 제한된 반면, 인간은 전 세계에 살면서 가장 혹독한 곳에서도 살아갈 수 있는 방법을 배워야 했다. 행동에 대한 거울뉴런의 발견은 이러한 기술의 신경학적 근거를 이해하는 데 매우 중요한 역할을 했다. 만일 우리들 가운데 한 명이 북극에 홀로 던져진다면, 우리는 아마도 죽게 될 것이다. 하지만 동일한 장소에서 태어난 이누이트족의 경우에는 집단구성원으로부터 생존의 방법을 학습할 수 있기 때문에 아마 살아남을 것이다. 만일 그녀가 자신의 아버지가 물개를 향해 창을 던지는 것을 보게 되면, 그녀의 거울체계는 얼음에 구멍을 뚫고, 서서 기다리고, 창을 던지는 운동프로그램을 활성화시킬 것이다. 연속된 동작들에 대한 뇌 활성화는 어느 날 그녀 자신도 물개를 잡을 수 있게 할 것이다. 거울뉴런은 그녀에게 관찰한 목표(이 경우에는 물개사냥)를 비슷한 결과를 달성할 수 있는 운동프로그램으로 바꿀 수 있는 능력을 준다.

하지만 거울뉴런에만 기초한 설명은 문제가 있다. 우리는 사람들이 항상 행동을 수행하는 것을 보지만 어떤 행동은 성공적이고, 어떤 행동은 덜 성공적이다. 거울뉴런 그 자체는 다른 사람의 성공적인 혹은 덜 성공적인 행동들을 똑같이 공유할 것이다. 분명히 이것은 사회학습의 최선의 접근은 아니다. 만일 누군가가 어떤 일을 하고 바람직한 결과를 얻는 것을 본다면 우리는 그러한 행동을 학습하겠지만, 결과가 원하는 것이 아니라면 학습하지 않을 것이다. 만일 결과가 매우 바람직하지 않다면 우리는 그 행동을 기억할 것이다. 행동을 하기 위해서가 아니라 하지 않기 위해서 말이다.

하버드 대학의 심리학자 스키너는 곤충에서부터 인간에 이르기까지 모든 고등동물의 행동 빈도는 보상으로 연결될 때 증가하고 처벌로 귀결될 때 줄어든다는 것을 입증함으로써 행동의 유연성에 대한 이해에 큰 기여를 했다. 이러한 학습기제는 그 자체로 유기체에게 도움이 되거나 해가 되는 것을 학습하는 데 적용된다. 예를 들어, 아이의 경우에는 뜨거운 접시에 손을 대는 것은 불쾌하다는 것을 배워야 하지만, 성인은 그것을 만지는 생각만으로도 고통스러움을 느끼고 그런 행동을 하지 않을 것이다.

두뇌 내에서 그런 학습은 보상과 처벌이 아세틸콜린과 도파민의 방출을 조절하기 때문에 일어난다. 이러한 신경전달물질은 뇌에게 "이봐, 이것을 기억해두는 게 좋겠어"라고 말하고 부분적으로는 헤브식 유연성을 증가시킴으로써 그렇게 한다. 그 결과, 우리의 삶에서 별다른 결과가 없는 사건보다는 매우 유쾌하고 매우 불쾌한 사건들을 훨씬 더 잘 기억하게 된다. 기대하지 않았던 보상으로 귀결되는 사건들은 아세틸콜린과 도파민의 방출로 이어지고, 상황과 행동 간의 연합을 강화하는 시냅스 변화의 원인이 되는 행동의 빈도를 증가시킨다. 음식점에 그다지 큰 기대를 하지 않고 갔다가 진짜 맛있는 음식을 먹게 되면 뇌는 아세틸콜린과 도파민을 방출하고 우리는 그 식당에 더 자주 갈 것이다. 반면 매우 훌륭한 음식을 기대하고 간 식당에서 매우 훌륭한 음식을 먹는다면 우리의 도파민계는 더 이상 도파민을 방출하지 않을 것이다. 이는 우리가 더 이상 그 식당에 가지 않는다는 것을 의미하는 것이 아니라, 단지 그렇게 하는 행동의 빈도를 더 증가시키지 않는다는 것이다. 만약 실망스러운 음식을 먹게 되면 도파민 수준은 낮아지고 아세틸콜린의 수준은 높아지면서 그 상황은 잘 기억되겠지만, 상황과 행동의 연합은 감소될 것이고 우리의 방문 빈도 또한 낮아지게 될 것이다.

대부분의 동물의 두뇌는 도파민과 아세틸콜린을 통해서 자신의 행동의 결과에 기초하여 학습하는 기제를 갖추고 있다. 만일 어떤 동물이 특정한 상황에서 특정 방식으로 행동을 하게 될 경우에는 학습의 삼각형이라고 알려진 세 가지 측면 즉 상황, 행동, 결과가 관련된다.

행동과 정서 모두에 해당되는 공유회로의 발견은 사회학습의 문제에 대한 새로운 관점을 제공한다. 초기 인간의 한 집단이 낯선 과일이 있는 숲으로 새로운 길을 통해 들어간다고 상상해보자. 기존에 알고 있는 어떤 음식도 손에 넣을 수 없고, 위는 꼬르륵 소리를 낸다. 물론 모든 열매를 먹어볼 수는 있으나, 중독되어 죽게 되는 심각한 위험 또한 감수해야 한다. 훨씬 더 나은 방법은 다른 사람이 하는 것을 관찰하는 것이다. 근처의 어떤 사람이 붉은 과일을 한 입 베어 물면서 매우 행복해 보인다면, 세 가지 일이 뇌에서 일어날 것이다. 첫째, 이 과일을 따서 먹는 것과 관련된 전운동, 두정엽, 체성감각 프로그램이 활성화될 것이다. 왜냐하면 거울체계가 상대방의 행동을 공유하기 때문이다. 둘째, 그 상황에 대한 시각적 표상을 활성화하게 된다. 숲과 이 특정한 과일을 말이다. 셋째, 그 행동의 긍정적인 결과를 공유하는 뇌영역을 활성화시킨다[51,59]. 공유회로 거울 안에서 우리는 이제 개인학습에 대한 완전한 삼각형을 대리 공유한다. 자신의 (시뮬레이션된) 행동, (시뮬레이션된) 만족 그리고 특정한 과일과 그 상황을 말이다. 그런 다음에는 사회학습을 위한 특별한 기제의 필요 없이, 개인학습에 대한 오래된 기제가 대리적으로 학습을 하기 위해 필요한 모든 정보를 제공하게 된다. 결과적으로, 우리는 과일 먹는 행동을 이러한 특정한 상황과 연합하고 과일을 먹는 것을 학습하게 된다.

반대로 만약 친구가 붉은 콩을 먹고 얼굴이 빨개지면서 콩을 내뱉고 공포와 통증을 표현하는 것을 보게 된다면, 당신의 공유회로는 전혀 다른 학습 삼각형을 생성하게 된다. 먹는 행위와 숲이라는 상황 그리고 붉은 콩은 고통이라는 부정적인 결과를 연합할 것이다. 결과적으로 그 사건은 기억되겠지만, 부정적인 대리 결과는 도파민 수준을 낮추고 콩과 먹는 행동의 연합을 약화시킬 것이다. 과일과 콩을 먹는 동안 행동에 대한 거울체계는 유사한 방법으로 반응하겠지만, 고통과 즐거움에 대한 공유회로는 학습의 결과를 극적으로 다르게 만들 것이다. 행동과 정서에 관한 두 개의 공유회로의 결합은, 우리가 다른 동물과 공유하는 개인학습의 핵심적인 시스템을 대리적인 사회학습을 위한 강력한 시스템으로 전환시킨다.

정서적인 상황이나 행동에 관한 글을 읽는 것이 그와 같은 상황을 관찰할 때 활성화되는 공유회로를 활성화시킨다는 사실을 감안하면, 콩을 먹은 사람의 이야기를 읽고 매운 고추를 먹었을 때 혀에 불타는 고통을 느끼는 것 또한 강력한 대리학습 경험이 될 수 있다[26,134].

공유회로의 발견에 비추어볼 때, 대리학습은 시행착오 학습이 되며, 시행착오는 관찰자 자신의 운동프로그램과 보상기제에 반영된다.

교수법에 대한 함의: 공적인 영역에서의 처벌과 보상

교사들은 수천 년에 걸쳐 교수법을 완성했다. 그들의 경험은 교수법의 발전으로 이어졌다. 교수법에는 공유회로의 발견을 통해 얻을 수 있었던 많은 조언들이 이미 예시되어 있다.

교수법의 일반적인 방법은 집단 가르침이다. 스무 명의 학생들이 함께 앉아서 교사가 높이뛰기의 기술인 배면뛰기와 같은 특별한 기술을 시연하는 것을 본다. 그런 다음 교사는 첫 번째 학생에게 점프를 시키고, 점프에 성공하면 전체 학생들 앞에서 그 학생을 칭찬한다. 이렇게 함으로써 모든 학생들은 그 기술을 다시 한번 더 볼 것이고, 그 학생의 점프 성공을 대리 공유한다. 만약 그 사이에 학생 중 한 명이 체육관 뒤쪽 벽을 올라가는 것처럼 금지된 행동을 한다면, 교사는 그 학생을 교무실로 조용히 데려가는 것이 아니라 다른 학생들이 모두 보도록 공개적으로 혼낸다. 공개적인 처벌은 그 학생의 행동도 변화시키고, 다른 학생에게도 그렇게 행동하지 않도록 대리경고를 하게 된다. 이러한 방법은 모두 공유회로의 발견에서 확실히 권장하는 것이다. 다른 사람들이 하는 행동과 그로 인해 일어나는 성공과 실패를 목격하는 것은 소중한 개인적 학습경험이 된다.

공유회로는 우리에게 안전조치에 대해서도 명확하고 중요한 충고를 제공한다. 많은 작업장에서 안전조치는 우리를 사고로부터 보호한다. 건설현장에서 안전모를 쓰면 덥고 귀찮고 불편하다. 보통 머리 위로 무언가가 떨어질 가능성은 낮기 때문에, 많은 노동자들이 안전모를 잘 쓰지 않는다. 안전모를 착용하지 않은 어떤 노동자에게 무거운 물체가 떨어져서 결국 휠체어 신세를 지게 되고 그의 가족은 주 수입원을 잃게 되는 내용의 생생한 사고 영화를 보여주는 것은 매우 불쾌한 대리경험이 될 테지만, 그들의 공유회로를 강하게 활성화시킬 것이다. 영화를 본 건설노동자들은 향후 안전모를 착용할 확률이 훨씬 더 높아질 것이다.

고통 사례에서 보았듯이, 인간관계도 서로의 정서를 공유하는 정도에 영향을 미칠 것이다[69]. 특히 남성의 경우에는, 상대방이 불공정한 사람일 경우 고통을 목격하는 것은 즐거움으로 변한다. 이는 교실에서 대리보상과 대리처벌이 작용하기 위해서는 학생들이 서로 긍정적인 정서를 갖는 것이 필수적이라는 것을 의미한다. 그렇지 않다면 동료학생이 처벌받는 것을 보는 것은 올바른 학습 삼각형을 형성하는 데 실패할 수도 있다. 왜냐하면 동료학생이 처벌받는 것을 보는 것이 보상으로 작용한다면 그 행동과 그 상황의 연합을 증가시킬 수 있기 때문이다. 역으로 자신과 경쟁자인 동료학생이 숙제를 잘해와서 칭찬을 받는 것을 보는 것은 매우 부정적인 정서를 일으킬 수 있다. 학교가 구성원 모두에게 더 유쾌한 경험을 하도록 하는 것 외에, 교실 내에서 '팀이라는 느낌'을 증가시키는 수단들은 학생들의 대리 학습 수준을 직접적으로 개선할 것이다.

전통적인 학습 상황에서 대부분의 교사들은 이러한 사실에 대해 잘 알고 있으며, 공유회로는 이러한 방법들이 왜 효과가 있는지를 이해하는 데 매우 도움이 된다. 원격학습의 경우에는 상황이 달라질 수 있다. 인터넷 학습프로그램은 반드시 한 학생의 학습경험을 다른 학생과 공유하지 않아도 된다. 이러한 분야에서는 공유회로의 발견을 다른 학생의 학습경험을 생생하게 목격하는 것이 실제로 학습경험에서 소중한 부분이 될 수 있다는 사실을 강력하게 상기시켜주는 것으로 받아들여야 할 것이다.

11

공감의 윤리와 사이코패스

퇴근 후 운전을 해 집으로 가던 중에 도로변에 손이 피투성이가 된 채 상처 입은 다리를 붙잡고 있는 어떤 남자를 보게 되었다고 상상해보자. 그는 아파서 웅크리고 있으며, 간절하게 당신에게 도움을 청한다. 주변에는 아무도 없다. 만약 그를 차에 태웠을 경우 그 사람의 피가 만들어낼 난장판이 당신의 머릿속에 떠오름과 동시에 차 시트를 세탁하는 데 족히 200달러는 들 거라고 생각한다. 가죽시트를 보호하기 위해 길가의 사람을 그대로 두고 떠나겠는가? 물론 당신은 그렇게 하지 않을 것이다. 하지만 이런 상황에서 도움을 주지 않고 그냥 가버리는 사람에 대해서 당신은 어떻게 평가할 것인가? 0점은 괴물, 5점은 평범한 사람, 10점은 테레사 수녀라고 한다면?

또 다른 상상을 해보자. 퇴근 후 집에 도착했는데, 유명한 NGO로부터 아프리카의 굶주리는 사람들을 살리기 위해 음식과 의료용품을 제공할 수 있도록 200달러의 후원금을 요청하는 편지가 놓여 있다. 당신은 이 NGO가 흠 잡을 데 없이 신뢰할 만한 단체라는 것을 NPR(미국 공영 라디오방송국)을 통해 막 전해 들었다. 당신은 200달러를 기부하겠는가? 어떤 사람은 기부를 하겠지만, 아마도 대부분의 사람들은 그렇지 않을 것이다. 이제 같은 10점 척도를 기준으로 200달러를 기부하지 않는 사람에 대해서 당신은 어떻게 평가할 것인가?

대부분의 사람들은 후자의 경우보다 전자의 사람을 더 사악하게 생각한다. 왜 그럴까? 전자의 경우, 우리는 도움이 필요한 사람을 돕는 것이 가죽시트 세탁비용인 200달러보다 더 중요하다고 느낀다. 여기에는 이상한 점이 없다. 그렇다면 후자의 경우는 어떨까? 우리는 생명을 구할 수 있는 200달러에 대해서 같은 얘기를 하고 있는 게 아닌가? 유일한 차이점은 전자의 상황에서는 도움을 필요로 하는 사람이 바로 눈앞에 있다는 것이고, 후자의 상황은 그들이 아주 멀리 있다는 것이다.

"NGO로 보낸 돈이 어디로 갈지 모르지 않느냐?"라고 이의를 제기할 수 있다. 그러나 위에서 NPR이 이 특정 기구가 매우 신뢰할 만하다고 보고했음을 명시했다. "글쎄, 이 둘은 똑같은 상황이 아니다. 만약 길가의 남자를 돕지 않는다면 그 사람은 다리를 잃게 될지도 모르지만, 아프리카 사람들은 다른 사람이 도울 수도 있을 것이다." 정말 그럴까? 다른 누군가가 길에 있는 사람을 도울 가능성만큼 다른 사람이 아프리카 사람에게 충분한 돈을 기부할 가능성 또한 적기 때문에, 그 돈은 그들 중 한 사람에게는 생과 사를 가를 수 있는 차이를 만들 수 있다.

계속 이러한 문제들을 지적하면, 어느 시점에서 일부 사람들은 주장하기를 멈추고 이렇게 말한다. "왜인지는 잘 모르겠는데, 그냥 다르게 느껴져." 혹은 지적인 차원에서는 나의 주장에 동의한다고 말할 수 있지만, 다음번에 옥스팜Oxfam(옥스퍼드 기근구조위원회)에서 당신에게 편지를 보낸다면 당신은 여전히 편지를 쓰레기통에 버릴 것이고 그것에 대해 문제로 여기지 않을 것이다. 우리는 이 두 이야기를 왜 이렇게 다르게 느끼는 것일까?

오랫동안 윤리는 철학의 영역이었다. 고대 그리스 철학자들로부터 칸트에 이르기까지, 대부분의 사람들은 도덕적인 의사결정은 의식적인 성찰의 작용이어야 하며 또 그럼에 틀림없다는 데 동의했다. 윤리라는 것은 정의와의 균형에서 찬반, 옳고 그름, 유용성과 유해성에 대한 객관적인 저울질이다. 윤리적이기 위해서는 명확하고 냉정하게 사고해야 한다. 정서는 이러한 프로세스에 방해만 될 뿐이다.

만약 이러한 합리주의적인 관점을 채택한다면, 인간은 냉철하고 논리적인 사고를 하는 유일한 종임을 고려할 때, 우리는 윤리에 대한 독점권을 가지게 될 것이다. 동물들은 생각할 수 없기 때문에 선악에 대한 감각을 가질 수 없다. 우리는 우리 모두가 같은 존재라고 믿는 약점을 가지고 있다. 올바른 일을 하는 것이 때로는 얼마나 어려운가를 고려한다면, 그렇게 함으로써 우리가 고유한 도덕적인 고도에 이르게 된다고 믿는 것은 도움이 된다. 심리학과 신경과학은 우리에게 이제 다른 이야기를 들려준다. 도덕이라는 것에 이르면 공유회로는 지적인 것보다 훨씬 더 강력할 수 있다. 우리는 사람들이 고통을 겪게 하는 것이 옳은지 잘못인지를 우선적으로 생각하지 않는다. 그냥 그렇게 느낄 뿐이다.

윤리는 사고보다는 감정과 더 관련이 있다

하버드 대학의 조슈아 그린Joshua Greene 이나 버지니아 대학의 조너선 하이트Jonathan Haidt 같은 심리학자들은 의식적인 사고가 도덕적인 결정의 원인이 아니라는 결론을 얻었다. 우리가 첫 번째 남자를 돕고 아프리카 사람들에게 돈을 기부하는 것을 회피하는 것은 그것에 관해 생각하고 이러한 결정이 최선이라는 결론에 도달했기 때문이 아니다. 대신 우리는 그렇게 해야 한다고 느낄 뿐이다. 만약 누군가 우리에게 왜냐고 이유를 묻는다면, 그제야 우리는 그 이유에 대해 말을 만들어내기 시작한다.

줄리와 마크의 이야기를 예로 들어보자. 그들은 친남매 사이인데, 어느 날 밤 오두막에 둘만 있게 된다. 사랑을 나누는 것을 시도해보는 것이 흥미 있고 재미있을 것이라고 생각하고 둘은 그렇게 하기로 결정한다. 안전을 위해서 줄리는 이미 피임약을 먹었고 마크 역시 콘돔을 사용했다. 그들은 사랑을 나누는 것을 즐겼지만 다시는 그런 일을 하지 않겠다고 결심한다. 그날 밤을 특별한 비밀로 하기로 했고, 그 일로 인해 서로가 더 친밀해졌음을 느낀다. 당신은 어떻게 생각하는가? 그들이 사랑을 하는 것은 괜찮은가?

이 이야기를 들은 대부분의 사람들은 즉각적으로 남매간의 잠자리는 잘못됐다고 말한다. 그러나 그 이유를 물으면 대답하기 매우 어려워한다. "남매간에 아이를 낳게 되면 기형아가 될 수 있다"와 같은 이유의 대답이 나오지만, 둘 다 피임을 한 상황인데 뭐가 문제인가? 어떤 사람들은 남매들이 그 경험으로 인해서 상처받을 수 있다고 말하지만, 그들의 이야기는 확실히 그렇지 않다고 말하고 있다. 곧 사람들은 다시 한 번 포기하고 선언한다. "모르겠어요. 설명할 수는 없어요. 하지만 잘못되었다는 것만은 알아요."135

옳고 그름에 대한 도덕감정moral sentiment은 이성에서 나오거나 이성에 의존하는 것은 아닌 것 같다. 아니라면 이성적인 반증으로 우리가 문제를 느끼는 방식을 근본적으로 바꿀 수 있어야 한다. 하지만 사실은 그렇지 못하다. 지적인 논리로 논쟁하는 것은 그들의 의사결정을 좀처럼 바꾸지 못한다. 여하튼 어떤 일이 옳거나 그르다고 우리는 그냥 '느낀다.' 물론 우리의 도덕적인 결정에 논리가 침투할 여지가 전혀 없는 것은 아니다. 예를 들어 당신 친구 데이브가 당신에게 자신이 여자친구 베아트리체 몰래 바람을 피우고 있다고 말하는 것을 상상해보자. 하지만 베아트리체 역시 당신의 좋은 친구다. 이제 베아트리체가 당신에게 데이브가 바람을 피우고 있다고 생각하는지를 물어보는 아주 곤란한 상황에 처하게 된다. 당신은 데이브의 신뢰를 배반하거나 베아트리체에게 거짓말을 해야 한다. 시간적 여유가 있다면, 당신은 전화기를 붙들고 다른 친구에게 조언을 구할 것이다. 당신의 친구는 그 이야기의 새로운 측면을 당신에게 보여줄 수 있고, 이러한 새로운 측면이 색다른 직감을 불러일으킬 수 있다. 당신의 직감은 이전에 당신의 남자친구가 당신을 속이고 있음을 느꼈던 경험에서 생겨났을 수도 있다. 그때 전화를 받은 친구가 "네가 베아트리체라면 알고 싶지 않겠어?"라고 질문할 수 있다. 그리고 이것이 당신의 감정을 변화시킬 것이다. 그러나 분명한 것은 우리의 감정이 우리의 행동의 주요한 동기이며, 친구와 그것에 관해서 이야기를 하는 것이 우리의 감정을 변화시킬 경우에만 우리는 결정을 극적으로 변경하게 될 것이다. 이러한 발견은 만일 당신이 낙태 문제처럼 옳고 그름에 대한 도덕적 쟁점에 대해 사람들의 생각을 바꾸기를 원한다면, 과학적이고 이성적인 목록들을 제시하는 것은 거의 도움이 되지 않는다는 아주 단순한 충고를 담고 있다. 그 문제에 대해 그들이 다르게 느끼도록 만들기 위해서는 다른 정서와 연결된 관점에서 그 문제를 바라보게끔 만들어야 한다.

따라서 윤리는 도덕적 이성이 아니라 도덕적 감정moral feeling에 관한 것이다. 직감은 도덕의 법정에서 판사의 역할을 한다. 하지만 이것은 왜 우리가 도덕적 감정을 가지고 있는지에 대한 의문을 갖게 한다. 19세기 영국의 경제학자 허버트 스펜서Herbert Spencer는 인간을 포함한 동물의 경우 '적자생존'의 결과라고 말했다. 그렇다면 왜 우리는 길가에 피를 흘리고 있는 사람에 대해서 안타까운 감정을 가지는 것일까?

공유회로는 양심의 소리다

이전 장들에서 살펴본 것처럼, 행동, 정서, 감각에 대한 공유회로는 서로 결합되어 우리로 하여금 타인의 행동, 정서, 감각을 공유할 수 있도록 만든다. 길가에 누워 있는 남자의 사례로 돌아가서, 만약 우리에게 공유회로가 없다면 우리는 쉽게 결정을 내릴 수 있을 것이다. 만약 그를 도와줄 경우, 차의 가죽시트는 피로 범벅이 될 것이다. C형 간염, HIV 등에 대해 알고 있고 나중에 우리 아이들이 이 시트 위에서 놀게 될 것이라는 생각에 이르면 이러한 사실에 역겨움을 느낄 것이다. 그를 도와줄 경우 무엇을 얻을 수 있을까? 아마 감사의 말 정도일 것이다. 하지만 이보다 가능성이 더 높은 것은 병원에 가서 긴 질문지를 작성해야 하거나 더 심하게는 그가 차 안에서 죽을 경우 살인 용의자로 지목될 수 있다는 것이다. 반면에 우리가 그를 돕지 않는다면 그러한 사실을 아무도 모를 것이며 저녁식사 시간에 제때 맞춰 집에 도착할 수 있을 것이다. 실제로 매우 간단한 결정이다.

공유회로가 있을 경우, 문제는 더 복잡해진다. 우리가 그를 돕는다면, 그의 안도한 얼굴과 감사하는 목소리의 음색은 우리에게 도움을 받았기 때문에 일어난 인간 신뢰에 대한 따뜻한 느낌을 공유하게 될 것이다. 만약 그를 돕지 않는다면 그의 피 흘리는 다리를 봤을 때의 느낌과 기억은 우리를 계속 고통스럽게 만들 것이다. 공유회로가 있을 경우에 우리의 선택은 다른 방향으로 기울어질 것이다. 공유회로는 우리로 하여금 타인의 곤경을 고려하게 만들지만, 공유회로가 반드시 도덕적 의사결정의 핵심 요인이라는 뜻은 아니다. 하지만 수많은 신경영상연구는 공유회로가 중요한 핵심 요인이라는 것을 보여준다. 이전에 살펴본 바와 같이, 역겨움, 행복, 고통 같은 다른 사람의 정서를 보는 것은 우리가 이와 유사한 정서를 경험할 때 활성화되는 섬엽의 동일한 영역을 활성화하며, 타인이 곤경에 처한 글을 읽었을 때 활성화되는 동일한 영역 또한 활성화된다26. 우리가 모르는 것은 과연 이 영역이 또한 우리의 도덕적 의사결정에서도 중요한 부위인가 하는 것이다.

조슈아 그린과 그의 동료들은 사람들이 어려운 도덕적 의사결정을 하는 동안 두뇌의 활성화를 측정함으로써 이러한 의문에 대해 조사했다136. 그들은 사람들에게 다음과 같은 종류의 시나리오를 제시했다. "적군이 당신의 마을을 점령하고 남아 있는 사람들을 모두 죽이라는 명령을 받았다. 당신과 몇몇 마을사람들은 커다란 집 지하실에 피난해 있다. 바깥에는 귀중품을 찾으려고 집에 들어온 병사들의 목소리가 들린다. 그런데 갑자기 당신의 아이가 큰소리로 울기 시작한다. 당신은 울음소리를 막기 위해 아이의 입을 손으로 막는다. 만일 당신이 손을 뗀다면 아이의 울음소리로 인해서 병사들의 주목을 끌게 될 것이고 그들은 당신과 아이뿐 아니라 다른 사람들도 죽일 것이다. 당신은 자신과 마을사람들을 살리기 위해 아이의 입을 막아서 죽게 해야 한다. 이런 상황에서 당신 자신과 마을사람들을 구하기 위해 당신 아이를 질식시키는 것은 적절한 것인가?" 연구자들은 이러한 질문에 대해 의사결정을 하는 데에는 많은 시간이 걸리며, 우리가 다른 사람의 정서를 공유하는 데 중요하다고 생각한 섬엽의 동일한 영역이 이러한 의사결정에 관여한다는 사실을 발견했다.

이 시점에서, 당신은 공유회로가 다른 사람들의 고통을 공유할 수 있게 만들 수는 있지만 도와줄 것인지 도와주지 않을 것인지에 대한 우리의 의사결정은 완전히 다른 무언가에 따라 결정된다고 말할 수 있다. 결국 다른 사람이 고통을 당할 때 돕는 유일한 이유가 다른 사람이 고통을 받을 때 느끼게 되는 우리의 대리고통을 중단시키기 위해서라면, 다른 사람을 돕는 것은 이기주의의 다른 형태일 뿐이다. 우리는 정말로 관대함이라는 이타적이고 도덕적인 감정 때문에 다른 사람을 돕는 것이 아니라, 단지 타인의 고통이 우리 안에서 발생시키는 대리고통을 이기적으로 중단시키기 위해서 남을 돕는다.

캔자스 대학의 사회심리학자인 대니얼 배스턴Daniel Baston과 동료들의 연구는 우리의 도덕감정이 실제로 타인의 고통의 공유를 회피하기 위해 부분적으로 일어난다는 것을 보여주었다. 그들은 참가자에게 다른 참가자가 학습실험에서 고통스러운 전기충격을 받는 장면을 보게 했다. 참가자 절반에게는 12번의 전기충격이 가해지는 실험 전체를 봐야 한다고 말했고, 나머지 절반에게는 다른 참가자가 12번의 전기충격을 받게 되지만 그중 2번만 보면 된다고 말했다.

2번의 전기충격을 관찰하게 한 후, 모든 참가자들에게 다른 참가자를 대신해서 전기충격을 받을 것인지를 물어봤다. 만약 그렇다면 전기충격을 몇 번이나 대신 받을 것인지도 물어보았다. 만약 그들이 돕고자 한 이유가 단지 시각적으로 촉발된 대리고통을 줄이기 위한 이기적인 이유 때문이었다면, 나머지 10번의 시행을 더 봐야 하는 참가자들은 더 많은 대리고통을 예상할 것이며, 따라서 더 많이 도와주려 할 것이다. 만일 돕는 행동이 상대적으로 덜 이기적인 동기에서 일어난다면, 다른 사람이 10번의 추가 전기충격을 받으리라는 사실을 아는 것은 두 경우에 모두 동등한 비율의 돕는 행동으로 이어질 것이다. 결과는 엇갈렸다. 2번만 관찰하고 바로 떠날 수 있었던 참가자들이 다른 사람의 전기충격의 약 3분의 1을 대신 받기로 결심했다. 이것은 돕는 행동이 미래의 대리고통의 가능성이 없어도 공감으로 인해 촉발된다는 것을 보여준다. 그러나 바로 떠날 수 없었던 참가자들은 다른 사람의 전기충격의 60%까지 대신 받기로 선택했다. 이것은 사람들이 대리 공유해야 할 고통이 많을수록 더 많이 돕는다는 사실을 보여준다.

모든 사람이 동등하게 공감하는 것은 아니다. 데이비스의 공감척도는 그러한 차이를 측정한다[14]. 이 척도의 하위척도 중 하나인 '개인적 고통'에서 높은 점수를 받는 사람이 타인의 고통을 목격하는 동안 더 강력하게 자신의 정서를 활성화한다는 결과는 그들이 타인을 더 많이 도와줄 것이라는 점을 예상하게 한다. 이것은 사실이지만 그러한 관계는 나이와 함께 바뀐다. 유아들은 이미 타인의 고통을 공유한다. 신생아실에서 한 아기가 울기 시작하면 방 안의 전체 아이들이 울기 시작한다. 마치 아이들 모두가 우는 아이의 고통을 공유하는 것처럼. 그러나 남을 돕는 행동은, 공유된 정서가 자신의 고통이 아니라 다른 누군가의 고통이고 그 사람을 돕는 것이 자신이 고통을 줄이는 길임을 이해할 때 비로소 시작된다. 공감척도에서 이것은 '개인적 고통'(즉 타인의 고통을 목격하는 동안 불편한 느낌)에서 더 성숙한 '공감적 관심'(즉 타인의 고통을 직면하고 도움을 주고자 하는 느낌)으로의 전환에 의해 반영된다.

동물의 공감

만일 공유회로가 우리의 윤리와 타인에 대한 배려의 기초가 된다면, 동물들도 거울뉴런을 가지고 있다는 사실은 그들이 최소한 어떤 형태의 윤리를 가지고 있음을 시사한다. 실제로 그럴까? 답은 '그렇다'이다.

당신이 감옥 안에 앉아 있고 배고픔을 느낀다고 가정해보자. 천장에는 두 개의 체인이 매달려 있다. 두 개의 체인 가운데 하나를 당긴다면 빵조각이 배급 시스템에서 나온다. 당신이 배고프다는 것을 감안하면, 당신은 음식을 얻기 위해 반복해서 체인을 당길 것이다. 그런데 그때 무언가 달라진다. 체인 중 하나를 당길 때마다 옆방의 누군가 비명을 지르기 시작한다. 만일 당신이라면 체인을 당기는 것을 멈출 것인가? 우리 대부분은 그렇게 할 것이다. 우리는 인도적이며 또한 그러한 사실에 자부심을 느낀다. 노스웨스턴 의대의 정신과의사이자 정신분석자인 줄스 매서먼Jules Masserman과 그의 동료들은 원숭이도 똑같은 행동을 한다는 것을 발견했다137. 자신에게 음식을 주지만 그로 인해 다른 원숭이에게 고통을 주는 체인을 당기는 대신 원숭이 거의 대부분이 사실상 배고픔을 견디는 쪽을 선택했다. 원숭이 일부는 체인을 당기는 것이 다른 원숭이의 고통을 유발한다는 것을 목격하고 나서 12일 동안 한 번도 체인을 당기지 않았다. 그 실험에서 두 원숭이를 갈라놓는 벽은 투명했고, 전기충격을 받는 원숭이는 누가 체인을 당기는지를 볼 수 있었다. 그렇다면 원숭이는 자신이 보복을 당할까봐 체인을 당기는 것을 그만둔 것일까? 그렇지 않다. 마카크원숭이는 매우 계층적인 사회에서 살며, 상대적으로 작은 원숭이는 자신보다 큰 원숭이를 때리지 않는다. 하지만 체인을 당기는 원숭이보다 전기충격을 받는 원숭이의 체구가 크건 작건 결과에는 차이가 없었다.

문제는 원숭이들이 서로 얼마나 잘 알고 있는지 여부였다. 만일 그들이 같은 우리를 공유한다면, 전기충격을 받은 원숭이가 그들에게 보복하기엔 작은 원숭이라고 하더라도 서로에게 고통을 가하는 것에 더욱 주저했다. 인간과 마찬가지로 특히 서로 알고 있을 때 원숭이들은 상대방에게 고통을 주는 것에 불편함을 느끼는 것처럼 보인다.

이러한 연구 결과를 오해하지 말기를 바란다. 나는 마카크원숭이에 대해 연구하는 동안, 그들이 싸우다가 손가락 전체를 물어뜯는 정도까지 서로에게 심한 상처를 주는 것을 목격한 경험이 있다. 마카크원숭이는 높은 서열로 올라가기 위해서라면 극단적인 폭력도 기꺼이 감행할 수 있는 매우 공격적인 동물이다. 그러나 이 연구는, 마치 하루 종일 수용소에서 교도소장으로 일하고 저녁에는 자기 자녀들에게 공감을 보이는 인간과 마찬가지로, 심지어 원숭이에게 잔인한 공격성이 공존하더라도 이들에게도 진정으로 공감적 감정과 도덕감정이 존재하고 있음을 보여준다.

만일 선택을 할 수 있는 다른 체인이 있을 경우에 체인을 당기지 않는 것은 또 다른 문제이지만, 인간은 다른 사람을 위해 목숨까지도 희생할 수 있다고 당신은 주장할 수 있다. 물론 어떠한 동물도 그렇게까지는 하지 않을 것이다. 영국의 영장류연구자인 제인 구달Jane Goodall은 탄자니아에서 44년 동안 침팬지들과 살았다. 《창문을 통해서Through a Window》라는 그녀의 책을 보면 침팬지도 인간과 마찬가지로 영웅적일 수 있다는 사실을 알게 된다. "침팬지사회에서 대부분의 위험부담 행동은 가족구성원을 위한 것이다. 자신과 관련 없는 개체를 돕기 위해 목숨을 잃지는 않지만 부상을 입은 사례가 있다. 한번은 사냥 중인 개코원숭이에게 놀라서 얼어붙은 상태로 비명을 지르는 머스터드라는 이름의 청소년 침팬지를 구하기 위해서 에버라드[라는 이름의 침팬지]가 수컷 개코원숭이의 분노를 감수하는 일이 있었다. 침팬지는 수영을 할 수 없기 때문에, 깊은 물에 빠지게 될 경우 구조받지 못하면 익사한다. 어떤 성인 침팬지는 부주의한 어미가 자기 새끼를 깊은 물에 떨어뜨렸을 때 그 새끼침팬지를 구하는 과정에서 생명을 잃었다."(213쪽)

도덕적 감정과 학습

발달과정에서 우리의 도덕감정에 무엇인가 강력한 사건이 발생한다. 어린 아이였을 때 우리는 친구의 장난감을 훔칠 수 있다. 그런 다음 친구가 우는 것을 보게 되고, 부모님이 화난 것을 보게 되면 자신의 행동에 대해 후회를 한다. 하지만 그 시점은 이미 해를 끼치고 난 다음이다. 성인의 경우 자신의 배우자를 배신하는 것에 대한 단순한 상상만으로도 죄책감을 느끼게 하기에 충분하다. 발달과정에서 도대체 무슨 일이 일어난 것일까? 심리학자는 만약 우리의 어떤 행동에 대해 부모가 화가 났다고 느낀다면, 우리는 부모의 가치를 '내면화'하고 그 행동에 대해 스스로 부정적인 느낌을 가지기 시작한다고 말한다. 이것을 가치의 내면화라고 한다. 학습하는 두뇌의 공유회로는 우리가 도덕적 가치를 어떻게 내면화하는지를 이해하는 데 도움이 된다.

우리가 관찰학습이라는 맥락에서 본 것처럼, 모든 고등동물은 '조작적 조건화'라고 불리는 학습기제를 이용하는데, 그 기제에서 어떤 행동의 결과가 향후 그 행동을 반복할지 회피할지를 결정한다. 이러한 강력한 개인적인 학습기제는 그 자체로는 사회적인 것과 전혀 관계가 없다. 그러나 공유회로와 결합되었을 때 이것은 사회화를 위한 도구가 된다. 만약 친구의 장난감을 훔친다면, 친구를 울리게 만들 것이고 부모님은 화를 낼 것이다. 결국 우리는 그들의 슬픔과 분노를 공유하게 될 것이며, 그러한 정서는 훔치는 행동과 연합된다. 그 결과 우리는 훔치는 것은 나쁘다는 느낌을 갖기 시작하고 덜 훔치게 될 것이다. 반면에 우리가 울고 있는 친구를 달래주게 된다면, 우리는 그의 감사함을 공유하게 될 것이고 그런 유형의 행동에 대해서 점점 긍정적으로 느끼게 될 것이다. 훔칠 것이냐 말 것이냐의 의사결정은 이런 행동과 연합된 학습의 느낌에 의해 좌우된다. 우리의 행동이 다른 사람에게 어떤 결과를 미칠지 기다리는 대신 행동에 앞서 정서를 느끼고 그럼으로써 그것을 막을 수 있다. 이것이 바로 우리의 자녀들에게 그들이 다른 사람을 어떻게 느끼게 만드는지를 지적하는 것이 도덕적 사회화를 가속하는 데 도움이 될 수 있는 이유다.

진화의 수수께끼: 이기적 유전자가 다른 사람에게 관심을 가지는 이유는 무엇일까?

공유회로는 우리의 도덕적 감정의 본질을 이해하는 데 도움이 된다. 공유회로를 통해, 다른 사람을 돕는 것은 나 자신을 돕는 것을 의미하고 공유된 기쁨의 역사를 만들기 때문에 기분이 좋아진다. 반면에 다른 사람에게 해를 끼치는 것은 스스로에게 해를 끼치는 것을 의미하고 공유된 고통의 역사를 만들기 때문에 기분이 나빠진다. 생물학자들은 이것을 지금 이 시점에서 그러한 느낌을 유발하는 도덕감정의 근접인proximal cause이라고 부른다. 이것과 완전히 다른 질문은 우리가 어떻게 억겁의 진화를 거쳐 도덕적 감정을 갖게 되었는가인데, 생물학자들은 이것을 도덕감정의 궁극인ultimate cause이라고 부른다. 과학자들은 왜 동물들이 다른 개체에 대해 배려하도록 진화하게 되었는가에 대해서 의구심을 가졌다. 왜냐하면 적자생존으로 지배되는 세상에서 그것은 에너지 낭비처럼 보이기 때문이다.

부모는 그들의 자녀들을 돌본다. 동물의 경우, 자녀를 돌본다는 의미는 음식을 포기하고 자신의 목숨을 거는 것이다. 인간의 경우에, 자녀를 돌본다는 것은 잠 못 이루는 밤과 대학 학자금을 의미한다. 그와 같은 관대함을 설명하는 것은 매우 간단하다. 만약 어떤 유전자가 부모의 돌봄을 촉진한다면, 자녀들은 동일한 유전자를 50% 물려받게 될 것이다(나머지 절반은 다른 쪽 부모로부터 물려받는다). 이 아이들이 잘 돌봄을 받으면, 부모로부터 물려받은 이 유전자는 스스로 촉진된다. 따라서 다윈적 선택에서 성공하는 한 가지 방법은 자신의 자녀를 돌보는 일이다. 그러나 이것은 왜 우리가 앞의 사례에서 길가에 쓰러진 남자를 돕고자 하는지를 설명하지 못한다.

오랫동안 진화생물학자들은 그와 같은 상황에서 동물이 누군가를 돕는 이유를 이해하지 못했다. 이후 상호주의라는 개념이 보편화되었다. 고양이와 같은 독립적인 동물은 가족이 아니라면 다른 고양이를 돕는 일은 전혀 도움이 안 되는 일이다. 하지만 사회집단에서 살아가는 원숭이는 사정이 다르다. 야생 원숭이의 경우 자신의 무리와 떨어져 지내게 되면 매우 불리하다. 사회집단은 도덕성과 공감이 생존전략이 되는 곳이다. 서로 다른 원숭이 두 집단을 상상해보자. 한 집단은 다른 원숭이의 고통과 기쁨을 공유하게 만드는 유전자를 가지고 있다. 즉 그들은 공유회로를 가지고 있다. 그런데 다른 집단은 가지고 있지 않다. 이제 포식자가 두 집단에 다가온다고 상상해보자. 첫째 집단에서 포식자가 원숭이 한 마리를 잡는다. 잡힌 원숭이의 고통스러운 외침은 다른 원숭이들이 도움을 주도록 자극할 것이다. 그들은 함께 싸워서 포식자를 물리치고 모두 생존한다. 상호주의라는 개념은 여기에서 중요하다. 오늘 도와주는 원숭이들은 포식자에게 해를 입을 수 있으나, 나중에 그들 자신이 희생자가 될 수 있고 그럴 경우 다른 원숭이의 도움을 받을 수 있기 때문에 오늘의 비용을 기꺼이 지불한다. 도움을 준 원숭이가 받는 혜택은 나중에 도움을 돌려받을 가능성을 통해 간접적으로 주어진다.

많은 경우에 도움을 받는 혜택은 도와주는 비용을 능가할 수 있다. 작은 긁힘이나 상처를 입을 수도 있겠지만 어쨌거나 그들 모두는 생존하게 될 것이다. 다른 집단의 경우에는 포식자가 원숭이들 중 한 마리를 잡을 경우 다른 원숭이들은 모두 도망가 버릴 것이다. 비록 포식자가 그 원숭이를 잡아먹는 동안에는 다른 원숭이를 공격하지 않기 때문에 단기간에는 도망친 원숭이들에게 좋은 상황이다. 하지만 장기적으로는 결국 자신의 차례가 돌아올 것이고 그때는 자신을 도와줄 수 있는 원숭이는 한 마리도 남아 있지 않게 될 것이다.

　더 자세히 살펴보면 이 추론은 오류가 있어 보인다. 전체로서의 집단은 그러한 이타적 유전자에 의해 혜택을 받을 수 있지만, 집단이 유전자를 가지고 있는 것이 아니라 개체들이 가지고 있다. 만일 이기적인 두 번째 집단에서 어떤 한 원숭이가 공감 유전자를 발달시킨다면 그 원숭이는 도움을 돌려받을 수 없어도 다른 원숭이를 구하기 위해서 자신의 생명을 위태롭게 할 것이다. 그렇다면 이타주의는 어떻게 해서 시작되는 것일까?

　첫 번째 중요한 요인은 대부분의 현대 영장류는 모계사회라는 점이다. 이는 수컷이 태어날 경우에는 집단에서 밀려나서 이웃집단으로 가게 되지만 암컷이 태어날 경우에는 그 집단에 그대로 남아 있게 된다는 것을 의미한다. 그 결과 대부분의 암컷은 직접적인 혈연관계에 있게 된다. 수컷의 경우에는 상황이 약간 다르다. 왜냐하면 지배적인 수컷은 다른 많은 새끼원숭이의 아버지일 수 있으나, 새로 도착한 수컷들은 그렇지 않을 것이기 때문이다. 전반적으로 수컷은 암컷에 비해 집단 내의 다른 구성원과 상대적으로 관계가 멀다.

　이타주의에서 어느 정도의 차이는 불가피해 보인다. 암컷 원숭이가 자기 집단 내의 다른 원숭이를 구할 경우 그 원숭이는 복제된 이타적 유전자를 갖고 있을 가능성이 높고, 따라서 자신의 유전자를 촉진시킨다. 그러나 집단 구성원이 그 유전자를 가지고 있을 가능성은 자신의 자녀를 도와줄 경우보다 더 낮다. 따라서 자신의 자녀보다 집단 구성원을 도와줄 가능성이 더 낮긴 하지만, 이웃집단의 구성원들보다는 자신의 집단 구성원들을 더 많이 도와줄 것이다.

나는 우리 모두가 자신의 관대함에서 유사한 기울기gradient를 경험한다고 생각한다. 자신의 자녀 그리고 직계 가족을 위해서는 거의 모든 것을 하겠지만, 동네 길가에 앉아 있는 남자에 대해서는 덜 그럴 것이며, 멀리 다른 대륙에 있는 사람들에게는 훨씬 덜 그럴 것이다. 우리가 아프리카에 있는 이름 모를 아이들을 위한 기부에 그렇게 인색한 것은 단순히 친근함의 법칙과 어떤 관련이 있을 것이다.

하지만 수컷의 경우에는, 집단의 한 구성원이 자신들과 관련이 있는지를 알기가 좀 더 까다롭다. 집단으로부터 쫓겨나서 새로운 집단으로 들어오게 되었다면, 암컷보다는 집단 구성원들과 상대적으로 적은 수의 유전자를 공유할 것이다. 암컷처럼 누구에게나 이타적이 된다는 것은 혈연관계 외의 누군가를 돕는다는 것을 의미한다. 그에 대한 해결책은 모두에게 똑같이 공감하지 않는 것이다. 이제 도움을 주는 것은 도움을 돌려받을 경우에만 이익이 된다. 따라서 우리는 과거에 우리를 도왔거나 미래에 우리를 도와줄 개체만을 돕게 될 것이고, 과거에 우리를 돕는 것을 거부했던 개체는 돕지 않을 것이다. 이 기제는 더 이상 자신의 유전자를 촉진하기 위해 돕는 것이 아니라, 미래에 도움을 받을 수 있는 기회를 늘리기 위해 돕는다. 그러한 전략은 많은 두뇌의 힘을 필요로 한다. 우리는 누가 좋은 개체이고 누가 나쁜 개체인지 그리고 누가 과거에 우리를 도왔는지를 추적해야 한다. 더욱 어려운 일은 가능하면 미래에 우리를 도와줄 개체를 (비록 그들이 어떻게 할지 알지 못해도) 도와야 한다는 것이다. 왜냐하면 우리가 사용하는 규칙을 그들도 동일하게 사용한다면, 우리가 이전에 그들을 돕지 않았다는 것을 기억할 경우 그들도 우리를 돕지 않을 것이기 때문이다. 그러므로 우리는 누가 우리를 도왔는지를 추적해야 할 뿐 아니라 누가 앞으로 우리를 도울 것인지도 추측해야 한다. 따라서 자신의 길을 벗어나 다른 동물을 돕는 동물들이 뱀이나 개구리가 아니라 인간, 유인원, 원숭이, 돌고래, 박쥐, 코끼리처럼 더 지능적인 사회적 동물이라는 것은 놀라운 사실이 아니다. 그러한 동물들이 영리해서 옳고 그름을 이성적으로 판단할 수 있기 때문이 아니라, 그들의 두뇌가 개체를 알아보고 누가 어떤 일을 했는지를 기억할 수 있게 하기 때문이다.

이와 같은 성차, 즉 수컷이 공감을 느끼는 데 상대적으로 더 까다롭다는 사실은 타니아 싱어의 실험에서 정확하게 증명되었다[69]. 당신을 관대하게 대해줬던 누군가가 전기충격을 받는 것을 목격할 때, 당신은 그의 고통을 공유하고 그를 돕고자 하는 동기가 생길 것이다. 만일 당신을 불공정하게 대했던 누군가가 동일한 전기충격을 받는 것을 보게 될 경우, 여성은 공감을 느끼지만 남성은 쾌감을 느낀다. 실제로 이러한 공정성을 통하여 공감을 걸러내는 것은 인간에게만 국한되는 것은 아니다. 유인원들도 다른 유인원에게 음식을 주겠지만, 과거에 자신에게 음식을 주었던 유인원에게 더 많은 음식을 줄 것이다[xvi].

미래에 자신을 도와줄 가능성이 있거나 과거에 자신을 도와주었다는 이유로 누군가를 돕는다는 것은 매우 계산적으로 들린다. 이것이 길가에 피를 흘리며 쓰러져 있는 남자를 보았을 때 우리 머릿속에서 실제로 일어나는 것일까? 이것이 체인을 당기지 않을 때 원숭이의 머릿속에서 일어나는 것일까? 아니다. 우리는 단순히 고통을 공유하며, 그것이 우리를 돕도록 이끈다. 행동의 진화적 궁극인은 근접인과는 다르다.

일반적으로 우리를 움직이게 하는 것은 정서다. 진화가 정서를 조작해서 우리 행동을 결정한다. 우리가 물을 마시고, 먹고, 잠자고, 섹스를 하는 것은 그것이 좋은 느낌을 주기 때문이다. 동일한 것이 공감 그리고 우리의 도덕관념moral sense에도 적용된다. 원숭이와 대부분의 인간은 남을 해치는 일을 자제한다. 그렇게 하는 것이 자신을 더 성공적으로 만들 것이라는 계산 때문이 아니라 그럴 경우 자신의 마음이 아프기 때문이다. 유인원이 친구를 방어하는 일을 도울지 말지를 결정해야 하는 갈림길의 순간에 미래에 보답을 받을 가능성을 생각할 것 같지 않다. 그는 단지 공유된 고통에 공감을 느끼고 이런 고통을 주는 사람을 향해 분노를 느낄 뿐이다. 정서는 진화가 만들어 낸 계산이다.

1980년대에 미시건 대학의 정치학자 로버트 액설로드Robert Axelrod 와 진화심리학자 윌리엄 해밀턴William D. Hamilton은 경연대회를 개최했다. 각 참가자는 컴퓨터프로그램으로 다른 컴퓨터프로그램과 죄수의 딜레마 게임을 하게 된다. 앞서 타니어 싱어 실험에서 봤던 것과 동일한 게임이다. 이 게임에서 각 플레이어는 협력할지 배반할지를 결정한다. 두 프로그램 모두가 협력을 선택하면 각각 3점을 얻는다. 한쪽은 협력하고 다른 한쪽은 배반하면 협력하는 쪽은 0점을 받고 배반하는 쪽은 5점을 받는다. 둘 다 배반하면 각각 1점을 받는다.

이 게임은 인간 협력의 많은 경우와 닮아 있다. 만일 두 동업자가 사업에서 협력을 하면 그들은 각자 혼자 일하는 경우보다 좋은 성과를 내지만 이득을 나눠야 한다. 만일 한 사람이 사업에 돈을 투자하고 다른 사람이 그것을 가지고 도망간다면, 한 사람은 모든 것을 잃지만 다른 사람은 이익을 반으로 나눌 필요 없이 모두 다 가지게 된다. 컴퓨터프로그래머들의 과제는 게임을 이기는 단순한 전략을 찾아내는 것이었다.

이 경연에 참여한 많은 프로그램 가운데 가장 좋은 성과를 낸 프로그램은 놀랍도록 간단한 '맞대응tit-for-tat' 전략을 가진 컴퓨터프로그램이었다. 이 프로그램은 첫 시행에서는 언제나 협력을 한다. 만약 상대방이 협력하면 자신도 협력하고, 상대방이 배반하면 자신도 배반한다. 이 전략은 항상 배반하는 전략보다 나은 성과를 냈다. 가장 놀라운 것은 경연에 참여한 많은 프로그램들이 대체로 악의적이었고 가능한 경우에는 언제든 배반했음에도 맞대응 전략이 가장 좋은 성과를 냈다는 사실이다. 이러한 프로그래머들의 도전이 우리에게 보여주는 것은 적대적인 컴퓨터프로그램 세상에서조차 첫 번째 만남에서 기꺼이 협력을 하는 태도는 보답을 받게 되며, 이전 만남에서 누군가 나에게 협력을 했을 때 나도 기꺼이 협력을 하는 전략은 이득이 된다는 사실이다.

따라서 공유회로와 도덕감정은 이와 같은 맞대응 전략으로 우리의 두뇌를 프로그램하는 한 가지 방법이었을 것이다. 첫 만남에서 나는 당신의 감정을 공유하고 이것은 당신을 돕고자 하는 동기를 부여할 것이다. 만일 당신이 보답을 한다면 우리는 계속해서 서로를 도울 것이다. 우리가 도운 사람의 기쁨을 공유하는 것은 우리를 기분 좋게 하고 우리가 배반한 사람의 고통을 느끼는 것은 기분을 나쁘게 하기 때문이다. 그러나 당신이 나를 배반할 경우에 나의 감정은 변하여 더 이상 당신의 고통을 공유하지 않고 복수하기 위해 노력할 것이다. 이와 같은 '눈에는 눈'이라는 본능은 우리를 속는 것으로부터 보호해준다.

사이코패스 ─ 도덕의 어두운 면

사이코패스는 우리를 매료시키기도 하고 겁을 주기도 한다. 〈양들의 침묵〉이라는 영화에서 한니발 렉터가 FBI 요원 클라리스를 조작하는 장면을 보면서, 우리는 사이코패스에 대한 할리우드의 인물묘사에서 특징적인 높은 지능을 지닌 이 냉혈한에게 마음을 사로잡히고 만다. 동시에 우리는 긴장하고 두려워한다. 왜냐하면 한니발이 비록 지적인 세련됨으로 가장했으나 끔찍한 범죄를 저지를 수 있다고 느끼기 때문이다.

한니발 같은 사람은 흥미롭다. 한편으로 그들은 교활한 권모술수형의 인간 조작자처럼 보인다. 다른 한편으로 어떠한 후회도 없이 저지르는 끔찍한 범죄는 그들의 공감능력이 결여되어 있음을 암시한다. 따라서 정말로 사이코패스를 특징짓는 것이 무엇인지, 왜 그들은 공감이 결여되어 있는지, 왜 사이코패스의 다른 사회적 기술들은 그들의 결여된 공감능력과 무관한 것처럼 보이는지 궁금하지 않을 수 없다. 그 이유를 알게 된다면 위험한 사이코패스로부터 사회를 보호하는 데 도움이 될 뿐 아니라 공정한 사람들의 도덕성과 공유회로의 특별한 선택성을 더 잘 이해하게 될 것이다.

사이코패스를 식별하는 체크리스트

사이코패스는 할리우드 스릴러에만 존재하는 것이 아니다. 감옥 안팎에 있는 범죄자의 상당수가 사이코패스들이다. 영화 속 한니발처럼 기이한 범죄를 저지르는 사람은 많지 않지만 그들 대부분은 조작의 재능과 반성의 결여가 결합되어 있다. 사이코패스psychopath라는 단어는 문자 그대로 '정신'을 의미하는 프시케psyche와 '질병'을 의미하는 파토스pathos에서 유래했다. 그러나 대부분의 정신건강 전문가들은 이 용어를 실제 생활과 연결을 끊지 않으면서도 죄책감이나 공감 없이 다른 사람을 해치는 사람들에게만 적용한다. 반사회성 인격장애sociopathy라는 용어가 이러한 장애의 사회적인 차원을 강조하기 위해서 사이코패스의 동의어로 자주 사용된다.

전문 심리학자와 정신과의사는 사이코패스를 일반 범죄자와 정신장애를 가진 사람과 구분할 수 있게 만드는 일련의 분류체계를 개발함으로써 지난 수십 년 동안 사이코패스의 진단 방법을 마련했다. 특히 컬럼비아 대학 심리학과 명예교수인 로버트 헤어Robert D. Hare 박사는 전 세계 임상의가 사이코패스를 진단하고 정량화할 수 있게 해주는 신뢰할 수 있는 사이코패스 체크리스트를 개발하는 데 많은 노력을 기울였다138. 이 체크리스트에 따르면 전형적인 사이코패스는 네 가지 특성의 집합으로 특징지어지는데, 그 마지막 특성이 바로 공감의 결여다[xvii].

사이코패스는 말 잘하는 엄청난 거짓말쟁이다

사이코패스는 중고차 판매원의 클리셰를 닮았다. 그들은 구변 좋게 말하지만 동시에 진실에 대해서는 별로 신경 쓰지 않는다. 그들은 당신에게 거짓말을 할 수 있으며, 만일 당신이 거짓말을 밝혀내면 그들은 난처한 기색 하나 없이 새로운 거짓말로 전환한다. 그들은 스스로를 특별하고 재능이 있다고 믿으며, 이는 그들에게 특권적 느낌 즉 자기가 원하는 것을 취할 수 있고 법 위에 설 수 있는 권리가 있다는 믿음을 갖게 한다.

사이코패스를 그렇게 효과적이고 매력적이게 만드는 한 측면은 사람을 꼬드기고 조작하는 능력이다. 그들은 어떤 사람의 마음을 '움직이게' 하는 것을 매우 빠르고 영리하게 감지해내는 것으로 보이며, 그러한 능력을 효과적으로 활용한다. 예를 들어 29명의 여성을 죽였다고 고백한 미국의 연쇄살인범 테드 번디Ted Bundy의 경우에는, 외견상 그가 해롭지 않다고 사람들이 믿게 만들려고 가짜 목발을 짚고 다니면서 희생자를 낚았다. 일단 그를 도와줄 의사가 있어 보이는 여성을 찾아내면 그는 자기 자동차 옆에서 장바구니를 떨어뜨렸다. 그리고 그 여성이 도와주려고 다가오면 그를 믿게끔 만들었던 바로 그 목발로 여성의 머리를 때려 차 안으로 밀어넣은 후 운전해 달아나서는 성폭행한 다음 살해했다. 사람을 조작할 계획을 냉정하게 세우고 희생자를 속이기 위해 그 계획을 이용하는 사이코패스의 능력은 그들의 가장 뛰어난 재능이다.

반사회성 인격장애자는
충동적이고 기생적인 생활양식을 갖는다

사이코패스는 또한 대부분의 성인이 자신의 행동에 부과하는 통제력이 결여된 것으로 보인다는 점에서 아이들과 닮았다. 만일 어떤 아이가 쿠키가 쌓여 있는 것을 보게 되면, 비록 그것을 먹어서는 안된다는 것을 알더라도 그럼에도 쿠키를 먹고 싶다는 충동이 아이의 자제력보다 더 강할 것이다. 만일 나중에 아이에게 왜 먹었느냐고 물어보면 그 대답은 "그냥 그러고 싶었어요"로 요약될 것이다. 사이코패스는 이러한 단계에서 결코 성장하지 않는다.

반사회성 인격장애자도 자신의 목적을 달성하기 위해 미래를 계획하지 못한다. 그들은 비행기 조종사가 되기를 원할 수 있으나 비행학교에 들어가기 위한 필요한 절차를 계획하지 않고, 대신에 자격증을 위조해서 조종사인 양 행동하고 그 일자리를 사취할 것이다. 영화 〈캐치 미 이프 유 캔〉의 레오나르도 디카프리오처럼 말이다. 그들은 기생적으로 삶이 제공하는 것을 얻어낸다. 그들은 기꺼이 여자와 동거를 하며, 그녀가 모든 청구서를 지불하게 하고 관계에 정서적으로 투자하게 만든다. 하지만 그들은 보답하고자 하는 충동이나 의무는 결코 느끼지 않을 것이다.

사이코패스는 반사회적인 행동이력을 가지고 있다

사이코패스의 과거는 다른 사람에게 해를 끼쳤던 행동의 이력들로 가득하며, 이것은 종종 어린 시절부터 시작된다. 나중에 자라서 사이코패스가 되는 아동은 종종 또래들보다 거짓말과 부정행위를 더 많이 한다. 그들은 도둑질을 하고, 불을 지르고, 교실 소동을 일으키고, 약물을 복용하고, 기물을 파손한다. 그들은 종종 동물에게 그들 또래보다 훨씬 더 잔인하다.

성인이 되면 사이코패스는 일반적으로 사회의 규칙과 법률을 그들의 열망을 이루는 데 불편하고 불합리한 방해물로 생각한다. 그들은 이러한 규칙들이 자신과는 상관없다는 듯이 행동한다. 그 결과 대부분의 사이코패스는 일반적으로 수많은 기소기록을 갖게 된다. 전문 분야(예를 들어, 은행 강도)가 있는 다른 대부분의 수감자들과 달리, 사이코패스는 일반적으로 성범죄, 절도, 폭력 등이 섞인 혼합 범죄이력을 가지고 있다. 일부 사이코패스는 감옥에 들어가지 않을 정도로 충분히 자신의 행동에 대한 자제력이 있는 듯하다. 하지만 그들은 법률의 회색지대에서 행동하면서, 의심쩍고 무분별한 사업행위에 관여하거나, 자신의 배우자와 가족 구성원들에게 정서적으로 해를 끼칠 것이다.

공감하지 않고 생각한다

왜 사이코패스는 다른 사람을 조작하고 해를 끼치는가? 그들은 왜 사회규칙과 법률을 무시하는가? 나는 그에 대한 답이 공유회로와 관련이 있다고 믿는다. 당신이 당신보다 약한 급우를 괴롭히고 곤충의 날개를 뜯어내거나, 사랑하는 상대를 차버림으로써 고통을 유발했던 일들을 떠올려보라. 당신은 무엇을 느끼는가? 우리 대부분은 우리가 유발한 고통을 반영하는 불쾌한 느낌을 경험한다. 중요한 것은 이러한 혐오감이 달리 행동했더라면 하는 생각을 하게 만들고, 그러한 잘못된 행동을 반복하는 것을 자제하게 만든다. 실제로 다른 사람에게 해를 끼치지 않도록 아이들을 가르치는 효과적인 훈육방법은 그들의 공감적인 고통을 촉진하고 그들이 다른 사람에게 유발했던 고통으로 그들의 주의를 돌리는 것이다139. 이러한 공감의 공유에 기초하여 대부분의 정상적인 아동들은 다른 사람을 해치는 규칙 위반(예를 들어, 사람을 때리기)이 그렇지 않은 위반(예를 들어, 음식을 입안에 넣고 말하기)보다 더 나쁘고 이 둘은 근본적으로 다르다는 것을 재빨리 배우게 된다.

사이코패스는 이러한 과정에 대해 상대적으로 무감각한 것으로 보이며, 소름끼치는 냉담함으로 그들이 다른 사람에게 저질렀던 피해를 회상한다. 헤어가 면담한 수감자 중 한 사람은 술집 외상값을 갚는 것에 대해 말다툼을 하다가 살해한 사람에 대해서 "그놈은 자기 자신을 탓해야 해"라고 말했다. "누구든지 그날 밤 내가 기분이 좋지 않다는 것을 알 수 있었을 거야. 그는 도대체 뭣 때문에 나를 귀찮게 했을까? 어쨌든 그놈은 전혀 고통을 느끼지 않았을 거야. 동맥을 칼로 긋는 게 가장 편하게 죽게 만드는 방법이거든."140 [41-42쪽] 그들에게는 타인을 해치는 일이 입안에 음식을 가득 넣고 말하는 것처럼 사소한 규칙 위반으로 보인다. 그들에게 살인은 도덕적 규칙이 아니라 관습적 규칙을 깨는 것에 가깝다. 이러한 점이 사이코패스를 우리 및 일반 범죄자와 구분해주는 것이다. 우리들도 다른 사람을 해칠 수 있으나, 대부분은 해치고 났을 때 그것에 대해 죄책감을 느낄 것이다. 그러나 사이코패스는 그렇지 않다. "죄책감? …… 그건 허상이고…… 건강에 매우 좋지 않아요." 살인자 테드 번디가 한 말이다[141].

사이코패스가 정신적 고통에 대해 민감성이 결여된 것은 타인에 대한 그들의 지각에만 국한되지 않는다. 그들은 자신의 부정적인 정서에 대해서도 추상적이고 공허한 방식으로 이야기한다. 그들은 그러한 표현들을 알고는 있으나 일반적으로 그 표현들과 연결된 느낌이 어떤 것인지는 정확히 모른다. 우리 대부분은 놀랐을 때 다양한 신체적인 느낌을 경험한다. 예를 들어 손에 땀이 나기 시작하고, 가슴이 빨리 뛰고, 위장은 수축된다. 하지만 사이코패스들의 경우에는 이 같은 생리적인 반응이 훨씬 약하다[142,143]. "내가 은행을 털 때 창구직원이 떨거나 혀가 얼어붙는 것을 봤어. 어떤 창구직원은 돈에다 토하기도 했지. 틀림없이 그녀는 속이 꽤 메스꺼렸나 본데, 왜 그런지는 모르겠어."[140][54쪽]

사이코패스의 정서적 경험은 대부분의 성인 인간의 정서생활에서 전형적으로 나타나는 두려움, 화, 행복감, 역겨움, 놀람, 슬픔 대신에 욕정, 배고픔, 좌절 같은 사자에게나 있을 법한 기본적인 동기에 의해 지배받는 것으로 보인다.

두려움을 모른다

공유회로의 맥락에서, 사이코패스의 얕은 정서와 공감의 결여 사이에 인과관계가 있을 수 있다는 것은 놀라운 일이다. 섬엽의 손상 사례에서처럼, 어떤 정서를 느낄 수 있는 능력은 그러한 정서를 공감하기 위한 필요조건이다54,55. 만일 어떤 사이코패스가 우리 대부분이 느끼는 것과 같이 고통을 생생하게 경험할 수 없다면 그의 공유회로는 타인들의 고통에 공감하는 데 필요한 바로 그 목소리가 결여되어 있는 것이다.

헤어의 면접 대상자 가운데 사이코패스 체크리스트에서 매우 높은 점수를 받은 사람의 사례는 이러한 감정과 공감 사이의 연결을 매우 적절하게 보여준다. "내 희생자들은 겁에 질려 있었어. 당신도 알다시피 나는 정말로 그것을 이해할 수 없어. 나는 두려웠지만, 불쾌하지는 않았어."140 [44쪽] 어떻게 두려움이 불쾌하지 않을 수 있을까? 이 사이코패스는 명백히 이러한 정서를 경험해본 적이 전혀 없었다. 그는 두려움이라는 단어를 적절한 맥락에서(예를 들어 당신의 머리에 권총을 겨눌 때) 사용했지만, 그 속에 담겨진 우리 대부분이 혐오하는 두려움의 생리적이고 정서적인 의미는 결여되어 있었다. 따라서 사이코패스의 두뇌 내의 공유회로는 희생자들의 얼굴 및 행동 표현과 연결될 수 있는 어떤 것도 가지고 있지 않다고 볼 수 있다. 그렇기 때문에 희생자의 반응은 그에게는 피상적이고 공허한 개념으로 남는다.

공감을 잠재우는 어두운 능력

사이코패스는 다른 사람들을 통제하고 이용하는 재능을 가지고 있다. 다른 사람의 마음을 읽는 것을 수수께끼처럼 느끼는 자폐증 환자와 달리, 사이코패스는 다른 사람의 내적 삶에 대해 생각하고 이런 생각들을 다른 사람을 예측하고 조작하는 데 이용하는 것을 쉽다고 생각하는 것 같다. 많은 반사회성 인격장애자들은 다른 사람들을 이용할 수 있는 이유가 그들을 조작하는 것이 너무 쉽기 때문이라고 말하면서 그들의 동료 인간들을 조롱한다.

사이코패스의 정신적 고통과 관련된 정서의 결여와 고통에 대한 공감능력의 결여는 그들에게 오히려 편리하다. 왜냐하면 다른 사람의 고통에 대해 자신도 고통을 느끼거나 공감을 한다면 자신의 목적 달성에 방해가 될 것이기 때문이다.

만일 SF 영화 속의 어떤 사악한 엔지니어가 완벽한 범죄자를 설계한다면 그는 필시 필요할 때는 다른 사람의 행동, 욕구, 느낌에 관해서 공유하고 생각할 수 있는 능력을 가진 범죄자를 만들어낼 것이다. 동시에 마치 〈스타트렉〉에 나오는 데이터가 자신의 정서 칩을 켰다 껐다 할 수 있는 것처럼, 그 정서가 불편할 때는 타인의 정서에 대한 공유를 꺼버릴 수 있는 능력도 갖게 할 것이다. 이제 그 피조물은 자신의 공유회로와 지능을 활용해서 다른 사람들을 조작하면서도 범죄의 목적에 방해가 될 경우에는 자신의 감정을 꺼버릴 수 있게 될 것이다. 그때 남을 속일 수 있는 능력은 양심이라는 테두리를 벗어날 것이고, 냉혈하고 영리한 사이코패스가 태어나게 될 것이다[140].

우리 대부분도 어쩌면 적어도 가끔은 두려움과 죄책감의 정서를 차단하는 능력을 갖게 되기를 바랄지 모른다. 하지만 우리는 그러한 능력을 가질 수 없다. 우리를 도덕적이게 만드는 것은 공감능력뿐 아니라 공감을 잠재울 수 없는 무능력 때문이다. 범죄를 위해 만들어진 피조물은 누군가를 살해하고 나서도 깊은 잠을 잘 수 있다.

물론 사악한 엔지니어가 설계한 진짜 사이코패스는 없다. 하지만 이러한 사고실험은 지식, 공유회로 및 불편할 때 공유회로를 차단할 수 있는 능력의 결합이 착취를 통해 번성하는 인간을 창조하기 위한 진화과정에서는 매우 유리한 조합이라는 사실을 이해하는 데 도움이 된다. 그러한 관점에서 보면, "나의 높은 사이코패스 점수는 재능이지 질병이 아니라고 생각한다"라고 말한 우리 연구의 한 사이코패스의 의견에 동의하지 않을 수 없다. 이 사고실험은 또한 자폐증과 사이코패스 사이의 중요한 잠재적인 차이를 보여준다. 자폐증 환자는 공감능력과 타인의 마음에 대해 생각하는 능력 모두가 결여된 반면, 사이코패스는 자신의 공감을 잠재울 수 있는 능력을 가지고 있으나 공감능력과 타인의 마음에 대한 논리적인 사고능력은 손상되지 않았다.

타니아 싱어의 연구에서 봤듯이, 여성은 마치 대리고통이 그들에게 자동화된 과정인 것처럼 고통을 공유하는 반면, 남성의 경우에는 다른 사람이 그들에게 불공정할 때마다 이러한 고통을 억누를 수 있는 것처럼 보인다129. 많은 남성들은 또한 위계적인 관계에 기반하여 서로의 공감을 조절한다. 최고경영자는 직원을 해고할 때보다는 동료경영자를 해고할 때 더 많은 공감을 느낀다. 이러한 조절능력은 동료들이 자신에게 보답할 가능성이 훨씬 더 많다는 사실에서 기인한 것일 수 있다. 이러한 맥락에서 사이코패스의 우월감은 모든 사람에게 동등하게 공감하지 않는 일반적인 경향의 또 다른 극단을 나타내는 것일 수도 있다. 그리고 사이코패스가 여성보다 남성에서 더 많이 관찰된다는 사실은 이와 같은 생각과 일치한다[144].

대규모 쌍둥이 연구는 일곱 살짜리 아이라도 쌍둥이 중 한 명이 고통의 공감능력이 결여되어 있으면, 다른 한 명도 이 능력이 결여될 가능성이 (유전자의 반만 공유하는) 이란성의 경우보다 (같은 유전자를 갖는) 일란성의 경우가 훨씬 더 높다는 것을 입증했다. 이것은 일란성과 이란성 쌍둥이가 똑같이 공유하는 환경이 아니라, 유전자가 사이코패스 성향을 결정한다는 것을 시사한다[142]. 사이코패스 성향의 유전적 기질의 존재는 불행하게도 진화과정에서 도덕감정을 가장 잘 억제하는 개체를 선택할 수단을 제공하고, 그럼으로써 그들이 다른 사람들을 자유롭게 착취할 수 있도록 만든다.

네덜란드 법무부와의 협력 아래 나의 박사과정 학생인 하마 메퍼트Harma Meffert와 아내 발레리아와 나는 사이코패스가 다른 사람의 고통을 목격할 때 공유회로를 상대적으로 덜 활성화하는지를 살펴보았다.

환자13의 외출

환자13이 그로닝겐 근처 중세풍 요새를 개조해서 만든 세인트 판 메스닥 병원에서 아침에 눈을 떴을 때, 그는 오늘이 바로 그날인 것을 알았다. 지난 한 달 동안 하마는 실험 참여를 부탁하기 위해 이 보안이 잘 갖춰진 법의학 병원에 있는 그를 여러 차례 방문했다. 그는 폭행범죄를 저질렀으며 PCL-R(사이코패스 체크리스트 개정판)에서 최고 점수(40점)를 받은 사람으로 우리의 뇌 스캔 실험에 적합한 사이코패스다. 그의 내부의 무언가가 그로 하여금 죄책감을 느끼지 않고 사람을 해치게 만들었고, 우리는 그것이 무엇인지 찾기를 원하고 있다. 지금 환자13은 그에게 여전히 참여할 의사가 있는지를 묻는 하마의 정중하고 조심스러운 방식을 즐기고 있다. 그러한 도움에 대한 요청은 그에게 자신이 중요한 존재라는 느낌을 주며, 그것은 그가 일반적으로 준수해야 하는 명령과는 다른 환영할 만한 변화다.

환자13은 어느 시점에 우리 연구소로 호송될 것이라고 알고 있었지만, 혹시나 모를 탈출계획을 막기 위해 정확한 날짜는 모르고 있었다. 잠에서 깬 지 한 시간 뒤 환자13은 도망가지 못하도록 바지 속에 나무막대기를 넣은 불편한 상태로 무장된 벤에서 내려 우리 연구소 주차장 뒤편으로 걸어 내려왔다. 그는 "그때 내게 좀 더 많은 것을 알려주었으면 좋았을 텐데요"라고 미소를 머금고 말했다. 그의 멋지게 다듬은 구레나룻, 머리카락 그리고 차려입은 옷차림새를 봐서는 그가 사람들에게 좋은 인상을 주기를 좋아하는 것으로 보였다. 교도관보다는 운동코치 같아 보이는 스웨터를 입은 체격 좋은 세 교도관이 그의 양측에 서 있다. 환자13은 그러한 수행원들을 자랑스러워하는 것처럼 보인다. 그의 호송대는 총을 휴대하지 않았지만 그의 바지 안에 있는 나무막대기만으로도 보안은 충분하다. 금속 총알은 fMRI 스캐너 근처에서는 위험하며, 일단 스캐너의 무거운 문이 닫히면 환자13은 이제 도망갈 곳이 전혀 없다.

첫 번째 실험에서는 두 사람의 손이 상호작용하는 영상을 보여주고 그의 뇌 활성화를 측정한다. 우리는 그에게 그 영상들을 주의 깊게 보라고 말했다. 어떤 영상에서는 한 손이 다른 손의 손가락을 비틀어서 다치게 한다. 다른 영상에서는 두 손이 사랑스럽게 서로를 쓰다듬는다. 그리고 또 다른 영상에서는 한 손이 다른 손을 요구하지만 다른 손은 거칠게 거부하며 밀어내는 동작으로 반응한다. 건강한 통제 참가자들은 이러한 영상을 보고 공감을 느낀다고 보고했다. 희생자의 고통이나 거절에 대해서는 고통을 공감했고, 사랑스럽게 쓰다듬는 장면을 볼 때는 따스함에 대해 공감한다고 보고했다. 이러한 건강한 참가자들의 두뇌 또한 전운동, 체성감각 그리고 그들이 영상 속의 배우들이 느끼는 것을 공유했을 때 우리가 기대할 수 있는 정서와 관련된 두뇌영역들이 활성화됨을 보여주었다. 우리는 사이코패스의 두뇌는 다르게 반응하는지를 알고 싶었다.

환자13은 이런 방식으로 우리가 측정한 21명의 사이코패스 중 열세 번째 참가자다. 그는 정중하고 매력적이지만, 자신이 원하는 것을 우리가 하도록 만드는 데서 가학적인 쾌감을 느낀다. "화장실에 딱 한 번만 더 가면 안 될까요?"라고 그가 묻는다. 하마는 교도관들을 쳐다보고, 그들은 어깨를 으쓱인다. 이것은 그를 스캐너에서 넣었다가 빼는 데 또 한 번의 20분을 허비하게 될 것을 의미하지만 우리에게는 다른 선택권이 없다. 그를 스캐너에서 끄집어낼 때 그의 미소는 변함없이 그대로다. 그는 이러한 역할의 역전을 즐긴다. 즉 그가 명령하면 이 상황에서 우리 모두는 따를 수밖에 없다.

그가 화장실에서 돌아온 후 두 번째 실험이 진행된다. 그는 유사한 영상을 다시 보는데, 이번에는 그에게 영상 속의 손들 중 하나를 느껴보라고 요청한다. 그 손은 영상에서 희생자의 손이 될 수도 있고 가해자의 손이 될 수도 있다. 마지막으로 세 번째 실험에서는 하마가 스캐너실에 들어가서 환자13이 영상 속 장면과 비슷한 경험을 하도록 만든다. 그의 허락을 받고, 그녀는 그의 손을 때려서 가벼운 고통을 느끼게 하고, 그의 손을 밀쳐서 거부되는 느낌을 받게 하고, 마지막으로 부드럽게 그의 손을 어루만진다.

실험 후, 우리가 스캔한 대부분의 사이코패스들은 실험을 별로 인상적이라고 생각하지 않는다. "그 실험은 멍청하고 지루했어요"라고 그들 가운데 한 사람이 나중에 〈네이처〉지의 내가 좋아하는 기자인 앨리슨 애버트Alisson Abbott에게 말했다. 사이코패스들은 우리의 짧은 영상이 그들의 삶에서 불행하게도 공통되는 무자비한 폭력과 어떤 관련이 있는지 보지 못한다.

그러나 실험은 성공적이라는 것이 확인되었다. 첫 번째 실험에서 그들이 영상자료를 보는 동안 S I, S II, 섬엽, 전운동피질을 포함하여 자신의 행동을 수행하고 자신의 감각, 고통, 기쁨을 느끼는 데 관여하는 뇌영역이 사이코패스가 아닌 동일 연령대의 통제 참여자에 비해서 상대적으로 덜 활성화되었다. 흥미롭게도, 그들이 영상에서 본 것과 비슷한 상태를 느끼도록 하마가 스캐너 안에서 직접 그들을 때리거나 어루만졌을 때는 해당 뇌영역의 활성화가 다소 감소했지만, 이러한 직접경험에서 통제집단과의 차이가 그들이 영상에서 다른 사람의 기쁨과 고통을 봤을 때만큼 크지는 않았다. 따라서 우리의 결과는 다른 사람의 행동과 느낌에 대한 공감의 결여가 사이코패스의 핵심일 수 있음을 보여준다.

새로운 사실은, 두뇌 스캔과는 대조적으로 데이비스 설문지(부록 참고)에 그들이 작성한 응답을 보면 그들은 마치 마음이 여린 양처럼 보였고, 우리들만큼 공감적이라고 여겨졌다는 것이다. 사이코패스는 교활하고, 석방의 가능성을 더 높일 수 있다고 믿는 방식으로 모든 질문에 응답하는 것으로 알려져 있다. 그러나 그들의 두뇌를 스캐닝해보면 그들의 지필 응답이 감추고 있는 것을 드러낸다. 그들은 내면 깊숙한 곳에 자신의 공감을 잠재웠다.

그러나 예상대로 우리의 실험은 그들이 공감할 수 있는 능력이 결여된 것이 아니라는 사실을 보여준다. 그들에게 영상 속의 사람들에 공감하도록 요청한 두 번째 실험에서 그들의 공감작용은 정상이었고 통제집단만큼이나 강력했다. 그들을 통제집단과 구분하는 것은 그들이 다른 사람과 공감할 수 없다는 것이 아니라 자발적으로 타인과 공감하지 않는다는 것이다.

만일 우리의 실험이 설문지보다 더 많은 것을 밝혀낸다면, 왜 법정에서는 이 방법을 사이코패스를 감별하는 데 사용하지 않을까? 현재로서 이것은 불가능하다. fMRI는 두뇌 활동에 대한 매우 간접적인 측정도구다. 앞 장에서 보았듯이, 신경의 활성화는 혈류량의 변화를 가져오고 이는 스캐너의 자기장에 미세한 영향을 미친다. 하지만 우리의 자극에 대한 두뇌의 반응 외에 뇌의 온도, 호흡, 머리의 움직임, 심지어 백일몽을 포함한 많은 요인들 또한 fMRI 측정에 영향을 미친다. 이러한 요인들 모두는 자극으로 인해 촉발되는 참가자의 진정한 뇌 활성화를 가려버리는 잡음으로 작용한다. 마치 시끄러운 파티에서 동일한 표현을 여러 번 반복하는 것이 그 표현을 이해할 수 있게 만드는 것과 마찬가지로, fMRI 측정에서 잡음은 많은 환자의 두뇌 활성화를 측정하여 평균을 냄으로써 극복할 수 있다. 따라서 fMRI를 이용해서 사이코패스의 두뇌가 평균적으로 우리보다 덜 공감적임을 측정할 수는 있지만, 법정에서 요구하는 종류의 신뢰도를 가지고 어떤 특정 환자가 사이코패스인지 여부를 말할 수는 없을 것이다.

나와 나의 팀이 곧 합류하게 될 네덜란드 신경과학연구소를 포함한 많은 연구소들은 상대적으로 잡음이 적은 상태로 뇌의 활성화 측정이 가능한 신세대 스캐너에 투자하고 있다. 이러한 새로운 스캐너를 이용하여 우리가 목표하는 것 중 하나는 개인의 정신장애를 진단하게 되는 것이다. 그전까지는 범죄이력과 정신과적 평가에 기초한 PCL-R이 어떤 개인이 얼마나 사이코패스인지를 평가하는 가장 신뢰할 수 있는 도구다. 위와 같은 fMRI 실험은 환자 진단에는 유용하지 못하지만, 이미 진단을 받은 환자 집단의 정신에 대한 통찰력을 제공하는 데는 유용하다.

지금까지의 치료법은 사이코패스가 출소 후 추가 범죄를 저지를 가능성을 줄이는 데 실망스러울 정도로 거의 효과가 없었다. 약물은 전혀 도움이 되지 않고, 행동치료를 받은 사이코패스가 치료를 받지 않은 이보다 실제로 추가 범죄를 저지를 가능성이 더 많은 것으로 보인다. 사이코패스는 공감능력이 결여되어 있는 것이 아니라 자발적으로 그렇게 하려는 경향이 없다는 우리의 발견이 새로운 치료법의 초점을 맞추는 데 도움이 될 수 있기를 희망한다. 이러한 진행을 돕기 위해, 우리는 공유회로에 영향을 줄 수 있는 방법을 더 배우기 위해 현재 공감의 동물모형을 개발하는 중이다.

도덕의 보호막

사이코패스가 자신의 공감을 잠재우는 '재능'은 사회에 깊고 불안정한 영향을 미친다. 만약 우리 모두가 동등한 공감능력을 가지고 있어서 우리의 도덕감정이 절대로 무시되지 않을 수 있다면, 우리는 자유롭고 기쁜 마음으로 서로를 믿을 수 있을 것이다. 문제는 그러한 세계에서 자신의 공감을 잠재울 수 있는 돌연변이가 너무나도 쉽게 살 수 있다는 것이다. 자신을 그러한 착취로부터 보호하기 위해서 우리는 도덕적 보호막을 만들었는데, 그중 하나가 바로 법률이다.

우리의 직관은 다른 사람을 해롭게 하는 것은 결국 우리에게 해롭다는 것을 말해주지만, 우리의 법률과 윤리는 이러한 느낌을 제도화하고 강화한다. 모든 자연언어가 특정한 보편적 특징을 공유하는 것과 마찬가지로, 세계 인구의 80%를 점유하는 대부분의 주요 종교들은 동일한 기본 황금률을 가지고 있다. 모든 종교는 이와 같은 규칙을 조금씩 다르게 표현한다. 예수는 "무엇이든지 남에게 대접을 받고자 하는 대로 너희도 남을 대접하라. 이것이 율법이요 선지자니라"(마태복음 7장 12절)라고 말했다. 예언자 모하메드는 "자신이 원하는 것을 다른 사람을 위해 원하지 않는 한 너희는 진정으로 믿는 것이 아니다"(나와위의 하디스 40선 중 13)라고 말했다. 옛 인도 서사시 《마하바라타》에는 "이것이 의무의 전부니, 너희에게 고통스러운 일을 다른 사람에게 하지 말라"(마하바라타 5:1517)라고 기록되어 있다. 부처는 "너 자신에게 해롭다고 생각하는 방식으로 다른 사람을 대하지 말라"(우다나바르가 5.1)라고 말했다. 유대교 현자인 힐렐은 토라 전체를 "너희가 싫어하는 것을 네 이웃에게 하지 말라. 이것이 히브리 율법의 전부다. 나머지는 해설일 뿐이다. 가서 이것을 배우고 전하라"(탈무드, 샤바트 31a)로 요약했다. 이 모든 것들은 묘하게도 당신이 대접받기를 바라는 대로 다른 사람을 대하라는 정확하게 동일한 핵심적 지시를 공유하고 있다.

언어의 특정한 규칙의 보편성은 두뇌에 대해 우리에게 무언가를 말해준다. 즉 모든 인간의 두뇌는 이러한 규칙을 따르는 언어를 쉽게 배우고, 그렇지 않은 언어는 배우기 어렵게 만드는 방식으로 배선되어 있다[145]. 윤리와 종교의 근간으로서 공감의 보편성은 우리에게 이와 유사한 것을 말해준다. 인간의 두뇌는 공감하도록 배선되어 있으며, 이들 성공한 종교들 모두가 동일한 황금률을 공유하고 있다는 사실은 우연이 아니다. 황금률은 우리 두뇌의 작용을 반영하기 때문에, 그것을 핵심에 두는 종교는 그렇지 않은 종교보다 받아들이기가 훨씬 더 쉽고 우리의 정신과도 더 잘 부합한다.

나에게 해주기를 바라는 것을 당신에게 할 것이다

윤리적 규칙이 공유회로와 얼마나 잘 일치하는지 황금률의 한 가지 중요한 세부사항을 보면 놀라울 정도로 자명해진다. 공유회로로 인해 발생하는 뇌 활성화 패턴은 직접적으로 다른 사람에게 일어나는 것이 아니라 우리가 그 사람의 처지라면 느꼈을 만한 것이다. 그러한 사실을 우리는 특히 행동과 관련해서 이미 보았다[19,93]. 결과적으로, 공유회로는 그 행동이 그 사람에게 가지는 가치를 직접적으로 우리에게 말해주지 않는다. 대신에 그들의 처지에서 그 행동이 우리에게 갖는 가치를 생각하게 만든다. 우리는 이러한 미묘한 점이 우리의 선의의 행동 결과에 미치는 영향을 알고 있다. 우리는 종종 개인적으로 갈망하는 것을 타인에게 주려고 하며, 그리고 나서 그들이 어쩌면 다른 것을 원했을 수도 있다는 사실을 깨닫고 실망한다.

이러한 공유회로의 자기중심적 편향은 윤리의 황금률에도 극명하게 포착되어 있다. 황금률은 다른 사람들에게 유익한 것을 해주라고 충고하는 것이 아니라, 그들이 당신에게 해주기를 바라는 것을 그들에게 해주라고 말한다. 그토록 많은 현자들이 그런 주관적인 방식으로 규칙을 만들었다는 사실은 황금률이 동일한 특성을 지닌 이미 존재하고 있는 신경학적 기제, 즉 공유회로를 기반으로 만들어졌다는 생각에 힘을 실어준다.

법률은 사기꾼과 사이코패스 때문에 존재한다

황금률은 또한 우리의 직관적인 윤리의 한계에 대해 무언가를 말해준다. 만일 우리의 두뇌가 그렇게 매우 도덕적이라면 명시적인 황금률이 왜 필요한 것일까? 그에 대한 답은 복잡하다. 먼저, 우리의 공유회로는 관심에 의해 영향을 받는다. 만일 우리 행동의 부정적인 결과들을 고려하는 것을 적극적으로 회피한다면 우리의 공유회로는 공유할 고통의 단서가 거의 없을 것이다. 만일 우리가 우리 행동의 결과에 대한 정보를 적극적으로 추구한다면 공유회로는 공유할 것이 더 많아질 것이다. 황금률의 작용들 중 하나는 우리의 행동에 대한 사회적 결과에 우리가 관심을 갖도록 촉구하는 것이다. 그것은 공유회로의 영향을 증진시키고 우리를 좀 더 윤리적인 존재가 되도록 할 것이다. 그렇게 함으로써 많은 종교는 사회 내에서 도덕적인 행동과 협력을 촉진한다. 80%가 넘는 세계 인구가 황금률을 준수한다는 사실은 우리의 사회를 더 성공적이고 안정적이게 만든다.

또한 황금률은 다른 사람에 대한 사람들의 관심을 끄는 것 이상을 한다. 대부분의 사회에서 황금률은 법률로 변화되었고, 재판관이나 경찰관 같은 공무원들은 이러한 법률의 위반자를 처벌한다.

그 같은 처벌은 때로는 필수적이다. 왜냐하면 만일 다른 사람에게 상처를 주어야만 자신의 행복이 충족된다면, 우리는 우리 자신을 위해서 다른 사람의 입장을 무시할 것이기 때문이다. 배고픈 자녀들에게 먹이기 위해 빵을 훔치는 가난한 사람은 빵 굽는 사람이 겪을 고충을 느낄 수 있지만, 자녀의 절실한 필요 때문에 그러한 감정을 억제할 것이다. 한 사회 내에서 제한된 자원을 놓고 일어나는 경쟁은 바로 이러한 상황들을 만들어낸다. 그리고 우리가 다른 사람의 이익을 침해하면 처벌을 가함으로써 다른 사람의 욕구를 무시하지 않도록 하는 법률은, 공유회로가 충분히 강력하지 못한 현실 사회에서 화합을 보장해준다.

마지막으로, 사이코패스는 윤리적인 법과 처벌을 위한 중요한 동력으로 존재한다. 모든 시스템의 진화에는 견제받지 않을 경우에 전체 시스템을 망가뜨릴 수 있는 소수의 사기꾼이 기승할 수 있는 일반적인 경향성이 존재한다. 우리 대부분은 다른 사람의 권리를 존중하는 윤리적인 존재다. 이러한 상황에서 사이코패스의 속임수는 놀라울 만큼 수익성이 높은 행동이 된다. 당신 집 현관 앞에서 한 여성이 제3세계 고아들을 돕기 위해 몇 푼 기부하라고 부탁하면서, 슬프고 배고픈 모습을 한 아이의 사진을 보여주면 당신은 어떻게 할 것인가? 당신은 그 사람을 신뢰할 것이다. 당신은 가난한 고아들에게 공감을 느낄 것이며, 결국 그들을 돕기를 원하게 될 것이다. 당신에게는 얼마 안 되는 돈이지만, 그들에게는 몇 주의 식량을 살 수 있는 돈이다. 따라서 당신은 약간의 돈을 기부할 것이다. 많은 경우에 이러한 돈은 실제로 고아들에게 가지만, 그러나 사람들이 그런 책략을 이용해서 쉽게 돈을 벌 수 있다는 사실은 어떤 경우에는 그 돈이 사기꾼의 주머니로 곧바로 들어가리라는 것을 의미한다.

이러한 사례는 상대적으로 양호한 것이나 생명보험회사의 부정직한 직원이 미칠 수 있는 영향을 한번 생각해보자. 그는 수백 명의 사람들이 평생 동안 열심히 일해서 모은 돈을 가지고 도망갈 수 있다. 그러한 일들이 너무 자주 일어난다면 사람들은 더 이상 보험회사를 믿지 않을 것이며, 연금제도와 건강보험 프로그램은 당장 무너질 것이다. 그렇게 되면 우리 시장경제는 급속하게 붕괴할 것이고 혼돈이 뒤따를 것이다.

사자가 자신의 먹이를 찾듯이 사이코패스는 윤리적인 사람을 원한다. 사자는 사냥감이 있기 때문에 존재한다. 그러나 그들의 먹이가 되는 종을 위험에 빠뜨리기도 한다. 만약 사이코패스가 너무 많아진다면, 그들은 자신들이 의존했던 바로 그 신뢰의 분위기 자체를 위태롭게 만들 것이다. 불행하게도 이것은 그들을 해칠 뿐 아니라 협업의 혜택을 위해 공정성을 제공한 정직한 사람들까지도 해치게 된다. 생물학은 남을 속이는 일은 불행하게도 하나의 체계에서는 불가피한 일이라고 우리에게 말해준다. 따라서 우리는 어쩌면 사이코패스가 불가피하다는 것을 받아들여야 한다. 즉 스스로 정당한 대가를 치르지 않고 윤리의 혜택을 착취하는 소수자의 적응이라는 점에서 말이다.

협업이 우리 인류의 성공에 핵심이라는 사실에 기인하여, 남을 속이고자 하는 충동을 견제하기 위한 두 가지 중요한 기제가 진화되었다. 유전적인 진화를 통해서 최소한 남성의 경우에는 황금률을 위반하는 자를 처벌하는 것을 즐기는 기제를 만들었다[69]. 이러한 즐거움은 자발적으로 사기꾼을 처벌하도록 동기부여하여, 사기를 남는 장사가 아니게 만들고 결국 협업의 혜택을 유지시킨다. 애틀랜타 에머리 대학의 조셉 헨리히Joseph Henrich는 최근에 이러한 생각에 대한 강력한 근거를 제공했다. 그들은 아프리카, 미국, 아시아 등의 도시 사회에서부터 오세아니아의 여러 섬, 남아메리카의 열대우림 지대와 아프리카 사바나 등의 고립된 소규모 문화에 이르기까지 15개의 서로 다른 문화를 조사했다. 그들이 발견한 것은 이들 모든 문화에서 개인들은 불공정한 사람을 처벌하는 데 기꺼이 돈을 지불할 의사가 있다는 것이었다[146]. 기꺼이 불공정한 개인을 처벌하겠다는 이런 보편적 태도는 전 세계 대부분의 인간이 공정한 협력을 촉진시키는 유전적 적응을 공유하고 있음을 강력하게 시사한다.

두 번째 기제로, 대부분의 사회에서 우리는 황금률을 위반하는 사람을 처벌하는 데 일반 시민에게만 의존하지 않는다. 우리는 경찰관과 재판관을 임명하고, 이러한 제도의 재원 마련을 위해 세금을 냄으로써 우리의 법률을 위반하는 사람들을 강력한 힘으로 처벌할 수 있도록 한다.

윤리적인 사람에게 법률과 사심 없는 처벌은 공유회로와 동일한 방향으로 움직인다. 그것들은 직관적으로 윤리적인 개인이 자신의 행위가 타인에게 미치는 결과를 고려할 수 있도록 돕는다. 사이코패스의 경우에는, 처벌에 대한 두려움이 타인에게 해를 끼치지 못하게 하는 유일한 요인이 될 수 있다. 따라서 법률은 신뢰를 잡아먹는 포식자로부터 협력을 보호하고 안정화시키기 위한 필수적인 수단으로 볼 수 있다.

거울뉴런은
선한 것일까 악한 것일까?

우리가 주변의 사회세계를 어떻게 이해하는지에 대해 내가 관심을 가질 무렵, 나라는 존재는 나의 뇌와 나의 육체 안에 존재하며, 당신은 내가 다다를 수 없는 저 멀리 다른 세상에 존재한다고 믿었다. 나와 당신은 이렇게 다른 존재인데 내가 당신을 어떻게 헤아리고 이해할 수 있겠는가? 이처럼 나는 인간본성에 대해 전형적인 서구의 시각, 유아론적 시각을 가지고 있었다. 공유회로를 발견하기 전까지는 말이다.

공유회로의 발견은 인간본성에 대한 우리의 생각을 변화시킨다. 우리는 주변 사람들과 완전히 분리되어 있지 않다. 개인주의의 요새라고 생각되었던 많은 두뇌영역이 우리의 사회적 본성의 장이라는 사실이 드러났다. 우리가 다음에 할 행동을 계획하고 자유의지와 개인의 책임의 무대인 운동피질은, 우리 자신의 의지를 타인의 행동 및 의도와 조합하는 것으로 밝혀졌다. 자신의 신체에 대한 정서 상태를 감지하는 섬엽은 또한 마치 전염성 있는 인플루엔자A처럼 타인의 정서를 반영한다. 전통적으로 '고유감각수용기proprioception' 즉 자신에 대한 지각만 다루는 것으로 여겨졌던 체성감각체계는 또한 타인의 신체 상태를 표상한다. 이런 모든 공유회로에서, 전적으로 자기 자신을 다루는 뉴런이 자신과 타인에게 유사하게 반응하는 뉴런과 공존하고 있다.

그렇다면 우리의 얼마나 많은 부분이 순수하게 개인적인 것일까? 우리의 신체적인 기술 중에 얼마나 많은 것이 우리 자신의 것일까? 공유회로는 이러한 질문과 구분을 흐릿하게 만든다. 왜냐하면 타인이 어떤 행동을 하는 것을 내가 보는 순간 타인의 행위는 내 것이 되기 때문이다. 내가 타인의 고통을 보는 순간, 나는 그것을 공유한다. 이러한 행위와 고통이 타인의 것인가? 나의 것인가? 개인 간의 경계는 이러한 시스템의 신경작용을 통해 옅어진다. 타인의 일부는 나의 것이 되고, 나의 일부는 타인의 것이 된다.

나는 이 책 전반에 걸쳐 공유회로가 우리 인간의 사회적인 삶의 각 측면과 모든 측면에 얼마나 깊이 영향을 미치는지 그리고 언어를 학습하고 이해하는 데 얼마나 도움이 되는지를 입증하기 위해 노력했다. 무엇보다 우리는 두뇌가 헤브과정("함께 발화된 것은 함께 연결된다")을 통해 연합을 학습하는 기본적인 역량을 감안할 때, 공유회로는 인간의 두뇌에서 거의 불가피한 특성으로 여겨진다는 것을 보았다. 우리는 뼛속 깊이 필연적으로 사회적인 존재다. 우리의 사회, 문화, 지식, 기술, 언어 등 우리가 인간이라는 사실에 자부심을 갖게 만드는 이 모든 것들은 다른 사람의 생각을 공유하게 만드는 두뇌구조의 논리적인 결과로 보인다.

거울뉴런과 공유회로를 도덕성과 연계시킴으로써 우리는 타인에게 해를 끼치는 것은 나쁘다고 말해주는 내면의 목소리를 이해하게 된다. 거울뉴런 자체를 선하다거나 악하다고 생각하는 것은 너무나도 단순한 생각이다. 행동을 하거나 하지 않기로 한 우리의 결정은 이 행동이 자신에게 미치는 혜택과 공유회로가 우리를 느끼게 하는 대리적인 결과 사이의 균형의 산물이다. 만약 우리가 길가에 쓰러져 있는 상처 입은 사람을 보게 될 경우, 차의 시트가 더럽혀질 것이라는 예상은 우리를 계속 운전하게 만들겠지만, 대리감정은 우리가 그를 돕게 만든다. 이 경우에 공유회로는 우리에게 '올바른' 일, 즉 도움을 주는 동기를 부여한다. 석양을 향해 말을 타고 가면서 담배에 불을 붙이는 말보로맨의 장면을 통해서 대리욕망을 주입시켜 담배 소비를 극대화하는 마케팅맨은 공유회로를 덜 고상한 목적에 이용하는 것이다. 공유회로를 이용하여 자신의 먹잇감의 다음 행동을 예측하는 유인원은 그들의 거울뉴런을 이용해서 살아있는 생물체를 죽일 것이다. 자연의 다른 모든 것들과 마찬가지로 거울뉴런은 선도 아니고 악도 아니다.

공유회로의 발견은 우리의 도덕성에 대한 이해에 깊은 영향을 미친다. 이제 우리는 타인의 정서를 공유하는 것이 우리 정신의 타고난 특성이며, 이것이 어떻게 우리의 자연적인 윤리의 기반이 되고 윤리적 법률에 핵심이 될 수 있는지를 알고 있다. 진화라는 틀에서 거울뉴런의 발견은 공정성과 연대감이 우리가 공감하는 정도에 영향을 미칠 가능성이 있음을 보여준다. 우리는 길모퉁이에 있는 남자를 멀리 떨어진 아프리카에 있는 아동들보다 더 배려하는 이유를 이해할 수 있다. 우리의 생물학과 우리의 공유회로가 눈에서 멀어지면 마음에서도 멀어짐을 의미하기 때문이다.

어떤 사람은 이것이 우리에게 배려하지 않아도 되는 면죄부를 준 것으로 생각할 수도 있고, 그것은 자연스러운 것이기 때문에 도덕적이라고 생각할 수도 있다. 하지만 그렇지 않다. 실재가 그것의 규범적인 존재방식을 정의하는 것은 아니다. 우리의 두뇌는 멀리 있는 사람은 호의를 되갚을 수 없다는 진화과정 속에서 발전해왔다. 이제 우리는 대륙간미사일이 단 몇 시간 만에 지구 반대편에 있는 모든 인간의 생명을 전멸시킬 수 있는 세상에 살고 있다. 신경과학의 목표는 우리에게 무엇이 옳고 그른지를 알려주는 것이 아니라, 도덕적 직관과 정서를 지배하는 힘을 이해함으로써 우리가 느끼고 싶어하는 것의 약점과 강점을 정확하게 알려주는 것이다. 우리는 하나의 공동체로서 이러한 경향을 바탕으로 옳고 그름에 대한 판단을 비교함으로써 어떤 법률이 자연스러운 경향을 기반으로 하고 있기 때문에 더 효과적일 수 있는지 또 그렇지 않은지를 식별할 수 있다. 우리는 교육에서 더 많은 노력을 기울여야 하는 부분을 알아낼 수 있다. 신경과학자들은 NGO 관계자들에게 사람들이 NGO에 더 많은 돈을 기부하기를 원한다면 아프리카에 사는 사람이 우리 옆집에 사는 사람처럼 우리와 가까이 있다고 느끼게 함으로써 공감을 불러일으켜야 한다고 말할 수 있다. 우리의 이성적인 사고에 호소하는 것도 좋지만, 우리의 감정에 호소하는 것이 더 효과적일 수 있다.

그리고 언젠가는 공유회로의 발견으로 드러나기 시작한 공감의 상세하고 복잡한 기제를 그려냄으로써, 우리는 테드 번디와 같은 자들이 행한 잔혹한 행위를 이해하고 심지어 예방할 수 있는 위치에 있게 될 것이다. 18세기 철학자 임마누엘 칸트는 《실천이성비판》에서 다음과 같이 얘기하고 있다. "깊이 생각하면 할수록 한층 더 큰 경탄과 경외로 내 마음을 채우는 것이 두 가지 있으니, 내 머리 위에 별이 총총히 빛나는 하늘과 내 안의 도덕법칙이다." 우리는 그의 경외심이 우리의 사촌인 영장류의 도덕법칙 또한 포함했어야 한다는 것을 이제는 안다. 그리고 우리의 도덕감정, 즉 우리가 얼마나 선한지에 대해 경탄할 때에도, 원숭이와 유인원에서 너무나도 분명하게 볼 수 있는 사실을 잊어서는 안 된다. 바로 도덕법칙과 도덕감정이 잔혹한 살인 및 폭력과 공존할 수 있다는 사실을.

감사의 말

이 책을 쓰는 데 두 사람이 중요한 역할을 해주었다. 바로 내 아내이자 동료인 발레리아 가촐라Valeria Gazzola와 나의 친구 바스 카스트다. 이 책은 우리들이 쓴 책이다.

바스와 나는 함께 공부했다. 우리는 뇌를 이해하는 것이 우리가 누구인지를 이해하는 것임을 열렬히 인식했다. 이러한 열정에 힘입어 그는 독일에서 가장 명쾌하고 재능 있는 과학작가가 되었고, 나는 과학자가 되었다. 그의 본보기는 내게 글을 쓰도록 영감을 주었다. 이 글을 쓰는 과정 내내 그의 자문과 지원은 내게 필요한 힘을 주었다. 그의 편집 덕분에 이 책의 초고가 읽을 만한 책이 될 수 있었다.

발레리아와 나는 사회적 뇌 연구소를 함께 설립했다. 나란히, 생각을 함께하고 마음을 함께하면서 이 책에서 설명한 내용을 우리는 발견했다. 그녀의 시너지를 만들어내는 열정, 비판, 창의성이 없었더라

318

면 여러 해 동안 진행된 이 연구는 훨씬 더 외로웠을 것이고, 글을 쓰는 데 많은 어려움을 겪었을 것이다. 내 인생의 모든 순간을 그녀와 함께 나눌 수 있는 특권보다 더 큰 선물은 내게 없다. 우리의 연구는 내게 인간의 마음은 분리되어 있지 않다는 것을 말해주었다. 그녀의 존재는 매일 이 결론의 실재를 느끼도록 해준다. 이 책의 모든 삽화는 그녀의 작품이다.

나는 또한 내가 영어로 작성한 글을 참을성을 가지고 친절하게 다듬어준 앤 페렛Anne Perrett과 분량을 줄임으로써 속도를 올려준 다나 출판사의 편집자 아만다 쿠시먼Amanda Cushman 그리고 나를 믿어준 에이전트 존 브록만John Brockman과 카틴카 맷슨Katinka Matson에게 감사를 표한다. 마지막으로 내가 가는 길에 서로 엇갈리면서 나의 길을 밝혀준 위대한 과학자들에게 감사드린다. 루스 베넷Ruth Bennett은 내가 처음 신경과학 공부를 시작했을 때 나를 지도해주었다. 나의 멘토인 데이비드 페렛은 과학이란 발견의 스릴이라기보다는 성실성, 창의성 그리고 정직한 호기심에 관한 것임을 내게 보여주었다. 비토리오 갈레세와 자코모 리촐라티는 거울뉴런의 놀라운 세계로 나를 초대해주었다. 브루노 위커와 멜 구달Mel Goodale은 fMRI의 세계로 나를 인도해주었으며, 나를 멘토로 믿어주고 우리의 사회적 두뇌를 이해하는 데 많은 기여를 한 우리 연구실의 과거와 현재의 모든 연구원들을 내게 소개해주었다. 유럽위원회의 마리 퀴리 프로그램과 네덜란드과학기금은 관대하게 내 연구에 자금을 지원해줌으로써 이 책이 출판되는 데 결정적으로 중요한 역할을 해주었다.

마지막으로, 이 책을 당신에게 소개해준 사람에게 감사하고 싶다.

과거에는 전통적인 출판사가 읽을 만한 가치가 있는 책을 세상에 알렸다. 독립저술의 시대에는 책을 읽은 독자들이 책에 대해서 이야기하고, 블로그에 올리고, 관련 글을 게시하지 않으면 읽히지 않는다. 만약 이 책이 좋다고 생각한다면 다른 사람에게도 소개해주길 바란다.

거울뉴런, 특히 공유회로의 개념은 불교의 인드라 망을 떠올리게 한다. 수많은 구슬로 연결된 인드라의 망은 서로를 비출 뿐 아니라 그물에 의해 서로 연결되어 있다. 그 모습이 바로 우리 인간세상의 모습이다. 혼자서 살아가는 것 같지만 그리고 혼자서도 잘 살 수 있을 것 같지만 우리는 알게 모르게 서로에게 영향을 주고 영향을 받으며 살아간다.

이 책에서 신경과학자 케이서스는 우리 인간은 '공유회로'라는 기제를 통해 서로 연결되어 있다고 말한다. 타인에게 일어난 일은 자신의 두뇌 거의 모든 영역에 영향을 미치며, 따라서 우리는 공감하도록, 즉 타인과 연결되도록 설계되었다고 말한다. 이 책은 처음부터 끝까지 그와 관련된 신경과학적 증거들을 재미있고 명쾌하게 제시하고 있다. 불교의 인드라 망을 신경과학적 근거로 증명하고 있는 셈이다.

전문번역가가 아닌 두 사람이 부족한 솜씨로 몸과 마음을 다루는 분야의 근간이 되는 실험연구와 통찰로 가득 찬 이 기념비적인 책의 번역을 욕심내게 된 건 운명 같은 두 번의 만남이 중매했다고 말할 수 있다.

하나의 만남. 옮긴이 두 사람은 각자 몸과 마음을 다루는 임상현장에서 일하다가 몸과 마음의 중간지대에서 만나게 되었다. 몸의 재활을 돕던 사람은 몸이 마음과 깊이 연결되어 있음을 알게 되었고, 마음의 치유를 돕던 사람은 마음이 몸과 바로 연결되어 있음을 알게 되었다. 다른 시점, 다른 공간이었지만 임상현장에서 두 사람의 깨달음은 건강심리학이라는 분야로 우리를 운명처럼 이끌었다.

또 하나의 만남. 이 책을 만나게 된 건 2016년 2월 어느 날이었다. 그 무렵 우리 두 사람은 박사학위논문 준비를 위해 이런저런 논문과 책들을 읽고 토론하는 중이었다. 도서관 내 카페에 앉아 각자 논문을 읽다가 "공감 발생이 거울뉴런과 관련이 있고, 사고와 감정에 대한 공감적 알아차림이 클수록 거울뉴런을 활성화시키고 이는 정서조절 능력을 증가시킨다"라는 구절에서 순간 전율이 일었다. 그 자리에서 바로 논문을 검색했는데, 논문이 아닌 바로 이 책이었다. 논문일 경우 바로 찾아서 그 내용을 확인할 수 있지만 해외 저서의 경우 배송되는 시간이 오래 걸리기 때문에 보통은 관련 논문을 찾아보고 그냥 넘어간다. 하지만 그날은 달랐다. 직관적으로 이 책이 우리의 궁금증을 풀어줄 중요한 열쇠를 가지고 있다는 느낌이 들었고, 당장 구매해서 읽어봐야겠다는 충동을 느꼈다. 어쩌면 그 순간 우리는 저자가 말하는 공유회로라는 기제를 통해 서로의 생각과 느낌을 공유했던 게 아니었나 싶다.

인간의 운동체계에서 거울뉴런이 발견되고 그 존재가 입증되자 유명한 신경과학자 라마찬드란은 "생물학에서 DNA가 했던 역할을 심리학에서는 거울뉴런이 하게 될 것이다"라고 예측했다. 하지만 그의 예측과는 달리, 심리학에서 거울뉴런의 존재는 생물학에서 DNA의 역할만큼 크게 주목받지 못했다. 직관, 공감이란 말은 여전히 비과학적인 용어로 간주되었다. 그로부터 10년이 지나 fMRI 실험을 통해 거울뉴런이 우리의 운동체계뿐 아니라 시각, 청각, 촉각 영역에도 존재한다는 사실이 입증되었다. 심리학자들이 안면모방이라 부르는 것이 실은 동일한 표정을 짓도록 만드는 전운동피질의 대리활동 때문이며, 정서전염이라고 부르는 것이 섬엽의 대리활동 때문임이 밝혀진 것이다. 또한 직관 및 공감의 신경과학적 근거들도 입증되었다. 거울뉴런체계의 존재와 작용은 백지 상태로 태어난 인간 아기가 부모로부터 말을 배우고 마침내 조상이 일궈낸 유산을 자신의 몸과 마음에 복제하게 해준다. 더 나아가 그 이상을 실현하게 해준다.

공감하고 배우는 능력으로 언어, 정서, 감각, 학습, 자폐증과 사이코패스, 공감, 도덕과 종교의 기본까지 인간을 가치 있게 하는 모든 영역을 아우르는 케이서스의 지적 통찰은 우리 같은 심리학자만이 아니라 인간의 기본이자 덕목인 공감에 대한 궁금증을 가진 분들 그리고 거울뉴런에 회의적인 관점을 가진 분들 모두에게 가치 있는 선물이 될 것이다. 더불어 그동안 거울뉴런과 공감에 관한 단편적인 내용들을 인용했던 몸과 마음을 다루는 분야의 전문가들에게는 체계적이고 유용한 과학적인 근거들을 제공해줄 것이다.

원서를 주문해서 받아본 후 "이 책에 우리 심리학자들의 일상어인 공감에 대한 생리학적 설명이 모두 들어 있어!"라며 흥분했던 그때의 설렘이 번역을 하는 내내 그리고 번역을 끝낸 지금도 여전히 남아 있다. 이제 보이지 않는 독자들과 공유회로를 통해 케이서스의 통찰과 지식을 함께 나누고자 한다. 더불어 역자의 설렘도 함께 공유되길 바란다.

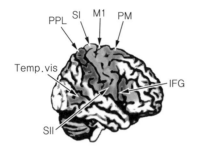

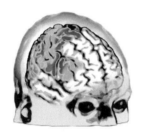

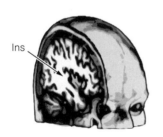

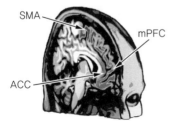

- **ACC**(Anterior Cingulate Cortex 전대상피질): 정서와 행동을 연결
- **IFG**(Inferior Frontal Gyrus 하전두회): 복잡한 행동과 언어를 프로그램
- **Ins**(Insula 섬엽): 신체의 내부 상태에 대한 감각 그리고 정서와 관련된 본능적인 반응을 조절
- **M1**(Primary motor cortex 일차운동피질): 근육을 조절
- **mPFC**(Medial PreFrontal Cortex 내측전전두피질): 자신과 타인의 상태에 대한 인지적 처리를 수행
- **PM**(PreMotor cortex 전운동피질): 행동을 계획
- **PPL**(Posterior Parietal Lobe 후두정엽): 모든 감각의 정보를 통합하고 반응하는 행동을 프로그램함
- **SI/SII**(Primary/Secondary Somatosensory Cortex 일차/이차 체성감각피질): 접촉 및 자신의 몸의 위치(고유수용감각)를 감지
- **SMA**(Supplementary Motor Area 보조운동영역): 행동을 계획하고 조절
- **V1**(Primary visual Cortex 일차시각피질): 망막의 시각정보에서 단순한 형상을 감지
- **Temp.vis**(Temporal visual cortex 측두시각피질): V1에서 감지한 단순한 시각적 형상과 청각피질의 정보를 사회적으로 연관된 실재(예를 들어 얼굴, 행동 등)에 대한 지각으로 반응하는 뉴런과 결합

i   이전에 소수의 철학자와 과학자들은 우리가 타인의 행동을 우리 자신의 행동에
매핑함으로써 이해한다고 제안한 바 있다. 거울뉴런의 발견은 이들의 제안이 실
제로 두뇌에 적용되는 것을 보여주는 데 필수적인 역할을 했다.

ii   인간의 거울체계에 대한 수많은 실험이 있다. 이 책에서 두 개의 실험만 선정해야
하는 것은 어려운 일이었다. 공간만 허락되었다면 다른 많은 연구들도 분명히 여
기에 포함될 만한 가치가 있다. 그 가운데서도 다음의 연구가 특히 선구적인 역할
을 했다. 1995년 루차노 파디가와 그의 동료들은(J. Neuro-physiology 73, 2608-2611)
행동을 관찰하는 것이, 그와 동일한 행동을 직접 실행했을 때 활성화되는 부위인
일차운동피질의 흥분성을 증가시킴을 입증했다. 1996년 스콧 그래프톤과 그의 동
료들은(Exp Brain Res 112, 103-111) 전운동 및 두정엽 영역이 손동작을 하는 동안 그
리고 유사한 행동을 보는 동안 모두 활성화됨을 입증했다. 특히 좌반구 영역에서
그랬다. 1999년 마르코 야코보니와 그의 동료들은(Science 286, 2526-2528) 행동 관
찰과 실행은 모방하는 동안 배측전운동피질에서 상호작용한다는 것을 입증했다.
2000년 마르셀 브라스와 그의 동료들은(Brain Cogn 44, 124-143) 특정 행동을 관찰
하는 것이 동일한 행동의 실행을 가속화하고 그것과 양립할 수 없는 행동의 실행
은 감속한다는 것을 입증했다.

iii   문법에 관한 상세한 설명은 이 책의 영역을 벗어날 것이다. 하지만 문법이 지루하
고 지겨운 학교교육의 일부라고 생각하는 사람들이라도, 스티븐 핑커가 쓴《언어

본능The Language Instinct》이라는 흥미로운 책을 읽어보기를 권한다.

iv 이 게임은 그 초기 형태 때문에 죄수의 딜레마라고 불린다. 두 동료가 범죄와 관련해 기소를 당한다. 독방에서 두 피고인은 한 가지 제안을 받는다. 만일 그가 자신의 동료에 대해 증언을 하고 그의 동료는 그에 대해 증언을 하지 않으면, 그는 석방되지만 그의 동료는 10년간 감옥에서 복역할 것이다. 만약 둘 다 진술을 하지 않는다면, 증거 불충분으로 각자 6개월만 복역하면 된다(협력 모드). 만약 둘 다 증언을 한다면, 각자 5년을 복역하게 된다. 전제조건은 상대 동료의 진술 여부를 알지 못하는 상태에서 결정을 해야 한다는 것이다.

v 헤브는 실제로 이러한 문구를 사용하지 않았다. 대신에 그는 "세포A의 축삭이 세포B를 흥분시킬 만큼 근접해 있으면서 지속적이고 반복적으로 세포B를 발화시킨다면, 일종의 성장과정이나 대사 변화가 하나의 세포 혹은 두 세포 모두에게 일어나서 세포B를 발화시키는 세포들 중 하나로 세포A의 효율성이 증가된다"라고 말했다.

vi 기본 원리를 설명하기 위해 나는 이 설명에서 두정엽을 명시적으로 포함하지 않았지만, 정보는 항상 두정엽을 거쳐서 F5에 도달한다.

vii 거울뉴런이 타인을 이해하기 위한 시스템이 아니라, 주로 우리 자신의 행동을 조절하기 위해 존재하는 시스템 내의 헤브학습의 결과라는 생각은 세실리아 헤이즈의 ASL 모델과 유사하다(Trends Cogn Sci 5, 253-261).

viii 공학에서는, 시각적인 입력을 점검하기 위해 행동의 감각적인 결과를 예측한다는 개념을 '포워드 모델링forward modeling'이라고 부른다(예: Neural Netw 9, 1265-1279).

ix 이 실험은 먼저 행동을 관찰한 15명의 영아 그리고 먼저 벨크로 장갑을 경험한 15명의 영아에게 수행되었다. 앨리슨과 앤은 이 두 집단을 대표하기 위해 내가 만들어낸 가상의 인물이지만 그들은 영아들의 두 집단의 평균적인 모습에 상응한다.

x 내가 이 실험에 관심을 갖게 해주고 헤브학습에 관한 내 생각을 발전시키는 데 도움을 준 마르코와 발레리아에게 감사를 전한다.

xi 세실리아 헤이즈와 마르셀 브라스는 그들의 ASL 모델에서(Trends Cogn Sci 9, 489-495) 두 가지 유형의 연합을 멋지게 구분했다. 행동의 소리와 행동의 광경 사이의 연합은 감각영역 내의 연합이며, '수평적 연합'이라고 불린다. 옹알이의 소리와 그것을 하는 행동 사이의 연합은 표상 수준을 넘어서며, 그것을 수직적 연합이라고 부른다.

xii 이 기제는 자극이 아동의 행동을 반영할 것을 요구하지 않고, 아동이 움직일 때마다 소리를 내는 시스템조차도 아동의 관심을 끌 것이다.

xiii 나는 더 정확하지만 어려운 '자폐범주성 장애'라는 말 대신에 그것을 줄인 자폐증이란 용어를 사용할 것이다. 내가 자폐증을 좁은 의미에서 사용할 경우에는, 엄밀한 의미의 자폐증이라고 표현할 것이다.

xiv 동조는 공감적으로 연결된 다른 누군가와 조화를 이루는 감각을 의미한다.

xv 이러한 전환은 사람들이 자신의 관심을 하나의 자극에서 다른 자극으로 전환할 때 핵심적인 역할을 하는 것으로 알려져 있는 측두두정연접부temporo-parietal junction와 관련된다(Mitchell, J.P. (2008) Cereb Cortex 18, 262-271).

xvi 음식을 주는 것은 유인원에게 간접적인 과정이다. 실제로 음식을 주기보다는 자신의 음식을 다른 원숭이가 먹는다는 사실을 허용하는 것이다.

xvii 그의 책 《양심 없음Without Conscience》(국내 번역서 제목: '진단명 사이코패스')에서 로버트 헤어는 사이코패스의 사고방식을 설명하는 수많은 인용으로 사이코패스에 대한 풍부한 설명을 제공한다.

사회적 뇌 연구소의 모두 출판물은 우리 웹페이지 http://www.nin.knaw.nl/research_ groups/keysers_group에서 찾아볼 수 있다.

1 Graziano, M.S., Taylor, C.S., and Moore, T. (2002). Complex movements evoked by microstimulation of precentral cortex. Neuron 34, 841-851.

2 Fried, I., Katz, A., McCarthy, G., Sass, K.J., Williamson, P., Spencer, S.S., and Spencer, D.D. (1991). Functional organization of human supplementary motor cortex studied by electrical stimulation. J Neurosci 11, 3656-3666.

3 Umilta, M.A., Kohler, E., Gallese, V., Fogassi, L., Fadiga, L., Keysers, C., and Rizzolatti, G. (2001). I know what you are doing. a neurophysiological study. Neuron 31, 155-165.

4 Fadiga, L., Fogassi, L., Pavesi, G., and Rizzolatti, G. (1995). Motor facilitation during action observation: a magnetic stimulation study. J Neurophysiol 73, 2608-2611.

5 Grafton, S.T., Arbib, M.A., Fadiga, L., and Rizzolatti, G. (1996). Localization of grasp representations in humans by positron emission tomography. 2. Observation compared with imagination. Exp Brain Res 112, 103-111.

6 Iacoboni, M., Woods, R.P., Brass, M., Bekkering, H., Mazziotta, J.C., and Rizzolatti, G. (1999). Cortical mechanisms of human imitation. Science 286, 25262528.

7 Brass, M., Bekkering, H., Wohlschlager, A., and Prinz, W. (2000). Compatibility between observed and executed finger movements: comparing symbolic, spatial, and imitative

cues. Brain Cogn 44, 124-143.

8 Aziz-Zadeh, L., Iacoboni, M., Zaidel, E., Wilson, S., and Mazziotta, J. (2004). Left hemisphere motor facilitation in response to manual action sounds. Eur J Neurosci 19, 2609-2612.

9 Gazzola, V., Aziz-Zadeh, L., and Keysers, C. (2006). Empathy and the somatotopic auditory mirror system in humans. Curr Biol 16, 1824-1829.

10 Mukamel, R., Ekstrom, A.D., Kaplan, J., Iacoboni, M., and Fried, I. (2010). Single-Neuron Responses in Humans during Execution and Observation of Actions. Curr Biol.

11 Keysers, C., and Gazzola, V. (2010). Social Neuroscience: Mirror Neurons Recorded in Humans. Current Biology 20, R353-R354.

12 Hietanen, J.K., and Perrett, D.I. (1993). Motion sensitive cells in the macaque superior temporal polysensory area. I. Lack of response to the sight of the animal's own limb movement. Exp Brain Res 93, 117-128.

13 Blakemore, S.J., Frith, C.D., and Wolpert, D.M. (1999). Spatio-temporal prediction modulates the perception of self-produced stimuli. J Cogn Neurosci 11, 551-559.

14 Davis, M.H. (1980). A multidimensional approach to individual differences in empathy. Catalog of Selected Documents in Psychology 10, 1.

15 Davis, M.H. (1983). Measuring individual differences in empathy: Evidence for a multidimensional approach. Journal of Personality and Social Psychology 44, 113-126.

16 Desimone, R. (1998). Visual attention mediated by biased competition in extrastriate visual cortex. Philos Trans R Soc Lond B Biol Sci 353, 1245-1255.

17 Bangert, M., Peschel, T., Schlaug, G., Rotte, M., Drescher, D., Hinrichs, H., Heinze, H.J., and Altenmuller, E. (2006). Shared networks for auditory and motor processing in professional pianists: evidence from fMRI conjunction. Neuroimage 30, 917-926.

18 Calvo-Merino, B., Grezes, J., Glaser, D.E., Passingham, R.E., and Haggard, P. (2006). Seeing or doing? Influence of visual and motor familiarity in action observation. Curr Biol 16, 1905-1910.

19 Gazzola, V., Rizzolatti, G., Wicker, B., and Keysers, C. (2007). The anthropomorphic brain: the mirror neuron system responds to human and robotic actions. Neuroimage 35, 1674-1684.

20 Buccino, G., Lui, F., Canessa, N., Patteri, I., Lagravinese, G., Benuzzi, F., Porro, C.A., and Rizzolatti, G. (2004). Neural circuits involved in the recognition of actions performed by nonconspecifics: an FMRI study. J Cogn Neurosci 16, 114-126.

21 Rijntjes, M., Dettmers, C., Buchel, C., Kiebel, S., Frackowiak, R.S., and Weiller, C. (1999). A blueprint for movement: functional and anatomical representations in the human motor system. J Neurosci 19, 8043-8048.

22 Meltzoff, A.N., and Moore, M.K. (1977). Imitation of facial and manual gestures by human neonates. Science 198, 74-78.

23 Thorpe, W. (1956). Learning and instict in animals, (London: Methuen).

24 Gallese, V., Fadiga, L., Fogassi, L., and Rizzolatti, G. (1996). Action recognition in the premotor cortex. Brain 119 (Pt 2), 593-609.

25 Subiaul, F., Cantlon, J.F., Holloway, R.L., and Terrace, H.S. (2004). Cognitive imitation in rhesus macaques. Science 305, 407-410.

26 Jabbi, M., Bastiaansen, J., and Keysers, C. (2008). A common anterior insula representation of disgust observation, experience and imagination shows divergent functional connectivity pathways. PLoS ONE 3, e2939.

27 Jacob, F. (1977). Evolution and tinkering. Science 196, 1161-1166.

28 Central-Intelligence-Agency (2008). The 2008 World Factbook, (Directorate of Intelligence).

29 Pinker, S. (1994). The language instinct, (London: The Pinguin Press).

30 Senghas, A., Kita, S., and Ozyurek, A. (2004). Children creating core properties of language: evidence from an emerging sign language in Nicaragua. Science 305, 1779-1782.

31 Chomsky, N. (1965). Aspects of the theory of syntax, (Cambridge, Mass: MIT press).

32 Shubin, N. (2008). Your Inner Fish, (New York: Patheon Books).

33 Csibra, G., and Gergely, G. (2009). Natural pedagogy. Trends Cogn Sci 13, 148-153.

34 Vargha-Khadem, F., Gadian, D.G., Copp, A., and Mishkin, M. (2005). FOXP2 and the neuroanatomy of speech and language. Nat Rev Neurosci 6, 131-138.

35 Watkins, K.E., Dronkers, N.F., and Vargha-Khadem, F. (2002). Behavioural analysis of an inherited speech and language disorder: comparison with acquired aphasia. Brain 125, 452-464.

36 Bookheimer, S. (2002). Functional MRI of language: new approaches to understanding the cortical organization of semantic processing. Annu Rev Neurosci 25, 151-188.

37 Marshall-Pescini, S., and Whiten, A. (2008). Social learning of nut-cracking behavior in East African sanctuary-living chimpanzees (Pan troglodytes schweinfurthii). J Comp Psychol 122, 186-194.

38 Wilson, S.M., Saygin, A.P., Sereno, M.I., and Iacoboni, M. (2004). Listening to speech activates motor areas involved in speech production. Nat Neurosci 7, 701-702.

39 Keysers, C., Kohler, E., Umilta, M.A., Nanetti, L., Fogassi, L., and Gallese, V. (2003). Audiovisual mirror neurons and action recognition. Exp Brain Res 153, 628-636.

40 Kohler, E., Keysers, C., Umilta, M.A., Fogassi, L., Gallese, V., and Rizzolatti, G. (2002). Hearing sounds, understanding actions: action representation in mirror neurons. Science

297, 846-848.

41 Fadiga, L., Craighero, L., Buccino, G., and Rizzolatti, G. (2002). Speech listening specifically modulates the excitability of tongue muscles: a TMS study. Eur J Neurosci 15, 399-402.

42 Meister, I.G., Wilson, S.M., Deblieck, C., Wu, A.D., and Iacoboni, M. (2007). The essential role of premotor cortex in speech perception. Curr Biol 17, 1692-1696.

43 Kuhl, P.K., and Miller, J.D. (1975). Speech perception by the chinchilla: voiced-voiceless distinction in alveolar plosive consonants. Science 190, 69-72.

44 Hauk, O., Johnsrude, I., and Pulvermuller, F. (2004). Somatotopic representation of action words in human motor and premotor cortex. Neuron 41, 301-307.

45 Rizzolatti, G., Camarda, R., Fogassi, L., Gentilucci, M., Luppino, G., and Matelli, M. (1988). Functional organization of inferior area 6 in the macaque monkey. II. Area F5 and the control of distal movements. Exp Brain Res 71, 491-507.

46 Damasio, A.R. (2003). Looking for Spinoza: Joy, Sorrow and the Feeling Brain, (New York, New York: Hartcourt).

47 Hatfield, E., Cacioppo, J.T., and Rapson, R.L. (1993). Emotional contagion, (New York: Cambridge university press).

48 James, W. (1884). What is an Emotion. Mind 9, 188-205.

49 Rogers, C.R. (1957). The necessary and sufficient conditions of therapeutic personality change. J. Consult. Psychol. 21, 95-103.

50 Penfield, W., and Faulk, M.E., Jr. (1955). The insula; further observations on its function. Brain 78, 445-470.

51 Wicker, B., Keysers, C., Plailly, J., Royet, J.P., Gallese, V., and Rizzolatti, G. (2003). Both of us disgusted in My insula: the common neural basis of seeing and feeling disgust. Neuron 40, 655-664.

52 Keysers, C., and Gazzola, V. (2006). Towards a unifying neural theory of social cognition. Prog Brain Res 156, 379-401.

53 Keysers, C., and Gazzola, V. (2009). Expanding the mirror: vicarious activity for actions, emotions, and sensations. Curr Opin Neurobiol 19, 666-671.

54 Calder, A.J., Keane, J., Manes, F., Antoun, N., and Young, A.W. (2000). Impaired recognition and experience of disgust following brain injury. Nat Neurosci 3, 1077-1078.

55 Adolphs, R., Tranel, D., and Damasio, A.R. (2003). Dissociable neural systems for recognizing emotions. Brain Cogn 52, 61-69.

56 Adolphs, R., Tranel, D., Koenigs, M., and Damasio, A.R. (2005). Preferring one taste over another without recognizing either. Nat Neurosci 8, 860-861.

57 Mesulam, M.M., and Mufson, E.J. (1982). Insula of the old world monkey. III: Efferent

cortical output and comments on function. J Comp Neurol 212, 3852.

58 Singer, T., Seymour, B., O'Doherty, J., Kaube, H., Dolan, R.J., and Frith, C.D. (2004). Empathy for pain involves the affective but not sensory components of pain. Science 303, 1157-1162.

59 Jabbi, M., Swart, M., and Keysers, C. (2007). Empathy for positive and negative emotions in the gustatory cortex. Neuroimage 34, 1744-1753.

60 Morecraft, R.J., Stilwell-Morecraft, K.S., and Rossing, W.R. (2004). The motor cortex and facial expression: new insights from neuroscience. Neurologist 10, 235-249.

61 van der Gaag, C., Minderaa, R., and Keysers, C. (2007). Facial expressions: what the mirror neuron system can and cannot tell us. Social Neuroscience 2, 179-222.

62 Adolphs, R., Damasio, H., Tranel, D., Cooper, G., and Damasio, A.R. (2000). A role for somatosensory cortices in the visual recognition of emotion as revealed by three-dimensional lesion mapping. J Neurosci 20, 2683-2690.

63 Beilock, S.L., and Holt, L.E. (2007). Embodied preference judgments: can likeability be driven by the motor system? Psychol Sci 18, 51-57.

64 Jabbi, M., and Keysers, C. (2008). Inferior frontal gyrus activity triggers anterior insula response to emotional facial expressions. Emotion 8, 775-780.

65 Lanzetta, J.T., and Englis, B.G. (1989). Expectations of cooperation and competition and their effects on observers' vicarious emotional responses. J. Pers. Soc. Psychol. 56, 543-554.

66 Hess, U., and Blairy, S. (2001). Facial mimicry and emotional contagion to dynamic emotional facial expressions and their influence on decoding accuracy. Int J Psychophysiol 40, 129-141.

67 Smith, A. (1759). The Theory of the Moral Sentiments. (Adam Smith Institute).

68 Banissy, M.J., and Ward, J. (2007). Mirror-touch synesthesia is linked with empathy. Nat Neurosci 10, 815-816.

69 Singer, T., Seymour, B., O'Doherty, J.P., Stephan, K.E., Dolan, R.J., and Frith, C.D. (2006). Empathic neural responses are modulated by the perceived fairness of others. Nature 439, 466-469.

70 Gilligan, C. (1982). In a different voice, (Cambridge: Harvard University Press).

71 Gazzola, V., and Keysers, C. (2009). The observation and execution of actions share motor and somatosensory voxels in all tested subjects: single-subject analyses of unsmoothed fMRI data. Cereb Cortex 19, 1239-1255.

72 Keysers, C., Kaas, J.H., and Gazzola, V. (2010). Somatosensation in social perception. Nat Rev Neurosci 11, 417-428.

73 Hebb, D. (1949). The organisation of behaviour, (Wiley).

74 Bi, G., and Poo, M. (2001). Synaptic modification by correlated activity: Hebb's

postulate revisited. Annu Rev Neurosci 24, 139-166.

75 Stent, G.S. (1973). A physiological mechanism for Hebb's postulate of learning. Proc Natl Acad Sci USA 70, 997-1001.

76 Keysers, C., and Perrett, D.I. (2004). Demystifying social cognition: a Hebbian perspective. Trends Cogn Sci 8, 501-507.

77 Heyes, C. (2001). Causes and consequences of imitation. Trends Cogn Sci 5, 253-261.

78 Perrett, D.I., Oram, M.W., Harries, M.H., Bevan, R., Hietanen, J.K., Benson, P.J., and Thomas, S. (1991). Viewer-centred and object-centred coding of heads in the macaque temporal cortex. Exp Brain Res 86, 159-173.

79 Von Hofsten, C. (2004). An action perspective on motor development. Trends Cogn Sci 8, 266-272.

80 Brass, M., and Heyes, C. (2005). Imitation: is cognitive neuroscience solving the correspondence problem? Trends Cogn Sci 9, 489-495.

81 Blakemore, S.J., Wolpert, D., and Frith, C. (2000). Why can't you tickle yourself? Neuroreport 11, R11-16.

82 Wolpert, D.M., and Miall, R.C. (1996). Forward Models for Physiological Motor Control. Neural Netw 9, 1265-1279.

83 Sommerville, J.A., Woodward, A.L., and Needham, A. (2005). Action experience alters 3-month-old infants' perception of others' actions. Cognition 96, B1-11.

84 Woodward, A.L. (1998). Infants selectively encode the goal object of an actor's reach. Cognition 69, 1-34.

85 Barraclough, N.E., Xiao, D., Baker, C.I., Oram, M.W., and Perrett, D.I. (2005). Integration of visual and auditory information by superior temporal sulcus neurons responsive to the sight of actions. J Cogn Neurosci 17, 377-391.

86 Keysers, C., Wicker, B., Gazzola, V., Anton, J.L., Fogassi, L., and Gallese, V. (2004). A touching sight: SII/PV activation during the observation and experience of touch. Neuron 42, 335-346.

87 Blakemore, S.J., Bristow, D., Bird, G., Frith, C., and Ward, J. (2005). Somatosensory activations during the observation of touch and a case of visiontouch synaesthesia. Brain 128, 1571-1583.

88 Botvinick, M., and Cohen, J. (1998). Rubber hands 'feel' touch that eyes see. Nature 391, 756.

89 Meltzoff, A.N., and Borton, R.W. (1979). Intermodal matching by human neonates. Nature 282, 403-404.

90 Anisfeld, M. (1996). Only tongue protrusion modeling is matched by neonates. Developmental Review 16, 149-161.

91 Ekman, P., Sorenson, E.R., and Friesen, W.V. (1969). Pan-cultural elements in facial displays of emotion. Science 164, 86-88.

92 Tarabulsy, G.M., Tessier, R., and Kappas, A. (1996). Contingency detection and the contingent organization of behavior in interactions: implications for socioemotional development in infancy. Psychol Bull 120, 25-41.

93 Gazzola, V., van der Worp, H., Mulder, T., Wicker, B., Rizzolatti, G., and Keysers, C. (2007). Aplasics Born without Hands Mirror the Goal of Hand Actions with Their Feet. Curr Biol 17, 1235-1240.

94 Lahav, A., Saltzman, E., and Schlaug, G. (2007). Action Representation of Sound: Audiomotor Recognition Network While Listening to Newly Acquired Actions. J. Neurosci. 27, 308-314.

95 Thioux, M., Stark, D.E., Klaiman, C., and Schultz, R.T. (2006). The day of the week when you were born in 700 ms: calendar computation in an Autistic savant. J Exp Psychol Hum Percept Perform 32, 1155-1168.

96 Klin, A., Jones, W., Schultz, R., Volkmar, F., and Cohen, D. (2002). Visual fixation patterns during viewing of naturalistic social situations as predictors of social competence in individuals with autism. Arch Gen Psychiatry 59, 809816.

97 Dapretto, M., Davies, M.S., Pfeifer, J.H., Scott, A.A., Sigman, M., Bookheimer, S.Y., and Iacoboni, M. (2006). Understanding emotions in others: mirror neuron dysfunction in children with autism spectrum disorders. Nat Neurosci 9, 28-30.

98 Iacoboni, M., and Dapretto, M. (2006). The mirror neuron system and the consequences of its dysfunction. Nat Rev Neurosci 7, 942-951.

99 Oberman, L.M., Hubbard, E.M., McCleery, J.P., Altschuler, E.L., Ramachandran, V.S., and Pineda, J.A. (2005). EEG evidence for mirror neuron dysfunction in autism spectrum disorders. Brain Res Cogn Brain Res 24, 190-198.

100 Williams, J.H., Waiter, G.D., Gilchrist, A., Perrett, D.I., Murray, A.D., and Whiten, A. (2006). Neural mechanisms of imitation and 'mirror neuron' functioning in autistic spectrum disorder. Neuropsychologia 44, 610-621.

101 Williams, J.H., Whiten, A., and Singh, T. (2004). A systematic review of action imitation in autistic spectrum disorder. J Autism Dev Disord 34, 285-299.

102 Avikainen, S., Wohlschlager, A., Liuhanen, S., Hanninen, R., and Hari, R. (2003). Impaired mirror-image imitation in Asperger and high-functioning autistic subjects. Curr Biol 13, 339-341.

103 Hamilton, A.F., Brindley, R.M., and Frith, U. (2007). Imitation and action understanding in autistic spectrum disorders: how valid is the hypothesis of a deficit in the mirror neuron system? Neuropsychologia 45, 1859-1868.

104 McIntosh, D.N., Reichmann-Decker, A., Winkielman, P., and Wilbarger, J.L. (2006). When the social mirror breaks: deficits in automatic, but not voluntary, mimicry of emotional facial expressions in autism. Developmental Science 9, 295-302.

105 Bekkering, H., Wohlschlager, A., and Gattis, M. (2000). Imitation of gestures in children is goal-directed. Q J Exp Psychol A 53, 153-164.

106 Rogers, S.J., Bennetto, L., McEvoy, R., and Pennington, B.F. (1996). Imitation and pantomime in high-functioning adolescents with autism spectrum disorders. Child Dev 67, 2060-2073.

107 Vanvuchelen, M., Roeyers, H., and De Weerdt, W. (2007). Nature of motor imitation problems in school-aged boys with autism: A motor or a cognitive problem? Autism 11, 225-240.

108 Vanvuchelen, M., Roeyers, H., and De Weerdt, W. (2007). Nature of motor imitation problems in school-aged males with autism: how congruent are the error types? Dev Med Child Neurol 49, 6-12.

109 Avikainen, S., Kulomaki, T., and Hari, R. (1999). Normal movement reading in Asperger subjects. Neuroreport 10, 3467-3470.

110 Dinstein, I., Thomas, C., Humphreys, K., Minshew, N., Behrmann, M., and Heeger, D.J. (2010). Normal movement selectivity in autism. Neuron 66, 461469.

111 Bastiaansen, J.A., Thioux, M., Nanetti, L., van der Gaag, C., Ketelaars, C., Minderaa, R., and Keysers, C. (2011). Age-Related Increase in Inferior Frontal Gyrus Activity and Social Functioning in Autism Spectrum Disorder. Biol Psychiatry.

112 Sudhof, T.C. (2008). Neuroligins and neurexins link synaptic function to cognitive disease. Nature 455, 903-911.

113 Cherkassky, V.L., Kana, R.K., Keller, T.A., and Just, M.A. (2006). Functional connectivity in a baseline resting-state network in autism. Neuroreport 17, 1687-1690.

114 Just, M.A., Cherkassky, V.L., Keller, T.A., Kana, R.K., and Minshew, N.J. (2007). Functional and anatomical cortical underconnectivity in autism: evidence from an FMRI study of an executive function task and corpus callosum morphometry. Cereb Cortex 17, 951-961.

115 Courchesne, E., Karns, C.M., Davis, H.R., Ziccardi, R., Carper, R.A., Tigue, Z.D., Chisum, H.J., Moses, P., Pierce, K., Lord, C., et al. (2001). Unusual brain growth patterns in early life in patients with autistic disorder: An MRI study. Neurology 57, 245-254.

116 Kuhl, P.K., Coffey-Corina, S., Padden, D., and Dawson, G. (2005). Links between social and linguistic processing of speech in preschool children with autism: behavioral and electrophysiological measures. Dev Sci 8, F1-F12.

117 Adolphs, R., and Spezio, M. (2006). Role of the amygdala in processing visual social stimuli. Prog Brain Res 156, 363-378.

118 Ingersoll, B., and Schreibman, L. (2006). Teaching reciprocal imitation skills to young children with autism using a naturalistic behavioral approach: effects on language, pretend play, and joint attention. J Autism Dev Disord 36, 487-505.

119 Ingersoll, B., and Gergans, S. (2007). The effect of a parent-implemented imitation intervention on spontaneous imitation skills in young children with autism. Res Dev Disabil 28, 163-175.

120 Kast, B. (2006). Die Liebe und wie sich Leidenschaft erklärt, (Fischer).

121 Buss, D.M., and Barnes, M. (1986). PREFERENCES IN HUMAN MATE SELECTION. Journal of Personality and Social Psychology 50, 559-570.

122 Weisfeld, G.E., Russell, R.J.H., Weisfeld, C.C., and Wells, P.A. (1992). CORRELATES OF SATISFACTION IN BRITISH MARRIAGES. Ethology and Sociobiology 13, 125-145.

123 Ferrari, P.F., Gallese, V., Rizzolatti, G., and Fogassi, L. (2003). Mirror neurons responding to the observation of ingestive and communicative mouth actions in the monkey ventral premotor cortex. Eur J Neurosci 17, 1703-1714.

124 Keysers, C., and Gazzola, V. (2007). Integrating simulation and theory of mind: from self to social cognition. Trends Cogn Sci 11, 194-196.

125 Critchley, H.D., Wiens, S., Rotshtein, P., Ohman, A., and Dolan, R.J. (2004). Neural systems supporting interoceptive awareness. Nat Neurosci 7, 189-195.

126 Berthoz, S., Artiges, E., Van De Moortele, P.F., Poline, J.B., Rouquette, S., Consoli, S.M., and Martinot, J.L. (2002). Effect of impaired recognition and expression of emotions on frontocingulate cortices: an fMRI study of men with alexithymia. Am J Psychiatry 159, 961-967.

127 Mitchell, J.P., Macrae, C.N., and Banaji, M.R. (2006). Dissociable medial prefrontal contributions to judgments of similar and dissimilar others. Neuron 50, 655-663.

128 Mitchell, J.P. (2007). Activity in Right Temporo-Parietal Junction is Not Selective for Theory-of-Mind. Cereb Cortex.

129 Singer, T. (2006). The neuronal basis and ontogeny of empathy and mind reading: review of literature and implications for future research. Neurosci Biobehav Rev 30, 855-863.

130 Feinman, S., Roberts, D., Hsieh, K.F., Sawyer, D., and Swanson, K. (1992). A critical review of social referencing in infancy. In Social Referencing and the Social Construction of Reality in Infancy, S. Feinman, ed. (New York: Plenum Press).

131 Perner, J., Leekam, S.R., and Wimmer, H. (1987). 2-Year-Olds Difficulty with False Belief - the Case for a Conceptual Deficit. British Journal of Developmental Psychology 5,

125-137.

132 Baroncohen, S., Leslie, A.M., and Frith, U. (1985). Does the Autistic-Child Have a Theory of Mind. Cognition 21, 37-46.

133 Kast, B. (2007). Wie der Bauch dem Kopf beim Denken Hilft, (Berlin: Fischer Verlag).

134 Aziz-Zadeh, L., Wilson, S.M., Rizzolatti, G., and Iacoboni, M. (2006). Congruent embodied representations for visually presented actions and linguistic phrases describing actions. Curr Biol 16, 1818-1823.

135 Haidt, J. (2001). The emotional dog and its rational tail: a social intuitionist approach to moral judgment. Psychol Rev 108, 814-834.

136 Greene, J.D., Nystrom, L.E., Engell, A.D., Darley, J.M., and Cohen, J.D. (2004). The neural bases of cognitive conflict and control in moral judgment. Neuron 44, 389-400.

137 Masserman, J.H., Wechkin, S., and Terris, W. (1964). "Altruistic" Behavior in Rhesus Monkeys. Am J Psychiatry 121, 584-585.

138 Hare, R.D. (2003). Manual for the Hare Psychopathy Checklist-Revisited, 2nd ed, (Toronto: Multi-Health Systems).

139 Hoffman, M.L. (1994). Discipline and Internalization. Developmental Psychology 30, 26-28.

140 Hare, R.D. (1993). Without Conscience: The Disturbing World of the Psychopath Amongst Us., (New York: Pocket Books).

141 Michaud, S.G., and Aynesworth, H. (1989). Ted Bundy: Conversations with a Killer, (New York: New American Library).

142 Blair, R.J. (2006). The emergence of psychopathy: implications for the neuropsychological approach to developmental disorders. Cognition 101, 414-442.

143 Kiehl, K.A. (2006). A cognitive neuroscience perspective on psychopathy: evidence for paralimbic system dysfunction. Psychiatry Res 142, 107-128.

144 Dolan, M., and V'llm, B. Antisocial personality disorder and psychopathy in women: A literature review on the reliability and validity of assessment instruments. International Journal of Law and Psychiatry 32, 2-9.

145 Chomsky, N. (1959). VERBAL-BEHAVIOR - SKINNER,BF. Language 35, 26-58.

146 Henrich, J., McElreath, R., Barr, A., Ensminger, J., Barrett, C., Bolyanatz, A., Cardenas, J.C., Gurven, M., Gwako, E., Henrich, N., et al. (2006). Costly punishment across human societies. Science 312, 1767-1770.

데이비스 대인관계 반응 지수

다음의 진술은 다양한 상황에서 당신의 생각과 느낌을 묻는다. 각 문항에 대해 아래에 있는 적절한 문자(A, B, C, D, E)를 선택해서 자신을 얼마나 잘 설명하고 있는지를 표시하라. 답을 결정했으면, 별도의 종이에 문항번호와 함께 답을 적는다. 답변을 하기 전에 각 문항을 주의 깊게 읽어보고 최대한 솔직하게 답변한다. 각 문항 옆 알파벳 글자 및 마이너스 기호는 잠시 무시하라. 그것은 나중에 척도의 점수를 매기는 데 사용될 것이다.

[응답 척도]

나를 잘 설명하지 못한다   나를 아주 잘 설명한다

[질문지]

1	내게 일어날 수 있는 일들에 대해서 다소 규칙적으로 공상이나 상상을 한다.	FS
2	나보다 불행한 사람들에 대해서 자주 걱정하고 염려하는 마음이 든다.	EC
3	다른 사람의 관점에서 상황을 보는 것이 가끔 어렵다고 느낀다.	PT (−)
4	다른 사람에게 힘든 문제가 생겼을 때 안됐다는 감정이 별로 안 들 때가 있다.	EC (−)
5	소설 속 인물들의 감정에 깊이 빠진다.	FS
6	비상 상황에서 불안하고 어찌할 바를 모르겠다고 느낀다.	PD
7	영화나 연극을 감상할 때 대체로 객관적이며, 그 내용에 푹 빠져드는 경우는 드물다.	FS (−)
8	결정을 내리기 전에 이견이 있는 부분을 모든 사람의 관점에서 보려 한다.	PT
9	누군가가 이용당하는 것을 보면, 지켜주고 싶은 마음이 든다.	EC
10	자신이 매우 감정적인 상황에 빠져 있을 때 가끔 무력감을 느낀다.	PD
11	때로 친구들의 관점에서 봤을 때 상황이 어떻게 보일지 상상함으로써 그들을 더 잘 이해하려고 노력한다.	PT
12	좋은 책이나 영화에 깊이 몰입하는 경우는 다소 드문 일이다.	FS (−)
13	누군가가 다치는 것을 볼 때에도 침착함을 유지하는 편이다.	PD (−)
14	다른 사람의 불행은 대체로 나에게 크게 불편함을 주지 않는다.	EC (−)
15	어떤 일에 대해 내가 옳다고 확신하면, 다른 사람의 주장을 듣는 데 많은 시간을 쓰지 않는다.	PT (−)

16	연극이나 영화를 보고 나서, 내가 등장인물 중 한 사람인 것 같은 느낌이 든 적이 있다.	FS
17	긴장된 정서적 상황에 처하는 것은 나를 두렵게 한다.	PD
18	누군가가 불공정한 대우를 받는 것을 볼 때, 때로는 그들에 대한 연민이 별로 느껴지지 않는다.	EC (−)
19	위기 상황에 대처하는 데 대체로 매우 유능하다.	PD (−)
20	주변에 일어나는 일들을 보고 자주 감동한다.	EC
21	모든 문제에는 양면이 있다고 믿으며, 그 둘을 모두 보려고 노력한다.	PT
22	스스로를 매우 부드러운 마음을 가진 사람이라고 생각한다.	EC
23	좋은 영화를 볼 때 아주 쉽게 주인공의 입장이 될 수 있다.	FS
24	위기 상황에서 자제력을 잃는 경향이 있다.	PD
25	누군가에게 화가 났을 때, 대개 잠시 동안 그의 입장이 되어보려고 한다.	PT
26	흥미로운 이야기나 소설을 읽을 때, 이야기 속 사건이 만약 내게 일어난다면 어떻게 느껴질지 상상해본다.	FS
27	위기 상황에서 절실하게 도움이 필요한 사람을 보면, 어찌할 바를 모른다.	PD
28	누군가를 비난하기 전에, 그들의 입장이라면 어떻게 나는 느낄지 상상해본다.	PT

이제 검사의 점수를 매기기 위해서 당신의 답변을 숫자로 변환해야 한다. 각 문항 옆 괄호 안에 두 개의 대문자를 볼 수 있을 것이다. 그것은 이 특정 문항이 속하는 하위척도를 의미한다.

PT＝조망 수용 척도Perspective Taking scale

FS＝상상 척도Fantasy scale

EC＝공감적 관심 척도Empathic Concern scale

PD＝개인적 고통 척도Personal Distress scale

일부 문항 옆에 있는 괄호 안의 마이너스 기호는 역채점을 해야 하는 문항을 의미한다. 따라서 해당 문항에 마이너스 기호가 있는지 여부에 따라 두 개의 서로 다른 채점 규칙을 사용해야 한다.

(-) 기호가 없을 때: A＝0, B＝1, C＝2, D＝3, E＝4

(-) 기호가 있을 때: A＝4, B＝3, C＝2, D＝1, E＝0

역채점 문항의 점수를 모두 변환한 다음 모든 척도의 점수를 합산함으로써 각 하위척도에 대한 점수를 계산할 수 있다. 예를 들어 조망 수용은 3, 8, 11, 15, 21, 25, 28번 문항의 점수를 합산하여 구할 수 있다. 3번과 15번 문항은 역채점해야 한다. 조망 수용의 점수 범위는 0~28점 사이이고, 자신의 점수가 28점일 경우는 매우 강하고 빈번하게 조망 수용을 함을 의미하고, 0점일 경우에는 조망 수용이 매우 약하거나 거의 하지 않음을 의미한다. 이와 같은 방법으로 나머지 세 개의 하위척도에 대해서도 점수를 매긴다.

이제 네 개의 척도 점수를 얻게 되었다. 이들 척도는 당신이 타인에 대해서 반응하는 방식에 대한 보완적인 측면을 측정한다. 조망 수용 척도는 당신이 타인의 심리적인 관점을 자발적으로 채택하는 경

향을 평가한다. 상상 척도는 당신이 책, 영화, 연극에 나오는 가상인
물의 느낌과 행동을 상상을 통해 당신 자신에게 대입하는 경향을 말
해준다. 그리고 나머지 두 개의 하위척도는 일반적인 정서적 반응을
측정한다. 공감적 관심 척도는 불행한 타인을 동정하고 배려하는 '타
인 지향적' 느낌을 평가한다. 반면에 개인적 고통 척도는 대인관계
상황에서 개인적 불안과 긴장된 불편함이라는 '자기 지향적' 느낌을
측정한다.

평균적으로 여성의 경우 세 개의 하위척도에서 상대적으로 남성
보다 더 높은 점수를 보인다. 500명이 넘는 남녀 대학생의 표본에서
는 다음과 같은 평균점수를 보였다[14]. 여학생의 경우에는 FS=18.75,
PT=17.96, EC=21.67, PD=12.28, 남학생의 경우에는 FS=15.73,
PT=16.78, EC=19.04, PD=9.46. 특정 하위척도에서 만약 당신의
점수가 당신의 성별 평균보다 더 높다면, 당신은 상대적으로 더 공감
적이며, 더 낮다면 덜 공감적임을 의미한다.

공감하는 마음을 만드는
거울뉴런 이야기

초판 1쇄 발행 | 2018년 4월 20일
개정판 1쇄 발행 | 2023년 11월 30일

지은이   크리스티안 케이서스
옮긴이   고은미·김잔디
책임편집   이기홍

펴낸곳   (주)바다출판사
주소   서울시 종로구 자하문로 287
전화   322-3885(편집), 322-3575(마케팅)
팩스   322-3858
E-mail   badabooks@daum.net
홈페이지   www.badabooks.co.kr

ISBN   979-11-6689-178-6   03180